A GAROTA SEM NOME

MARINA
CHAPMAN

A GAROTA SEM NOME

A incrível
história real
de uma criança
criada por
macacos

Tradução de
JOSÉ GRADEL

1ª edição

EDITORA RECORD
RIO DE JANEIRO • SÃO PAULO
2015

CIP-BRASIL. CATALOGAÇÃO NA FONTE
SINDICATO NACIONAL DOS EDITORES DE LIVROS, RJ

Chapman, Marina
C429g A garota sem nome / Marina Chapman, Lynne Barrett-Lee; tradução José Gradel. – 1ª ed. – Rio de Janeiro: Record, 2015.

Tradução de: The girl with no name: the incredible true story of a child raised by monkeys
ISBN 978-85-01-40272-1

1. Chapman, Marina. 2. Vítimas de sequestro – Colômbia. 3. Crianças desaparecidas – Colômbia. I. Barrett-Lee, Lynne. II. Título.

15-19392

CDD: 920.93628297
CDU: 929:343.433

Texto revisado segundo o novo Acordo Ortográfico da Língua Portuguesa.

Título original em inglês:
The girl with no name: the incredible true story of a child raised by monkeys

Impresso no Brasil

ISBN 978-85-01-40272-1

Este livro é dedicado a
Maria Nelly e Amadeo (Forero)
e à amada
Maruja (*in memoriam*).

Sumário

PARTE 2

Prefácio

"Pare o carro, John. Quero sair!"

Ao ouvir as palavras da minha mãe, meu pai olhou de relance pelo espelho retrovisor e parou no acostamento sem dizer uma palavra. Era como se tivessem um acordo secreto, embora ninguém soubesse o que ela pretendia fazer. O sol estava se retirando pouco a pouco do céu, o anoitecer se aproximava e a tranquila paisagem campestre de Yorkshire, onde paramos, estava emoldurada por sebes escuras. Elas eram altas, como uma dominante barreira do exército, e protegiam os quilômetros de espaço aberto além delas.

Minha mãe saiu do carro animadamente, pulou a cerca e desapareceu de nossas vistas. Minha imaginação jovem e fértil encheu-se de possibilidades. O que estava acontecendo? Meus olhos mantinham-se fixos nos arbustos densos enquanto eu esperava ansiosamente seu retorno. Depois de algum tempo, vi um lampejo de cabelos negros desarrumados. Mamãe pulou a cerca de volta, com cuidado, segurando algo nas mãos. Observei seus pés pequenos enquanto oscilavam sobre a cerca antes que ela saltasse com agilidade de volta para o acostamento. Ela entrou no carro, ofegante pelo esforço e sorrindo para minha irmã mais velha e para mim com seu amplo sorriso latino. No seu colo, preso com firmeza, estava um grande e infeliz coelho selvagem. "Meninas, consegui um animal de estimação para vocês!", anunciou ela, encantada. Essa é a lembrança mais antiga que tenho da minha mãe, e do meu primeiro animal de estimação, "Mopsy". Eu não me surpreendi com as ações da minha mãe. Como fui criada perto de suas atuações espirituosas e imprevisíveis, este foi apenas outro dia normal.

Minha mãe repetia muitas vezes: "Uma vida como a minha não é uma coisa extraordinária na Colômbia. Pergunte a qualquer menino de rua, e você verá sua história refletida na dele." Ela nunca achou que sua própria história fosse especial, pois os sequestros, abduções, drogas, crimes, assassinatos e abusos de crianças eram tema comum nas descrições da Colômbia das décadas de 1950 e 1960.

Vocês podem estar se perguntando por que minha mãe decidiu compartilhar sua história agora, depois de tantas décadas. Bem, para ser honesta, ela nunca desejou fazer isso. Ela não procura as luzes de néon da fama ou do lucro, pois está satisfeita em ter seu próprio lar e uma família — seu objetivo final e seu sonho.

Este livro começou simplesmente com uma filha escrevendo sobre a vida de sua mãe. Foi minha maneira de documentar a herança da nossa família, quando entendi que mamãe não era mais jovem e que sua memória poderia começar a falhar a cada ano que passava. Eu também queria entender a luta pela qual ela passara, sem a qual minha irmã Joanna e eu não teríamos existido.

Não tem sido fácil juntar os pedaços das lembranças embaralhadas da mamãe, mas depois de dois anos de conversa e muitas xícaras de café, ao mergulhar fundo no seu passado e fazer uma viagem de pesquisa à Colômbia em abril de 2007, começamos a construir um retrato a partir de suas memórias flutuantes. E logo ficou claro que tínhamos em mãos um grande livro.

Embora não tivéssemos iniciado o projeto com isso em mente, começamos a ver os benefícios potenciais que a publicação de sua história poderia trazer, como a possibilidade de encontrar a família verdadeira da mamãe. E em um mundo no qual milhares de pais perderam seus filhos de maneiras similares, esperamos que a história dela traga alguma esperança e consolo.

Também nos dá a oportunidade de lançar um pouco de luz sobre algumas instituições de caridade das quais mamãe gosta muito: a Substitute Families for Abandoned Children – SFAC (Famílias Substitutas para Crianças Abandonadas), uma instituição sem fins lucrativos fundada pela nossa família, e a instituição de proteção aos macacos Neotropical Primate Conservation – NPC (Proteção dos Primatas Neotropicais). Além disso, esperamos que o relato de como outro ser humano triunfou sobre a adversidade de tantas maneiras possa inspirar aqueles que estão nas trevas.

As pessoas muitas vezes me perguntam como eu soube da história da mamãe. Ela nunca nos sentou à sua volta para contar sobre seu passado, mas quase todo dia algo a fazia lembrar de seu tempo na selva. Uma vagem de baunilha, por exemplo, a levava a abrir a caixa de lápis de cor para que ela pintasse um mundo mágico inteiro para mim, bem ali na nossa cozinha. Eu adorava ver sua ansiedade quando ela descobria algo de seu passado — um desenho de certa árvore ou planta, ou visitar um mercado para procurar a variedade de banana favorita de certo macaco. E a história não surgiu apenas de suas palavras, mas também como resultado de suas ações. Ter sido criada por uma mãe tão selvagem e espontânea nos fez ver que ela mesma tinha sido criada por outra espécie. Ela sempre foi nossa "mãezinha macaca". Algumas vezes foi criticada por seu estilo não ortodoxo de criar os filhos, mas seu único exemplo foi um bando de macacos. Assim, pelo que vimos, minha irmã e eu sabemos claramente que os macacos devem ser os pais mais amorosos, divertidos, inventivos e criativos do planeta!

Aventuras típicas de um passeio dos Chapman incluíam as três garotas escalando árvores, enquanto papai estudava os liquens e as cascas de árvore lá embaixo. Em algum momento, poderia acontecer uma missão de resgate de algum animal, depois uma situação em que ficássemos perdidos, como resultado de tentar descobrir uma estrada secundária escondida ou de seguir alguma coisa que chamasse nossa atenção, e o dia às vezes terminava com mamãe fazendo bifes na churrasqueira portátil (que nunca deixávamos de levar, em todas as estações, mesmo na neve). Graças à minha família, raramente sou capaz de fazer uma caminhada "normal", apenas seguindo a trilha. Em vez disso, com frequência, volto para casa com folhagens no cabelo.

Pintar um quadro da minha vida em casa envolve revelar algumas verdades embaraçosas, embora só tenha me dado conta de quão fora do comum éramos quando me afastei. Às vezes, tínhamos uma maneira pouco convencional de pedir comida. Como num jogo, mamãe se sentava com uma tigela de mingau doce e minha irmã e eu tínhamos que fazer nossas melhores expressões de macaco. Que bom que as assistentes sociais nunca nos visitaram!

Depois do jantar, muitas vezes passávamos o que pareciam ser horas limpando umas às outras, procurando bichos em nossos cabelos. Era uma atividade magnificamente relaxante — a melhor maneira de passar o tempo — e nós três parecíamos estar quase drogadas. Lembro quando uma epidemia de piolhos assolou nossa escola — acho que foi o ponto alto de nossas carreiras de limpadoras de cabelo.

Quando se tratava de animais de estimação, mamãe só nos deixava ter um se o mantivéssemos fora das jaulas durante o dia. Animais enjaulados a deixavam contrariada. De modo que tivemos vários coelhos que pulavam pelo nosso jardim e pelos dos vizinhos, embora isso não tenha funcionado tão bem com os pássaros, obviamente...

Como ela não podia ler bem — não lembro de mamãe lendo para mim um conto para dormir —, ela inventava histórias. Escolhia as lendas mais mágicas e as baseava em um dos meus traços de caráter menos admiráveis (como chegar atrasada ou dormir demais). Tudo se desenvolvia em uma história que prendia a atenção e, em última instância, me ensinava valiosas lições de vida. Ela nunca permitiu que suas ditas deficiências a impedissem de nos dar a melhor educação. A que ela nunca teve.

*

No que diz respeito à Colômbia, muita coisa mudou nos últimos quarenta anos. Hoje é um lugar vibrante, progressista e, no geral, seguro, mas quando minha mãe cresceu ali, nos anos 1950 e 1960, certas regiões tinham altos índices de sequestros, tráfico, corrupção, drogas, crime e injustiça. A resposta do país a uma tentativa de reforma social dirigida pelos liberais no final dos anos 1940 deu origem a uma década de rebelião e banditismo. Eles chamam aquela época de "La Violencia". Relatos de mortes, tortura, sequestro e estupro eram comuns, e havia uma atmosfera de insegurança e medo. Centenas de milhares de mortes (inclusive a de crianças inocentes) aconteceram por causa da agitação social. Aquela Colômbia ainda está no sangue da mamãe. Quando ela teve minha irmã Joanna, não deixava que as enfermeiras a levassem para longe, porque, pelo que ela sabia, os hospitais eram o mercado ideal para a troca de uma criança deficiente por outra saudável, ou para roubar recém-nascidos e vendê-los. Em 1977, estimou-se que um de cada três sequestros no mundo tenha ocorrido na Colômbia. Infelizmente, o sequestro de crianças ainda é uma ocorrência comum. Nas últimas décadas, houve um programa no rádio chamado *Las Voces del Secuestro* [As vozes do sequestro], e de meia-noite às 6h da manhã as linhas telefônicas tocavam continuamente com membros da família querendo enviar mensagens para seus entes queridos em cativeiro. É de cortar o coração.

Para aquelas crianças — para todas as crianças que foram afetadas pela ganância de outras pessoas, como foi o caso dela —, mamãe é a prova viva que as circunstâncias não devem significar o fim da história de qualquer pessoa. Na verdade, foi sua criação que a transformou na mulher forte, agradecida, amorosa, generosa, altruísta, positiva e, é claro, selvagem e não convencional que ela é hoje.

Enquanto crescíamos, mamãe nunca nos deixou ficar chateadas por muito tempo. Em vez disso, ela nos inspirava, dizendo alguma coisa como "Componha-se, erga os ombros, invente algo com o que você já tem, seja grata pelas pequenas coisas, e siga adiante!".

Mamãe dá valor a todas as coisas — ao fôlego em nossos pulmões, a um novo dia, e à maior alegria da sua vida: ser mãe, avó, esposa e amiga. Deixem, portanto, que eu lhes apresente uma mulher extraordinária com uma história extraordinária para contar. Marina — minha mãe e minha heroína.

Vanessa James

Prólogo

Eu tenho uma história para contar. A história da minha vida. Achei que essa parte do livro na qual me apresento a vocês seria a coisa mais fácil do mundo. Estava enganada. Na verdade, é a mais difícil.

Quando nos encontramos com alguém pela primeira vez, costumamos dizer nosso nome. É a primeira coisa que fazemos, e dá aos outros uma forma de identificar-nos. Eu faço isso. Digo às pessoas que meu nome é Marina. Este não é o nome que meus pais me deram quando nasci; é o que escolhi para mim quando tinha cerca de 14 anos. Meu nome de nascimento, como tudo o mais desde a minha tenra infância, perdeu-se no tempo.

As coisas que importam — as primeiras lembranças, que nos ajudam a estabelecer nossa identidade, que as pessoas consideram como verdades — para mim estão há muito tempo esquecidas. Quem eram meus pais? Quais eram seus nomes e com quem se pareciam? Não sei. Não tenho nenhum retrato deles na memória, nem mesmo lembranças nebulosas. Não tenho ideia nem mesmo de com quem se pareciam. Tenho tantas perguntas que nunca serão respondidas. Como era minha casa e como vivíamos? Eu me dava bem com minha família? Terei irmãos que se lembram da irmã desaparecida e, se for assim, quem são e onde estão agora? O que eu gostava de fazer? Era amada? Era feliz? Quando é o meu aniversário? Quem sou eu?

Até agora, o que sei sobre mim é o seguinte: nasci por volta de 1950, em algum lugar do norte da América do Sul, tudo leva a pensar que na Venezuela ou na Colômbia. Não estou certa de qual delas. Como a maior parte da minha vida passou-se na Colômbia, digo a todo mundo que nasci lá.

As únicas lembranças reais que tenho — que posso recordar com suficiente clareza para compartilhá-las com vocês — são muito tênues e não particularmente esclarecedoras. Minha boneca negra, por exemplo. Lembro dela. Ainda lembro dos detalhes de sua saia preta de babados e as fitas de cetim vermelho costuradas em sua blusa. Sua pele era suave ao toque e seu cabelo era preto e desgrenhado. Lembro como o cabelo emoldurava seu rosto escuro e delicado.

Também lembro de uma máquina de costura. Era preta com rabiscos dourados nas laterais e, a seu lado, havia uma cadeira onde costumava haver pilhas de tecido. Eram vestidos sem terminar? Talvez minha mãe gostasse de costurar? Nunca saberei. O que sei é que minha casa era humilde — nosso banheiro era um buraco no chão. Também havia nela uma forte sensação de atividade. De sempre haver muita gente lá dentro. Uma impressão de que a aldeia estava viva com o constante ruído das crianças.

Lembro muito melhor da parte externa do meu pequeno mundo. Um caminho feito de tijolos vermelhos aparece muito claramente na memória. Lembro que corria da casa para o jardim e depois continuava até uma espécie de horta, onde estou certa de haver passado muitas horas colhendo vegetais. Recordo bem aquele lugar e, junto com essa lembrança, há a recordação de ser chamada, de gritarem comigo para que eu regressasse, para que voltasse para casa. Eu geralmente não obedecia. Quando essa lembrança chega a mim, é como se eu estivesse a ponto de recordar meu nome verdadeiro, que, é claro, é o que deveriam estar gritando. Isso me atormenta, pois permanece fora do meu alcance.

E o que mais? Que outras coisas ainda estão claras para mim? Há uma imagem de adultos descendo uma colina por uma estrada longa e sinuosa e depois subindo outra vez, carregando baldes cheios d'água. Lembro de carros. Eram muito raros. Não se viam mais de três ou quatro por dia. Hoje, quando vejo montanhas, algo em mim se agita, e tenho a sensação de que posso ter vivido nas montanhas quando criança.

E isso é tudo que posso dizer a vocês, pois não sei nada mais. Porque, um dia, tudo mudou para sempre.

PARTE 1

1

Havia algo nas vagens de ervilha que me fascinava. Eu não sabia por que, mas havia algo mágico em como as vagens inchadas arrebentavam na minha mão quando eu as apertava. De modo que o canto da horta onde cresciam as ervilhas era especial, e eu passava horas ali, absorta em meu pequeno mundo.

A horta era um pedaço de terra ao final do nosso jardim. Naquele dia, como em muitos outros quando nada mais acontecia, eu havia escapado pelo caminho de tijolos que começava na porta dos fundos da nossa casa, passava pelo jardim e atravessava o portão traseiro. Eu sabia que outras crianças estavam ali. Eu podia ouvi-las, mas não queria descobrir a causa de sua conversa animada. Eu só queria me sentar na sombra fresca e frondosa, protegida do clarão da luz do sol.

Eu tinha 4 anos, quase 5 — lembro-me de esperar impacientemente pelo meu quinto aniversário —, e da minha altura diminuta, as plantas pareciam gigantes. Elas cresciam em canteiros, formando espessos caramanchões verdes, assim como altas videiras que pareciam escalar a cerca. Primeiro estava o canteiro de repolhos e alfaces, depois as fileiras de altos e desordenados feijões-verdes, depois o lugar onde cresciam as ervilhas, em que as plantas eram densas, cerradas, uma massa de tentáculos, folhas e vagens pesadas

Eu me ajoelhei e arranquei a vagem mais próxima, encantada com o barulho satisfeito que ela fez quando arrebentou entre meus dedos. No interior do espesso invólucro estavam os brilhantes globos cor de esmeralda que eu procurava, e eu jogava as pequenas bolinhas doces na minha boca.

Logo fiquei com uma pequena pilha de vagens vazias ao meu redor e uma pilha crescente de grãos de ervilhas descartadas amontoadas ao lado. Perdida em minha atividade, não percebi que não era a única pessoa na horta naquele dia.

Aconteceu tão rápido, apenas um breve fragmento de memória. Num momento, eu estava de cócoras sobre a terra, absorta. No outro, vi o lampejo de uma mão negra, um tecido branco e, antes mesmo de ter uma chance de gritar, aquela mão navegou em direção ao meu rosto e o cobriu completamente.

Acho que na certa tentei gritar. Teria sido instintivo. Talvez até tenha conseguido. Mas quem iria me ouvir tão longe, em meu esconderijo secreto? E enquanto eu me retorcia de surpresa e terror, veio o cheiro forte de algum tipo de produto químico que já havia atingido meus pulmões. A mão no meu rosto era enorme e áspera, e a força de quem me segurava se revelava avassaladora. Meu último pensamento, quando comecei a deslizar para a inconsciência, foi bem simples: obviamente eu ia morrer.

*

Não tenho ideia de quanto tempo passou até que lentamente comecei a sair do torpor induzido pela droga, mas estava consciente de que tudo parecia estranho. Comecei a notar ruídos suaves ao meu redor, forçando os ouvidos a perceber algo que me pudesse dar confiança. Onde eu estava? O que tinha acontecido?

Tentei arrancar meu corpo da profunda letargia, mas minhas pálpebras pareciam pesadas demais. Não consegui juntar as forças necessárias para levantá-las e ver, de modo que continuei escutando e tentando compreender tudo, tentando pintar um retrato na minha mente.

Logo fui capaz de identificar os sons de animais de fazenda — estava segura de ter ouvido galinhas. Porcos também, talvez. Patos. Também podia ouvir outro som que pensei reconhecer. Era um motor. E logo depois veio o entendimento de que o barulho do motor estava à minha volta, e que eu saltava ao ritmo do ruído. O som subia, descia e tremia, e eu tremia com ele. Eu estava em um carro! Ou — mais provavelmente — em um caminhão.

O que estava claro é que viajávamos sobre uma superfície irregular e rochosa — fato confirmado quando finalmente consegui reunir forças para abrir meus olhos. A brilhante luz do dia quase me cegou, e as cores se transformavam em listras enquanto passavam por mim. Eu não tinha ideia de onde estava, menos ainda de para onde me levavam, mas o veículo no qual eu estava parecia viajar em alta velocidade e eu continuei a balançar de um lado para o outro.

Depois descobri que não estava sozinha na parte de trás do caminhão. Embora não pudesse concentrar minha visão nos outros passageiros à minha volta, pude ouvir gritos, choramingos e soluços angustiados de "Deixem-me ir embora!" Havia outras crianças no caminhão — crianças aterrorizadas como eu.

Não sei se foi o medo, ou apenas o efeito do que tinham dado para mim, mas as vozes e imagens começaram a desvanecer-se em um borrão de som e cor, e deslizei outra vez na inconsciência.

*

Quando acordei, outra vez não tinha como medir quanto tempo havia passado. Estava concentrada em apenas uma coisa: os salpicos molhados irregulares que golpeavam meu rosto. O solo à minha volta parecia tremer, e entendi que estava sendo carregada por um adulto. Meu corpo era jogado de um lado para outro ao ritmo de pés apressados, e eu estava encarando a terra que se movia, meu cabelo dançando sobre meus olhos. Eu era ferida por folhas e galhos enquanto avançava. Espinhos cortavam minhas pernas e meus pés, rasgando dolorosamente minha pele.

Eu estava sendo carregada no ombro de um homem que corria através de uma floresta densa, e, embora eu não pudesse vê-lo, tinha consciência de outro homem correndo conosco. Eu podia ouvir estalos e crepitações, e o ruído surdo dos dois pares de pés. Mas isso era tudo — para onde haviam ido as outras crianças? Parecia haver uma urgência crescente em cada passada que os homens davam, e me perguntei se eles também estariam fugindo de algo, assustados, como eu estava. Um animal? Um monstro? Eu sabia, pelas histórias, que monstros assustadores viviam nas florestas. A respiração dos homens, que eu podia ouvir carregada de pânico e talvez de exaustão, parecia sugerir que estávamos sendo caçados por alguma coisa perigosa.

De vez em quando, o homem que me carregava se inclinava de forma alarmante, e seus joelhos dobravam. Eu não tinha ideia do quanto tínhamos corrido, nem para onde íamos, mas podia perceber que tínhamos chegado longe. O homem estava cambaleante, quase caindo, e como eu estava aterrorizada demais para pensar em outra coisa além do instinto de agarrar-me a ele, só podia esperar que logo nos livrássemos daquilo que nos perseguia.

Afinal ele parou, e todo o meu corpo tremeu com violência. Depois senti que estava girando, como se o homem estivesse incerto sobre que direção seguir. Mas começamos a nos mover novamente, mergulhando em vegetação mais profunda e mais densa, antes de pararmos, desta vez de forma ainda mais abrupta. Eu me agarrei com força, mas, consciente do modo agressivo com que o homem me segurou, afrouxei minhas mãos enquanto ele me tirava de seu ombro e me jogava no chão.

Atordoada, tentei me levantar e descobrir quem tinha me carregado, mas quando consegui ficar de quatro, tudo que pude ver foram dois pares de longas pernas fugindo. Um par de pernas escuras e um par de pernas brancas, que logo se perderam na escuridão. Tentei gritar, pedindo que não me deixassem ali. Mesmo que o instinto me dissesse que não eram homens bons, eu tinha mais medo de ser deixada sozinha na selva. Mas, como em um sonho, parecia que nenhum som saía da minha boca, e logo suas silhuetas desfocadas começaram a se desvanecer, fundindo-se com as sombras das árvores e dos arbustos, que eram tudo que eu podia ver. Fiquei ajoelhada por muito tempo, sem me atrever a sair do lugar, apenas espiando o negrume da noite e desejando que eles voltassem, ou pelo menos que eu conseguisse ouvir o choro de alguma das outras crianças. Eu me senti desamparada, abandonada e assustada por estar sozinha. Por que eles não voltaram? Por que fugiram de onde me deixaram? Onde estava minha mamãe? Como eu ia chegar em casa?

A escuridão se aprofundou e agora que os homens haviam ido embora os estranhos ruídos da noite na selva eram aterrorizantes. Eu não tinha ideia de onde estava, de por que estava ali ou de quando alguém viria me buscar. Não vestia nada além do vestido de algodão e da calcinha que minha mãe me havia posto naquela manhã, senti o frio da terra úmida onde eu estava deitada entrando em meu corpo e me enrolei como uma bola, da forma mais apertada que pude.

O sentimento de desolação e solidão doía na barriga, e sofri com ele. Só podia rezar para que, se fechasse os olhos, tudo fosse embora. Se apertasse os olhos com força suficiente, talvez a escuridão não fosse tão assustadora, e logo — por favor, que fosse rápido — minha mãe viria e me encontraria. Talvez, se eu dormisse, quando acordasse estaria a salvo em casa, na cama, e tudo aquilo teria sido apenas um pesadelo...

2

Foi o calor do sol que me despertou. Debaixo da minha bochecha esquerda eu podia sentir apenas uma maciez cálida e pungente, mas na da direita havia uma sensação de muito calor. Era um calor forte, abrasador, e quando abri os olhos, a luz era tão forte que logo os fechei outra vez.

Virei-me de costas, ainda entre o sono e a consciência, percebendo um novo ataque. Desta vez era aos meus ouvidos. O ar estava tão cheio de sons como a luz estava cheia de faíscas. Havia guinchos assustadores e gritos estranhos que eu não podia identificar.

Quando, com muito cuidado, deixei que minhas pálpebras se abrissem outra vez, encontrei-me olhando diretamente para um grande fragmento azul. Um azul brilhante, brilhante, rodeado de todos os lados por salpicos de escuridão, e, enquanto eu olhava, tentando proteger meus olhos com os dedos, gradualmente entendi o que estava vendo. Era um pedaço de céu, cercado por um anel de copas de árvores frondosas, tão altas que eram apenas um esfarrapado borrão negro.

Afinal ficou claro onde eu estava. Na selva! Esse entendimento me atravessou, e com ele veio o pânico, quando as lembranças da noite anterior se apressaram a vir me saudar. Eu tinha sido arrancada da minha casa por homens que haviam me abandonado ali.

Tirei a terra escura das palmas das minhas mãos e me ajoelhei. Depois me levantei, trêmula, e comecei a procurar uma maneira de fugir. Tudo que conseguia pensar era em encontrar os homens que haviam me abandonado. Alcançá-los e pedir a eles que me levassem para casa. Eu queria a minha mãezinha. Onde ela estava? Por que não tinha vindo me buscar?

Eu não tinha noção do tempo decorrido desde que fora abandonada ali pelos meus sequestradores.

Forcei os ouvidos, esperando ouvir qualquer som que me tranquilizasse. O riso de crianças, um grito de saudação, o barulho de uma carroça andando por perto. Gritei pela minha mãe, soluçando enquanto a chamava sem parar. Minha garganta estava seca com a falta de umidade, mas a essa altura eu não pensava em encontrar algo para beber ou comer. Só queria encontrar um caminho para casa, de modo que tentei seguir uma trilha para longe dos arbustos, das videiras peludas emaranhadas que pendiam dos troncos das árvores, dos galhos e ramos nodosos que pareciam impedir qualquer saída, e das folhas — folhas tão grandes, tão estranhas e tão diferentes umas das outras — que pareciam querer prender-me naquele assustador inferno verde.

Mas para onde ir? Não parecia haver nenhum tipo de passagem, e eu não reconhecia nada. Não podia descobrir de onde tinha vindo.

Enquanto eu dava voltas em torno de mim mesma, cada vista parecia a mesma que a anterior. Árvores, árvores e mais árvores, até onde os olhos podiam ver. Aqui e ali, enquanto eu tropeçava tentando avançar por cima, por baixo ou em volta de todos os obstáculos emaranhados, eu via um lampejo de algo brilhante mais além. Uma colina distante, talvez? Mas logo as paredes entrançadas de minha prisão verde se fechavam outra vez, e quanto mais eu avançava mais surgia dentro de mim um pânico que me fazia tremer. Isso era ridículo! Por que eu estava fazendo aquilo?

Eu deveria voltar, não é? E se a minha mãezinha tivesse vindo me buscar? E se ela veio me procurar e descobriu que eu não estava lá?

Virei-me para a direção de onde tinha vindo, afogando-me nos soluços que continuavam a chegar, e tentei refazer meu caminho de volta para onde estivera antes. Mas logo ficou evidente que eu havia me perdido completamente. Não havia rastros da minha passagem, nenhuma pista para guiar-me de volta.

Então chorei livremente. Não podia parar as lágrimas que jorravam de meus olhos. E enquanto tropeçava pela selva, arranhada e golpeada por ramos malvados, continuava a tentar entender como eu tinha chegado ali. Meus pais tinham planejado aquilo? Seria isso? Eles queriam ficar livres de mim? Tentei pensar no que eu poderia ter feito para fazê-los ficar tão zangados comigo. Será que foram as vagens de ervilhas? Estavam zangados porque eu colhera muitas? Minha mãe ou meu pai teriam pedido àqueles homens horríveis para que me pegassem?

Tentei me lembrar do homem que havia me tirado da horta. O homem negro, o que tinha coberto minha boca com a mão. Quem era ele? Um tio? Tentei recordar suas características. Era alto e muito forte. Seria alguém que me conhecia? Uma das coisas mais queridas que eu tinha em casa era minha linda boneca negra e, por alguma razão, aquele fato continuava voltando à minha mente. Nós éramos uma família branca e, no entanto, eu tinha uma boneca negra. Por quê? Significava algo que eu não compreendia?

Cansada e chateada demais para brigar contra a vegetação infindável que me chegava à cintura, meu passo diminuiu, meus ombros caíram e meu ânimo despencou. Mas o que eu podia fazer a não ser continuar caminhando? De modo que prossegui. Foi uma decisão apenas consciente. Eu só continuei porque talvez assim achasse uma saída ou alguém que me ajudasse. Ou apenas algum sinal que significasse que eu estava um passo mais perto de ir para casa.

Mas, à medida que o tempo passava e meus membros ficavam lanhados de arranhões, cresceu em mim o medo de que isso não fosse acontecer. E quando a luz começou a diminuir, senti minha esperança desaparecer com o sol. Era noite. Hora de ir para a cama. O dia havia acabado. Um dia inteiro havia passado e eu ainda era prisioneira da selva. Teria que passar outra noite sozinha.

A noite foi mais escura que qualquer outra que eu tivesse visto. Por mais que me esforçasse em ver, não havia nenhum mínimo ponto de luz a não ser o longínquo brilho das estrelas. O próprio céu, porém, parecia estranhamente perto — quase como se tivesse caído sobre mim, como uma enorme e negra colcha mantendo-me prisioneira junto às criaturas da noite. Sem produtos químicos que suavizassem as bordas da minha consciência, meu terror adotou uma qualidade ainda mais desesperada que a da noite anterior. O barulho outra vez, o incrível volume e alcance dos ruídos, que eu sabia, porque tinha ouvido os adultos falarem sobre eles, que deveriam vir das feras da selva que saem de noite. E elas faziam isso, eu sabia, porque escondidas pela escuridão seria mais fácil para elas agarrar suas presas.

Quando a escuridão se aproximou para me apossar, eu procurei e achei um pequeno pedaço de solo descoberto, sem estar adornado pela vida vegetal, ao lado da base de uma árvore de tronco largo. Sentei-me ali, e à medida que o ar ficava mais pesado e mais sombrio, dobrei-me novamente em forma de uma bola apertada, minhas costas contra a solidez reconfortante da casca da árvore, meus braços envolvendo de forma protetora meus joelhos curvados.

Senti que precisava ficar imóvel e quieta. Como em uma brincadeira de pique, disse para mim mesma. Uma brincadeira de esconde-esconde. Se eu ficasse bem imóvel e não emitisse nenhum som, as criaturas da noite não saberiam que eu estava ali.

Mas a presença delas era assustadoramente óbvia para mim. Eu podia ouvir tipos diferentes de sons, e muitos estavam bem próximos. Eu podia ouvir os mesmos ruídos que eu fazia quando me deslocava entre a folhagem. Fugas, também — o som de pequenos animais movendo-se por ali. E então um craque. Um craque forte, perto de onde eu me escondia, ameaçador. A trituração de algo quebradiço — galhos secos? — sendo pisado. O barulho se espalhava à minha volta. Fosse o que fosse, parecia estar me cercando, esperando o momento certo para atacar. Poderia notar-me claramente com seus grandes olhos de visão noturna? E o que eram aqueles ruídos sibilantes que pareciam acompanhar a fera? Um rabo? Seria um monstro que come criancinhas? Poderia sentir o meu cheiro?

Tentei fazer-me menor. Desejei tanto uma jaula na qual pudesse entrar. Uma jaula que me protegesse de garras que rasgam e de mandíbulas que mordem. Ou uma lanterna. Como eu desejei que minha mãezinha trouxesse uma lanterna que assustasse o monstro.

Mas então algo deve ter assustado o que quer que fosse que me espreitava, pois houve uma série de pequenos ruídos enquanto a criatura se afastava, e senti um abençoado momento de alívio. Mas que não iria durar. Enquanto a noite continuava e eu ficava deitada como uma bola apertada, minha falta de visão meramente servia para me aterrorizar ainda mais. Embora pudesse ser assustador ver qualquer criatura da selva se aproximar, decidi que não ser capaz de vê-las era ainda pior. Do jeito que estava, eu não podia fazer nada mais que recuar e tremer em pânico, enquanto coisas rastejantes se arrastavam para cima e para baixo sobre meus membros, tentavam explorar os contornos da minha face e rastejavam no interior de meus ouvidos. Eu desejava dormir como nunca tinha desejado nada antes, porque nenhum pesadelo, apesar de assustador, poderia ser pior que aquele no qual eu já estava.

*

O mesmo sol, com a mesma força, brilhando no mesmo céu azul deslumbrante, me saudou outra vez na manhã seguinte. Levou tempo para eu me convencer de que devia abrir os olhos. No conforto da semiconsciência, eu quase podia acreditar que a calidez era a do meu cobertor, na minha cama, e que o sol entrava pela janela do meu quarto. Mas os sons da selva que acordava afastaram essa noção com rapidez e me empurraram cruelmente de volta à realidade.

Chorei outra vez, recostada no meu tronco de árvore, minha garganta ferida e irritada, minha barriga doendo de fome. Mas eu só podia chorar. E quem iria me ouvir? Esfreguei o dorso das minhas mãos sobre a superfície do meu rosto manchado de lágrimas, e quando meus olhos se aclararam pensei ter visto uma borboleta.

Olhei outra vez. Não, não só uma borboleta. Havia muitas, de todo tipo de cores diferentes, todas esvoaçando acima da minha cabeça. Elas estavam voando em torno das pétalas de lindas flores rosadas e brancas pendendo de compridos caules verdes que pareciam começar na parte alta das árvores. Elas eram fascinantes, e quando o chão da selva levantou vapor e criou uma névoa a minha volta, cada pedacinho da minha atenção estava acionado.

Mas a dor na minha barriga não me deixaria descansar por muito tempo. Eu estava com fome e precisava encontrar alguma coisa para comer. Mas o quê? Havia vagens no solo que examinei com cuidado. Elas tinham um cheiro bom e até mesmo faziam o ar ter uma boa fragrância, mas eram pretas como carvão e murchas, e bastou que eu estalasse uma para saber que eram muito diferentes das ervilhas. Ervilhas cresciam por aqui? Ou milho? Talvez eu pudesse achar alguma coisa. Levantei-me e comecei a explorar os arredores, só que desta vez de modo muito diferente.

Eu era muito jovem e não sabia que podia ser envenenada por qualquer das estranhas plantas, bagas e frutas que eu podia encontrar. Eu não quis comê-las apenas porque me pareciam estranhas e pouco apetitosas. Não pude ver nada na vegetação rasteira que me fosse familiar.

Outra vez meus pensamentos se voltaram para a minha difícil situação. Se não conseguisse encontrar nada para comer, eu morreria de fome rapidamente. E então, como sabia pelas histórias que tinha visto nos livros de imagens e pelas coisas que tinha ouvido os adultos comentarem, eu morreria e seria comida pelos animais. Mas parecia que não havia nada ali que eu pudesse comer. Como não queria morrer nem ser comida pelos animais, outra vez decidi que não podia ficar onde estava. Hoje eu vou caminhar. Caminharei e continuarei caminhando. Se o socorro não quis me encontrar, terei que encontrá-lo. Resolvi continuar enquanto as pernas me pudessem suportar, o que seria, eu esperava, tempo suficiente para que eu encontrasse um ser humano que me desse comida e me levasse de volta para meus pais.

Parti mais uma vez através dos arbustos impenetráveis, sem nenhum outro plano além de sair de onde estava. Afinal de contas, os dois homens correram para o interior da floresta comigo, de modo que se eu caminhasse por um período de tempo aceitável, decerto conseguiria sair dela.

Na maior parte do tempo eu não conseguia ver além da malha de folhas à minha frente e minha pele logo estava protestando devido a outra série de arranhões, pois os ramos que eu afastava para passar saltavam de volta maldosamente, como que para me punir por perturbá-los. Era quente e claustrofóbico no interior do estranho caramanchão verde, e não demorou para que minha busca por comida fosse esquecida. Enquanto as árvores pingavam sobre mim e a névoa se levantou e desvaneceu, uma nova sensação sobrepujou minha prévia fome furiosa. Descobri que estava com muita sede.

Mas como eu ia encontrar água? Não tinha ideia. Embora tudo à minha volta parecesse brilhar de umidade, encontrar água para beber parecia impossível. Comecei a procurar pelos arredores com um sentido mais aguçado de finalidade. Onde eu ia encontrar água para beber em tal lugar?

Procurei por buracos em pedras e fendas, e examinei o solo da floresta em busca de poças d'água. Seguindo os insetos que zumbiam e voavam em todas as direções, eu olhava com esperança para cada tipo de flor, até que finalmente encontrei uma planta com folhas verdes em forma de taça, com pelos nas bordas. Elas pareciam taças, pensei, devem servir como taças também, e quando olhei o interior de uma delas, vi uma pequena quantidade de líquido refletindo minha imagem.

Sentindo-me como se tivesse descoberto um tesouro secreto, puxei o cone da folha na minha direção e me inclinei. Deixei meus lábios ressequidos tocarem a superfície brilhante. Parecia o céu, e logo ergui a folha com cuidado e depositei o resto do líquido na minha boca. A água tinha um gosto estranho. Era como beber terra. Mas eu não me incomodei. Por um momento minha sede foi aplacada.

E não demorou muito antes que eu pudesse satisfazê-la ainda mais. Encontrei um pequeno arroio, a água escorria e salpicava sobre as pedras, e desta vez quando bebi a água estava gelada, limpa e agradável. Mas meu estômago não podia ser enganado. Logo senti que rugia e se queixava, e renovei minha atenção para encontrar alguma coisa para comer enquanto caminhava.

O que encontrei não foi comida, mas um papagaio. Fraca como estava pela fome, ainda assim fiquei maravilhada com ele. Azul, verde e amarelo, e do tamanho de uma grande abóbora, ele estava em um galho baixo, falando consigo mesmo. Era reconfortante ver como ele ficava sentado ali, tão calmo, observando-me. Instintivamente quis chegar mais perto. Estendi a mão. Talvez ele avançasse e se agarrasse ao meu dedo, como os confiantes papagaios das cidades às vezes fazem.

Mas eu estava enganada. Logo que cheguei a uma distância de toque, ele se inclinou na minha direção, guinchou alto e mordeu meu polegar antes de voar, e parecia muito aborrecido. Olhei para meu dedo, que latejava e doía muito, e ao ver todo aquele sangue que pingava pela minha mão e caía ao solo, comecei a chorar de novo, com autopiedade. Nos anos seguintes — nas décadas seguintes — aquele momento seria grato para mim, porque eu o reconheceria como o momento-chave para a minha sobrevivência. Fiquei muito chocada que uma criatura linda como aquela pudesse querer me fazer mal, mas foi o mesmo choque que formou a base do que seria talvez a maior lição que eu podia aprender. Que aquele não era um lugar feito pelo homem, cheio de lindos animais domesticados. Era um lugar selvagem, e animais selvagens matam para sobreviver. Daquela forma, eu somente continuei caminhando, abatida.

Meu ânimo, no entanto, logo se ergueu. Foi logo depois do infortunado encontro com o papagaio que notei uma mudança nos arredores. A vegetação rasteira pareceu ficar um pouco menos densa. Meu polegar, latejando com desconforto, fora esquecido e eu empurrava as barricadas de folhas cada vez mais baixas com um sentimento real de que eu podia estar perto de escapar. Avancei mais e mais, esforçando-me com urgência à medida que se tornava óbvio que eu estava chegando a uma espécie de clareira. E quanto mais perto eu estava, mais meus olhos pareciam confirmá-lo. Eu estava tendo lampejos cada vez maiores da selva que cedia lugar ao que parecia um espaço aberto.

Deve ser aqui! Eu estava tão decidida a alcançar a borda agora que não me importava quantos galhos e plantas irritados se soltavam e me golpeavam. E foi com uma sensação de júbilo que finalmente passei pelos últimos arbustos e me vi em uma pequena área de grama. Mas minha alegria teve um fim cruel. Logo que entrei na clareira vi que do outro lado do raquítico círculo de grama havia uma vegetação tão impenetrável como aquela da qual eu emergira. Eu tinha chegado tão longe! Caminhado por tanto tempo!

Estava exausta, ainda faminta, e não parecia haver nenhuma rota de fuga. Eu sabia, estava segura, de que só havia caminhado mais para dentro da floresta.

"Por quê?", pensei. Por que, por que, por que isso aconteceu? Por que minha mãe não veio me procurar? O que eu tinha feito para merecer isso? Se isso fosse um castigo por alguma coisa que eu tivesse feito de errado, então que coisa era essa? Olhei para o meu vestido, que tinha sido branco com flores cor-de-rosa e que agora era uma coisa cinza, rasgada, manchada de terra e de sangue. Eu não tinha sapatos e meus pés descalços estavam feridos, cortados e sujos, e meu estômago e minha mente gritavam, desesperados. Deixei-me cair no chão como um embrulho descartado, sentindo o cheiro da grama. Não podia pensar em nada mais para fazer do que ficar deitada ali e chorar. Eu queria minha casa, eu queria minha mãe, eu queria ser abraçada e consolada. Mas não tinha nada nem ninguém a quem abraçar.

Fiquei ali deitada de lado pelo que pareceu uma eternidade, e posso até ter dormido um pouco. Por certo, parecia que estava tendo pesadelos. Estranhos sons da selva me faziam pular, e os gritos e chamados altos me deixavam preocupada. Eu podia ouvir o som de galhos se quebrando, de capim que se movia, estalos agudos e baques.

Eu só queria morrer. Mas de vez em quando meu desespero e meu medo se transformavam em fome, e a dor física do fundo do meu estômago me fazia aceitar que eu não iria morrer tão cedo.

Abri um olho, apenas um pouquinho. A luz do sol ainda me banhava. Abri o olho um pouco mais, minha linha de visão acompanhando o chão. E o que vi quase me impediu de abri-lo mais. De modo que fechei o olho e, tão gentil e silenciosamente como pude, girei minha cabeça para olhar para o outro lado.

Uma pequena espiada com o outro olho confirmou que eu não havia sonhado. Eu tinha companhia. Na verdade, eu estava cercada.

3

Todo traço de sono tinha desaparecido, e quando abri completamente os olhos, compreendi que não estava apenas cercada. Era observada também. Em toda a minha volta, a uma distância de vários passos, havia macacos. Sem me mover e outra vez com medo, tentei contá-los. Eu estava próxima de cinco, sabia contar até dez, e parecia que havia muito mais, espalhados ao meu redor, e talvez mais atrás de mim, fora da minha vista, o que me deu ainda mais medo.

Mas enquanto eu os observava, e eles a mim, senti meu medo diminuir um pouco. Eles pareciam uma família. Embora todos tivessem tamanhos diferentes, pareciam aparentados. Os grandes e os pequenos. Os velhos e os jovens. Todos com a mesma pele cor de chocolate e barriga mais clara, e variando entre o tamanho de um pequeno cachorro até alguns menores que o papagaio que me mordera. Eu sabia que eram animais selvagens, e depois da minha experiência com o papagaio, eu não podia confiar neles, mas algo me dizia que não iam me ferir.

Isso não durou muito. Depois de um curto período de tempo, um dos macacos deixou o círculo e começou a aproximar-se de mim. Era um dos maiores, com uma pele mais escura que a dos outros, e havia algo na forma como avançava na minha direção com tanta confiança que me fez achar que fosse o chefe da família. Outra vez com medo, porque eu não sabia o que poderia decidir fazer comigo, encolhi-me em uma bola, tentando me fazer a menor possível, enfiando minha cabeça junto ao peito e segurando meus braços em volta dos joelhos.

Eu estava quase fechando os olhos quando o vi estender uma mão marrom enrugada e, para minha surpresa, deitou-me de lado com um firme empurrão. Tremi no solo, esperando o segundo golpe que decerto viria. Mas não veio, e depois de alguns segundos eu ousei abrir um olho outra vez, apenas para descobrir que o macaco tinha perdido o interesse. Tinha voltado para o círculo, sentara-se sobre suas patas traseiras e continuou a observar-me junto com os outros.

Não tardou muito, porém, para que um segundo macaco — outro dos maiores — começasse a caminhar na minha direção. Ele se aproximou lentamente nas quatro patas, mas sem um traço de incerteza. Desta vez eu instintivamente fiquei de pé, mas logo que o macaco chegou perto, ele estendeu a mão, agarrou minhas pernas e as puxou, fazendo com que eu caísse no chão com um som surdo. Outra vez assumi a posição da bola, mas senti que o animal começou a mexer nos meus cabelos e mover seus dedos de couro sobre meu rosto. Eu estava assustada e me contorcia, tentando me livrar de seus dedos investigadores, mas, como o outro macaco, parece que ele decidiu que eu era um brinquedo. Uma vez mais, fui empurrada com firmeza.

Essa ação pareceu dar confiança aos outros macacos, os menores. Tendo decidido que eu não oferecia perigo para eles, todos pareceram querer me inspecionar. Eles conversavam entre si — usando sons que quase faziam parecer que eles estavam se provocando e rindo — e logo todos eles vieram me examinar. Uma vez ao meu lado, começaram a me empurrar e aguilhoar, agarrando meu vestido imundo e mexendo no meu cabelo.

"Parem com isso!", eu pedi, soluçando. "Saiam de cima de mim! Vão embora!" Mas eles não pararam e tive que esperar, encolhida e choramingando, até que terminassem sua inspeção. Pude sentir que eu ficava um pouco mais relaxada. Se eles quisessem me ferir, já o teriam feito. Não o fizeram e pareceram perder o interesse de uma vez só, voltando ao que estavam fazendo na densa vegetação da qual eu presumi que tinham vindo.

Sem ter para onde ir, e ainda com medo de correr, com medo de que me perseguissem, sentei-me na clareira e os observei. Eles subiam nas árvores em volta, brincavam e procuravam com os dedos nas peles dos outros, pegavam coisas e as colocavam na boca. Nozes e bagas? Larvas e insetos? Pequenos lagartos? Era difícil ver de longe. Logo descobri que eles imitavam uns aos outros. Um macaco grande fazia alguma coisa e um macaco menor o imitava. Enquanto observava isso, surgiu na minha cabeça algo que minha mãe dizia: macaco vê, macaco faz.

Sentei-me e os observei por longo tempo. Estava hipnotizada e relutante em deixá-los. Havia algo na maneira como desfrutavam da companhia dos outros que os fazia parecer uma família. Enquanto estava perto deles, sentia que não estava mais sozinha.

Eles eram bonitos também, com suas peles de chocolate ao leite e barrigas cor de camelo, suas orelhas com tufos de pelo cinza e seus rabos escuros e peludos. Eu estava particularmente encantada com as mãos deles, que me intrigavam e maravilhavam porque, embora não fossem humanas, pareciam iguais às minhas. Eram da mesma cor e tamanho que as minhas, com quatro dedos, um polegar e unhas duras.

Eles estavam constantemente em movimento, pulando de galho em galho, tagarelando e caçando uns aos outros em volta das árvores e dos arbustos. Parecia que adoravam brincar e, no caso dos mais jovens, também gostavam de brincadeiras de brigas e disputas. Eles eram cuidados pelos macacos maiores, que gritavam e faziam cara feia, como se estivessem dizendo a eles para pararem quando as coisas ficavam demasiado brutas. Isso era o que os adultos no meu mundo fariam, e de certo modo aquele sentido de ordem e família me fez sentir melhor.

4

Depois de algum tempo, fui lembrada outra vez da dor torturante na minha barriga. Era meu terceiro dia na selva e eu precisava desesperadamente de comida. Enquanto continuava a observar os macacos, fiquei espantada de que comessem tanto. Além do que estivessem fazendo, pareciam estar se alimentando de forma constante. Eu precisava fazer isso também, eu sabia, ou ia morrer de dor.

Espantada por um grito de aviso acima de onde eu estava, olhei para o alto e vi um pequeno macaquinho balançando-se sobre mim, pulando de uma árvore para outra menor que estava perto da primeira. As folhas da árvore eram escuras e tinham a forma de lágrimas finas, de um verde profundo e brilhante, e do tamanho aproximado de um sapato de homem. A árvore também tinha flores: lindas flores púrpura, que se transformavam no que pareciam ser cachos de banana, exceto que as frutas apontavam para cima, e não para baixo. As frutas não aparentavam estar maduras, pois ainda eram pequenas — do tamanho do meu dedo — e não eram apetitosas, por serem de um tom esverdeado. As bananas em casa eram amarelas, mas aquelas bananas pequenas pareciam familiares, e quando o macaquinho derrubou um cacho em seu afã de agarrar muitos ao mesmo tempo, eu rapidamente me lancei sobre ele e o levantei do chão da floresta.

Eu já observara os macacos comendo essa fruta, de maneira diferente à que minha mãe me havia ensinado: descascando em tiras desde a ponta superior. Os macacos simplesmente a partiam ao meio e então, começando de baixo, descascavam a fruta para cima, a partir daí, algumas vezes usando os dentes para ajudar. Observei um macaco que estava perto, que se banqueteava com elas e. com água na boca, eu o imitei.

A fruta era deliciosa. Macia, pegajosa e tão incrivelmente doce: melhor que qualquer banana que jamais comi. Era minha primeira experiência com comida da selva, e eu a engoli com avidez. Mas logo que fiz isso e peguei uma segunda fruta, outro macaco, que claramente estivera esperando pela oportunidade, balançou-se em uma videira e, de modo hábil e ensaiado, roubou o resto do precioso cacho bem debaixo do meu nariz.

"Ah", lembro de ter pensado, "é assim que a coisa funciona..." Mas não foi grave. Procurei em volta até achar uma vara e logo havia conseguido pegar outro pequeno cacho da deliciosa fruta para mim. Eu tinha encontrado companhia — quase uma família — e também tinha descoberto algo que eu sabia que podia comer até que minha mãezinha viesse me buscar e me levar para casa. Enquanto mergulhava no meu segundo cacho de bananinhas, senti meu ânimo melhorar um pouco.

*

Embora eu tivesse me preocupado o dia inteiro, pensando que meus novos companheiros pudessem ir embora e me abandonar, eles não o fizeram. Aquele pedaço da floresta tropical parecia ser o lar deles. E por enquanto, decidi, seria o meu também, de modo que passei minha terceira noite na selva com os macacos. Apesar de preferirem dormir no alto das árvores, eu tive que me contentar em enrolar-me sobre a terra nua bem abaixo deles, em um pequeno espaço entre dois arbustos. Parte de mim estava desesperada por voltar para a segurança do tronco de árvore que eu tinha descoberto antes, mas já que os macacos estavam dormindo aqui, e eu estava com tanto medo de perdê-los, escolhi ficar e não me arriscar a sair de perto. Apenas saber que eles estavam ali me fazia sentir um pouco mais segura. E quando a noite chegou, rápida, pintando tudo com um manto de escuridão, o som que faziam chamando uns aos outros me confortou.

Mas ainda fiquei tremendo de medo. A selva estava uma vez mais cheia de guinchos e uivos assassinos, e os arbustos ao meu redor continuaram a agitar-se e a farfalhar. Eu estava dominada por um terror intenso e paralisante. O que havia ali?

Então contive a respiração quando senti um movimento: uma pressão constante que vinha de trás. Um empurrão gentil e lento que pressionava minhas costas. Eu não tinha ideia do que poderia ser, só que era suave, quente e parecia assustadoramente grande. Também parecia deslizar.

Eu estava imaginando coisas ou uma cobra tinha aparecido e me achado? Estava deslizando ao meu lado, querendo me transformar no seu jantar? Minha imaginação disparou. Sem poder ver o que estava por trás de mim — mesmo que eu tivesse ousado abrir os olhos —, o retrato em minha mente ficava cada vez mais aterrorizante. Eu mal conseguia respirar, menos ainda dar a volta e tentar ver, de modo que apenas fiquei ali, meu coração batendo forte, meus ouvidos se esforçando à medida que o som que aquilo fazia — uma espécie de gemido, rangido — parecia começar a mover-se sobre mim. Era uma cobra gigante, eu estava certa disso quando a pressão atrás de mim diminuiu. Uma cobra que agora subia outra vez para o lugar de onde tinha vindo.

Sabendo que a criatura estava ali em cima tornou o sono impossível. Não parecia importar quão exausta eu me sentia, eu simplesmente tinha muito medo de ser comida. No entanto, em certo instante eu devo ter adormecido, porque a próxima coisa que lembro é de despertar e ver o céu brilhante outra vez. Ver o chão banhado pelo sol e sentir o calor em meus membros foi um enorme alívio, e todos os pensamentos sobre a cobra desapareceram. Mas com o sol e a névoa que se elevava vieram os pensamentos sobre minha casa. Por que minha mãe ainda não viera me buscar? Decerto ela já teria sido capaz de encontrar-me, depois de tanto tempo. Mas meus únicos companheiros, agora como ontem, eram os macacos, que gritavam, tagarelavam e se balançavam entre os galhos sobre minha cabeça, tão alegres e despreocupados com o fato de que eu estava desanimada e amedrontada.

Agora que estava acostumado comigo, o grupo não me dava muita importância. Fora os mais velhos, que atuavam como pais e que pareciam querer vigiar-me, a maior parte dos macacos me ignorava. Eles eram mais do que tinha visto a princípio — pensando nisso agora, talvez uns trinta —, e embora parecessem felizes com minha presença constante, não me incluíam. Não tinham ideia de que, para mim, eram amigos, salva-vidas. Apenas me permitiam ficar perto deles, e eu estava agradecida.

Também era capaz de observá-los e aprender sobre o lugar onde estávamos. No que concerne à comida, criei o hábito de imitá-los. Presumi que as sementes, nozes e frutas que eles preferiam seriam todas aceitáveis para mim. Algumas delas eram espinhosas, algumas eram amargas e desagradáveis, mas eu geralmente os imitava, experimentando coisas que os via saborear.

Não que eu comesse tudo que os macacos comiam — longe disso. Em nenhum momento nem mesmo pensei em tentar agarrar e comer um lagarto. A ideia me dava vontade de vomitar. Também descobri por tentativa e erro que não gostava do sabor de flores, grama ou insetos, e que as frutas, nozes e bagas eram as melhores coisas para procurar. Mas não todas. Quase imediatamente, aprendi minha primeira regra básica: que todas as bagas de cores brilhantes, por mais atraentes que parecessem, deviam ser, sem exceção, deixadas de lado

Os figos pareciam ser apreciados mais que qualquer outra comida, e um macaco com figos era um macaco perseguido. A maior parte dos roubos parecia uma brincadeira, mas quando se tratava de figos, não se deixava ninguém em paz. E eu compartilhei aquela adoração. Aqueles primeiros dias na selva me deram uma paixão para toda a vida. Até hoje, preparados ao tradicional estilo colombiano, os figos ainda estão entre minhas comidas favoritas.

Nem todas as comidas se ofereciam facilmente, e observar os macacos me fez compreender outra verdade: que era preciso trabalhar para conseguir alguns dos bocados mais saborosos em oferta. Havia muitos tipos de nozes diferentes em nosso pedaço de floresta tropical, e embora eu pudesse ver de longe que os macacos conseguiam obviamente romper as cascas, não estava claro para mim como eles o faziam.

Mas havia um macaco que sempre me deixava ficar um pouco mais perto que os outros. Podia ser um macho ou uma fêmea — eu não tinha ideia de como diferenciar — mas na minha cabeça, era um macaco menino, um animal de tamanho médio que se distinguia dos outros por uma mecha de pelo cinza na barriga. Era brincalhão e ousado, mas, muito mais importante para meu propósito, parecia ser muito bom em quebrar nozes. Eu o observava por horas, tentando ver o que estava fazendo, e cheguei à ideia de deixar nozes para que ele as "roubasse" de mim, na esperança de que eu pudesse descobrir como ele as descascava.

É claro que ele cumpriu seu papel, agarrando a noz que eu havia deixado "cair", colocando-a ao ouvido e sacudindo-a, presumivelmente para verificar se estava madura. Eu não sabia que som indicaria isso a ele, mas, qualquer que fosse, era o certo porque, enquanto eu o seguia, ele começou a procurar no solo da floresta alguma coisa dura sobre a qual quebrar a noz. Finalmente ele encontrou uma rocha que parecia servir aos seus propósitos, porque tinha uma depressão — um pequeno buraco nela — na qual a noz podia ser colocada, capacitando-o a abri-la com um pedaço de galho sem que ela rolasse para longe com o golpe.

Observei várias vezes aquele processo simples, mas inteligente. Ele variava: algumas vezes o buraco de apoio estava no tronco caído de uma árvore; em outras, a ferramenta em suas mãos era um pedaço de rocha. Mas, todas as vezes, o resultado era o mesmo. A noz se abria e o macaco — que logo apelidei de Mancha — jogava um prêmio gostoso na boca. Macaco vê, macaco faz! Lembro de ter pensado isso enquanto procurava uma ferramenta com que quebrar minhas nozes.

Naqueles primeiros dias com o grupo passei quase todo o meu tempo tentando saciar minha fome. A selva era generosa em suas ofertas e, além das bananas, figos e nozes, havia todo tipo de frutas diferentes para experimentar.

Uma vez mais, aprendi com os macacos. Eles adoravam *uchuva*, graviola e goiaba sem reservas, porém com outras frutas eram claramente mais seletivos. Uma fruta em particular, a toranja, eles sempre provavam primeiro: balançavam e cheiravam os grandes globos alaranjados antes de decidir se a colheriam dos arbustos onde cresciam. Eu iria aprender que havia uma boa razão para isso. As frutas que não estavam maduras eram incrivelmente amargas. Acontecia o mesmo com a *curuba* (que parece um pouco com um pepino gordo). Os macacos só tocavam as frutas amarelas e marrons, deixando as verdes de lado.

Também comiam folhas, que descobri que não podia digerir, e uma variedade de insetos e larvas. E embora eu não gostasse de quase nenhuma dessas coisas, uma exceção eram as formigas. Para minha surpresa, descobri que eram gostosas e crocantes, e podiam ser encontradas em abundância no chão da floresta.

Mas a vida na selva naqueles primeiros dias não era só uma questão de alimentação. Ou de brincar, de limpar-se e de tagarelar. Para os macacos, tratava-se também de sobrevivência. Para minha nova família, isso significa possuir território e, basicamente, protegê-lo da invasão de outros grupos de macacos. E isso, logo aprendi, significava brigar.

A primeira vez que vi os macacos brigarem contra invasores, fiquei aterrorizada. Eu não conseguia compreender o que estava acontecendo. Num instante estavam todos brincando, acima de mim e à minha volta, e no outro escutei o barulho e os golpes de galhos que se rompiam enquanto todos se juntaram no alto das árvores e brigaram. Naquela ocasião, foi com macacos que pareciam diferentes daqueles que eu conhecia. Tinham pele avermelhada e haviam surgido não sei de onde. O som da violência acima de mim era aterrorizante, o ruído de seus gritos enquanto brigavam era tão intenso e horrível que tentei fugir, escondendo-me debaixo de um arbusto e tapando meus ouvidos com as mãos. E quando desceram, os invasores presumivelmente vencidos, fiquei chocada com a visão do sangue ao redor de muitas bocas. Teriam comido os outros macacos? Ou somente os feriram para assustá-los? E se eu os desagradasse de algum modo, poderiam decidir voltar-se contra mim?

Foi um agudo lembrete de que eu estava em um lugar perigoso, com animais perigosos, mas quando pensei em como os macacos me haviam tratado desde que se encontraram comigo, decidi que eles haviam aceitado que eu não era uma ameaça. Por que então não me expulsaram com gritos e com violência sangrenta? Por que me deixaram ficar tão perto deles?

Ainda mais ansiosa por tranquilidade, achei que talvez eles me tivessem visto ser abandonada. Talvez tivessem visto como os caçadores me jogaram no chão com tanta crueldade e, compreendendo meu drama, tiveram pena de mim. Era reconfortante pensar que pareciam aceitar que eu não lhes queria fazer mal e apenas queria ser amiga deles. E enquanto eu os observava limpando o sangue de suas bocas, podia apenas torcer para que não mudassem de ideia.

5

Ninguém veio.

O dia passou, assim como o próximo, e o que veio depois, e ainda não havia sinal de meus pais. De nenhum ser humano. Minha esperança de resgate, que havia estado em minha cabeça desde que eu tinha sido abandonada, desaparecia tão rápido como os desenhos de flores do meu vestido.

Talvez não fosse surpreendente então que, em um período de tempo que só posso supor, comecei a deixar de esperar que viessem me salvar. Em vez disso, encontrei-me bloqueando todos os pensamentos sobre a minha casa e concentrando-me em minha estranha nova vida na selva.

Cada dia era exatamente igual ao anterior. A selva se despertava sob a quente insistência da luz do sol, o vapor elevava-se em nuvens fragrantes à medida que a luz descia pelos galhos. Eu observava os macacos — tomando o cuidado de não aborrecê-los — e os seguia para encontrar comida, e depois os observava um pouco mais. Isso continuava até que o sol desaparecia atrás das árvores e a noite deixava cair subitamente sua cortina de escuridão. Então eu buscava abrigo onde podia e procurava dormir.

A única quebra dessa rotina nos primeiros dias foi quando (sem aviso, pois eu estava abrigada pelas copas das árvores) os céus se abriram e meu mundo encheu-se de chuva. Eu já tinha visto chuva antes, é claro, mas agora ela tomou um significado totalmente novo. Dançava nas folhas, fazia o chão da floresta pular e gingar, e criava ruído suficiente para afogar quase todos os outros sons. Dava-me uma fonte de água pronta, criando uma pequena poça da qual eu podia beber, e encharcava meus cabelos emaranhados e corria em rápidos córregos por meus membros. Era quase mágico: uma força feroz e purificadora.

Mas fora essa exceção, eu realmente estava perdendo todo o sentido do tempo — das horas, dos dias e das semanas e como medi-los. O que lembro mais claramente daquele período é o sentimento de incrível solidão, que espero nunca sentir novamente. Como os macacos eram os únicos animais da selva que não me assustavam, talvez fosse natural que eu me sentisse atraída por eles e quisesse estar por perto, tentando entendê-los melhor.

Fazer isso não significava apenas observá-los. Requeria escutá-los também. Eles se comunicavam entre si usando um grande número de ruídos diferentes e, carente de contato humano (particularmente do conforto das vozes humanas), eu me sentava e escutava avidamente aqueles sons.

Também estava ansiosa pela oportunidade de falar e, de alguma maneira, comunicar-me usando a voz era uma necessidade poderosa e instintiva. No começo, eu imitava os barulhos que os macacos faziam para minha própria diversão, embora com certeza também pelo conforto de ouvir o som da minha própria voz. Mas logo descobri que, algumas vezes, um macaco — ou vários deles — respondia como se estivéssemos mantendo uma conversa. Isso me fascinou. Senti como se, finalmente, eu estivesse sendo notada. De modo que pratiquei bastante os sons que faziam, sempre desesperada por obter uma reação.

É impossível representar a linguagem dos macacos utilizando letras, e é extremamente difícil reproduzi-la oralmente também.

Mesmo com minha aguda voz de garotinha, havia alguns sons que eu não podia imitar. Lembro, no entanto, do primeiro som que pareceu que eu podia imitar: um que usavam muito — um aviso de alerta. Era uma espécie de grito gutural — um ruído alto e imperativo. Precisava ser assim — tinha que alertar o grupo inteiro. E logo ficou claro que o usavam com muita frequência. Estavam em constante alerta, à espreita, atentos todo o tempo a qualquer coisa anormal, e relatando quase qualquer coisa que se movesse ou entrasse no território deles. Tinham uma postura especial que acompanhava aquele grito. Faziam uma expressão — uma espécie de olhar fixo com a boca aberta — e se levantavam nas patas traseiras, quase na ponta dos pés. Então começavam a fazer sons baixos, presumivelmente enquanto avaliavam o nível de ameaça. Uma vez que tivessem identificado um intruso e considerado que era ameaçador, eles passavam a gritar, muitas vezes balançando as cabeças de um lado para o outro. Não eram diferentes das crianças — ou de qualquer ser humano, na realidade — em que, quanto mais assustadora fosse a ameaça, mais alto gritavam com todos os outros.

Se o perigo fosse imediato, o grito seria ainda mais alto - um grito agudo, estridente, que era de hábito acompanhado com o bater das mãos no chão. Quando isso acontecia, o resto dos macacos se reunia, e subiam todos para a segurança das copas mais altas, deixando-me, agora que eu sabia do que se tratava os gritos, assustada e em pânico, enquanto corria por ali tentando achar um lugar seguro no chão.

Mas aprendi com rapidez que não precisava me assustar sempre. Talvez porque eu fosse uma menina tão pequena, logo descobri que os filhotes do grupo faziam o chamado de "perigo imediato" apenas para divertir-se, e que os adultos pareciam saber quando ignorá-los. Isso também foi um conforto naqueles primeiros dias.

Menos reconfortante teria sido saber que eu ficaria ali tanto tempo que teria a oportunidade de aprender o significado de quase qualquer ruído emitido pelos macacos. Se eu soubesse disso então, talvez tivesse morrido de desespero. Mas felizmente isso não aconteceu. Cada dia amanhecia com pelo menos um fio de esperança em que agarrar-me e, frágil como fosse, era suficiente para manter-me viva.

*

Após minha primeira briga noturna com o que pensei ser uma cobra, eu ficava apavorada ao pensar em encontrar-me com outra. Mas meu medo logo diminuiu. As cobras estavam na verdade entre as mais tímidas criaturas da selva. Elas gostavam de fazer o que faziam sem que ninguém as observasse. Embora sempre tenha tido medo delas, ao achar que não queriam nada mais além de me morder, logo descobri que elas nem mesmo gostavam de ser observadas. A maior parte delas tinha marcas que as faziam combinar-se com o ambiente — parecendo com a folhagem do chão da floresta, ou com o tronco das árvores — e elas pareciam ter mais medo do que eu. O menor ruído fazia com que saíssem deslizando ansiosamente em busca de proteção e, observando os macacos, aprendi a assobiar sempre que via uma, o que invariavelmente as fazia seguir seu caminho.

As aranhas também eram tímidas, embora enormes e peludas. Se eu visse uma no meu quarto, em casa, eu teria soluçado de terror, mas na selva elas eram tão diferentes — tão gentis e tão envergonhadas. Eu as achava fascinantes e as observava por muito tempo, esticando-me para tocar suas pernas graciosamente sedosas. Eu observava enquanto se escondiam em pequenos buracos ocultos se alguém se atrevia a chegar perto delas, e então olhavam para o intruso, seus pequenos olhos negros em forma de botão espiando, como se pedissem: "Por favor, não me machuque!" Não demorou para que eu começasse a achá-las verdadeiramente lindas. Ainda acho.

Não que fossem completamente indefesas. Logo aprendi que era tolice enfrentá-las. Eu ficava sentada horas e horas observando-as em seus afazeres, assim como o faria qualquer criança com tempo de sobra. Se você as observasse por suficiente tempo, poderia começar a aprender qual aranha vivia em cada lugar, e logo eu sabia a localização de todas as suas pequenas "casas".

Elas eram muito reservadas, é claro, e havia períodos em que estavam todas dentro de casa e não acontecia nada. De modo que, depois de algum tempo, ansiosa por ação, eu pegava um graveto e mexia nas pequenas tampas que se formavam nas entradas. Compreensivelmente, isso fazia as aranhas ficarem furiosas. Elas apareciam agitadas, querendo saber quem andava mexendo na porta da frente delas, e observei que com frequência paravam e sacudiam seu corpo peludo, como fazem os cães molhados. Certo dia, observei que após um episódio desses de irritação, a aranha em questão, depois de balançar-se, pareceu lançar uma pequena nuvem de alguma coisa, que se elevava de seu corpo.

Não era água. Tomou a forma de pequenas partículas que pareciam poeira e logo entendi que aquilo deveria ser a fonte das dolorosas pontadas e comichões que sofri depois.

Nem todas as lições que aprendi naqueles primeiros dias eram sobre o mundo à minha volta — algumas eram sobre mim, e sobre o negócio cotidiano de cuidar de mim mesma. Eu era uma garotinha de menos de 5 anos de idade. Estava acostumada a ser cuidada. Acostumada a que minha mãezinha me ajudasse a vestir e a despir, a tomar banho, limpar os dentes e escovar o cabelo.

Todos aqueles rituais diários haviam desaparecido. Meu lindo vestido de algodão estava rasgado e sujo, e em poucos dias não tive escolha a não ser jogar fora minha calcinha branca, cujo elástico havia se esticado e que ficava caindo sempre que eu andava. E embora não ser obrigada a me lavar ou a passar um pente pelos cabelos não fosse grande coisa, ir ao banheiro e limpar-me depois se tornou algo bastante angustiante.

Outra vez observei os macacos para obter pistas sobre como agir. Eles faziam suas necessidades quando e onde sentiam vontade. Se estivessem no alto das copas das árvores, bem acima de mim, suas fezes simplesmente choviam até o chão da floresta, ou tinham seu avanço parado pelos arbustos. Em uma ocasião, vi um montão de fezes cair em um cogumelo gordo e macio, que imediatamente respondeu lançando uma grande nuvem de esporos, como se dissesse que estava satisfeito.

Se os macacos estivessem no chão, enterrariam o que tinham feito, cobrindo as fezes com terra ou com musgos e folhas. Observei que eles também se limpavam, mas sem regularidade, sentando-se em uma área coberta de relva e deslizando-se sobre ela. De forma alternativa, esfregavam seus traseiros contra um tronco de árvore coberto de musgo. Feito isso, simplesmente terminavam o trabalho contorcendo-se e lambendo-se até ficarem limpos.

Esta última parte obviamente era uma impossibilidade física para mim, mas eu estava desesperada por sentir-me limpa e não malcheirosa. Nas primeiras ocasiões que tive que ir ao banheiro, lembro de ter limpado meu traseiro no vestido. Quando tive que deixar de usar minha calcinha, usei-a como pano de limpeza. Mas quando não pude mais usá-lo, imitava os macacos ou me limpava com folhas secas. Logo descobri, no entanto, que se enchesse minhas mãos com musgo, sua maciez e umidade faziam o trabalho muito melhor, porque não rasgavam em pedaços meu pobre traseiro.

O resto do meu corpo, por outro lado, ficou cada vez mais sujo e, à medida que passavam os dias, comecei a coçar-me mais e mais. Como os macacos, virei o lar de todos os tipos de pequenas criaturas. Não só a minha pele ficou cada vez mais seca e escamosa, como logo fiquei cheia de pulgas. Apesar de bonita, a selva também era muito suja. Moscas zumbiam sem cessar, nuvens delas — todas verdes e azuis e parecendo joias, banqueteando-se animadamente com as muitas pilhas de fezes animais. Também zumbiam ao meu redor, o que eu achava irritante. Eu cheirava tão mal como as fezes que me rodeavam? Certamente eu juntava mais sujeira e pulgas com o passar dos dias, assim como piolhos, besouros e insetos estranhos, brancos e prateados, que pareciam brilhar de modo trêmulo quando pululavam na minha pele.

Algumas vezes, no início, isso me levava a um frenesi. Coçando-me desesperadamente por todos os lados, eu chorava de frustração, incapaz de impedir que aquilo acontecesse. O mais breve olhar bastou para convencer-me que eu não podia. Se eu sentasse, eu me tornava apenas mais uma parte da paisagem — outro pedaço de chão sobre o qual a maré incessante de insetos podia rastejar. *Escarabajos* (Escaravelhos) e *cucarrones* (pequenas baratas marrons) simplesmente vagavam pelos meus membros como se tivessem todo o direito de fazê-lo, mordiscando quando queriam minha carne cada vez mais deformada. Aquilo era assustador. Como eu podia impedir que aquilo continuasse antes que começassem a me comer viva?

A solução dos macacos era, outra vez, lamber-se até ficarem limpos. E se eu não podia, fisicamente, nem iria, definitivamente, lamber as fezes do meu próprio traseiro, achei que poderia pelo menos lamber algumas partes da pele dos meus membros imundos, mordidos e cheios de crostas. Mas minha primeira lambida estava destinada a ser também a última. Eu nunca tinha provado antes nada tão ruim. Era tão fedorento e tão amargo que eu simplesmente não consegui imaginar como os macacos conseguiam fazer aquilo o dia inteiro.

Meu cabelo estava em condições ainda piores. Sem lavar por tanto tempo, e servindo de hospedeiro a insetos ainda mais rastejantes, o cabelo estava praticamente vivo com animais da selva. Eu sabia, pela forma como coçava, que abrigava vida selvagem rasteira a cada novo dia, enquanto se emaranhava em sujas tranças negras.

Eu me sentava e observava os macacos que limpavam cuidadosamente uns aos outros, desejando com desespero que me incluíssem. Mas até então não o tinham feito. Permitiam que eu ficasse perto, mas não tão perto assim, e eu olhava com inveja quando eles se sentavam no frescor dos galhos mais altos, catando as sujeiras (ou deliciosos petiscos? Eles sempre pareciam comer o que catavam) da pele cor de chocolate dos outros macacos.

*

Querer estar em cima das árvores com minha família adotiva de macacos logo se tornou uma preocupação para mim — mais preocupante, com o passar do tempo, do que pensar em minha família humana perdida. Eu dormia cada noite no tronco oco de uma velha árvore, e embora parecesse mais seguro, houve períodos — longos períodos, às vezes — em que o grupo inteiro subia para o topo das altas folhagens. Um lugar onde eu simplesmente não podia chegar.

Eu queria muito ir até lá, mas a ideia parecia impossível. As árvores foram um problema tão grande a vencer quanto as castanhas-do-pará, que eles me atiravam para que eu comesse. Com estas últimas, eu só podia tentar penetrar naquelas cujas cascas se rompiam na queda. As castanhas intactas eram impossíveis de abrir. Mesmo as castanhas do interior não cediam sem lutar: levavam uma quantidade enorme de golpes, usando meu sistema de espaço oco e pedra, antes que eu pudesse fazer uma única greta em suas armaduras.

De modo similar, os troncos daquelas árvores pareciam desafiar-me. Com dois a três metros de diâmetro, eles se elevavam na direção do céu — um corredor vertical quase liso. Se eu olhava para cima, ficava tonta ao ver como cresciam de modo tão impossivelmente alto, e desapareciam na névoa antes de parecerem chegar a algum lugar, e só então se abriam os galhos onde eu poderia subir.

Mas também havia árvores menores, lutando por subir entre aqueles colossais reis da selva. As amistosas árvores que proporcionavam as deliciosas bananas pequenas, e outras, enfeitadas com suas flores cerosas pendentes que, depois eu iria aprender, eram orquídeas. Também se vestiam com graciosas trepadeiras e folhagens de fungos esponjosos e escuros, e entre eles os cachos e arcos de delicadas samambaias verdes.

Certo dia, quando os macacos me haviam abandonado outra vez, imaginei que poderia encontrar um jeito de unir-me a eles, ao escalar as árvores menores, na esperança de poder alcançar, de algum modo, os galhos mais altos das árvores de castanha-do-pará. Meu plano estava condenado ao fracasso — levaria vários meses para que eu pudesse dominar aquela aptidão específica — mas me possibilitaria uma descoberta inesperada.

Havia parado de chover, eu lembro — não era o melhor momento para tentar ser acrobata, porque, como sempre, toda a selva estava molhada e gotejava. Os ramos e as trepadeiras estavam escorregadios, mas, talvez revigorada e energizada pelo aguaceiro refrescante e purificador, decidi que faria uma tentativa; se eu não tentasse, como minha mãe costumava me dizer, como saberia o que podia fazer ou não?

A princípio, não foi muito difícil. Subi um metro e meio ou dois, usando um emaranhamento de raízes, trepadeiras e galhos baixos, conseguindo muitos apoios para os pés e para as mãos. Mas bastou que eu tivesse alcançado o topo de uma pequena árvore quando me deparei com uma difícil escalada horizontal em um arbusto, sem nenhuma esperança de subir além daquele ponto.

Eu tentei de todos os modos (agora que havia chegado ali, mal podia olhar para baixo, muito menos descer), mas o galho viscoso e escorregadio foi minha ruína. Logo que coloquei todo meu peso nele, imediatamente perdi o equilíbrio e caí, gritando alto e freneticamente, aterrorizada e certa de que ia morrer.

Mas a folhagem baixa foi gentil comigo. Embora me esbofeteassem e fizessem com que eu rodasse, o emaranhado de folhagem maciça e as treliças de caules, talos e galhos também frearam minha queda. E enquanto fiquei deitada ali, recuperando o fôlego, sentindo lágrimas de autopiedade jorrando dos meus olhos, dei-me conta de que estava olhando diretamente para algo que nunca havia visto antes. Era um túnel — cuja entrada era tão pequena que só se podia entrar nele engatinhando, e que desaparecia na escuridão depois de uma curva.

Olhei mais de perto. Parecia estar feito do mesmo emaranhado de raízes de árvores e folhagens baixas que haviam diminuído a velocidade da minha queda. Parecia ter sido perfurado há muito tempo, e suas bordas internas — as mesmas treliças de galhos e raízes, principalmente — eram bastante lisas, sem protuberâncias e espinhos.

Levantei-me e me arrastei para o interior do túnel. Era um pouco apertado, mas pude contorcer-me e entrar.

Aventurei-me mais. Ainda lembro que não estava muito assustada. Entrava suficiente luz por ali e embora fosse sombrio, não era totalmente escuro. Enquanto eu engatinhava, o túnel se abriu — era uma rede inteira de túneis! — com ramificações em várias direções.

Comecei a me perguntar que tipo de animal teria feito um túnel assim, mas a curiosidade triunfou sobre a ansiedade e decidi avançar um pouco mais. Foi quando, ao fazer uma curva, fiz minha segunda grande descoberta. Havia um macaco à minha frente — um dos meus macacos — e ele estava correndo na minha direção com uma noz na mão. Logo que me viu, entrou em um túnel lateral, com outro macaco (eram ambos jovens e brincavam de caçar, isso era óbvio) correndo atrás e guinchando alegremente em uma feroz perseguição.

Ver isso fez com que tudo se encaixasse em seu lugar. Eles haviam criado essa rede de túneis no chão de seu território para que pudessem permanecer no solo com a mesma facilidade com que atravessavam o topo das árvores. E compreendi que eu também seria capaz de utilizá-la para atravessar a selva com rapidez e segurança. Meu desapontamento com minha falta de aptidão para escalar foi esquecido, arrastei-me atrás dos macacos e finalmente apareci em uma pequena e familiar clareira, sentindo-me mais confiante do que em qualquer outro instante desde que tinha sido abandonada na selva. Fazer essa nova descoberta parecia — e lembro dessa sensação até hoje — quase como se o Natal tivesse chegado. Realmente foi muito importante para mim. Uma indicação, talvez, de quão selvagem eu havia me tornado.

Eu certamente estava começando a achar que aprenderia todas as aptidões de que precisaria para conservar-me a salvo naquele lugar remoto e selvagem. Mas foi uma suposição que se mostrou muito equivocada.

6

Eu ia morrer logo, estava certa disso.

Não tinha ideia do porquê, apenas que a sensação de que eu estava morrendo se difundia por todo o meu corpo, fazendo com que meu estômago embrulhasse e eu gemesse de dor.

Tentei me lembrar, em meio ao nevoeiro da dor, o que havia comido que pudesse ter feito isso comigo.

Tamarindos! De repente, me lembrei. No dia anterior, havia comido tamarindos. Era um dos meus alimentos favoritos. Similar na forma às vagens de feijão que costumavam crescer em nossa horta, a vagem de tamarindo era marrom-escuro, peluda e, quando aberta, o interior era doce e pegajoso, com a textura dos figos.

Mas quando os provei, soube na hora que não era tamarindo comum. Aquela variedade — decerto uma entre muitas outras — tinha muitos frutos pequenos dentro dela, iguais em tamanho a ervilhas e, se isso significa algo, com gosto ainda mais doce, como tâmaras.

Eu não podia ficar de pé. Não podia sentar. Tentei mover meus músculos e fui derrotada. Mas em minha tontura eu sentia uma certeza sombria formar-se dentro de mim. Eu havia comido o gêmeo mortal do delicioso fruto. Se aprendi algo de meu tempo com os macacos, pensei miseravelmente, foi que as coisas podem parecer quase idênticas em cada detalhe, mas apenas um par de mínimas diferenças pode ter um impacto muito grande — a diferença, talvez, entre a vida e a morte.

Mas enquanto eu me contorcia, vi que a solidariedade podia estar perto. Embora minha visão estivesse turva, pude ver o macaco Vovô. Eu lhe dei esse nome somente porque parecia um avô. Era mais velho que os outros, movia-se de forma diferente e tinha os mesmos borrifos de pele branca que disparavam uma lembrança distante, mas clara, das poucas pessoas mais velhas com quem eu havia me encontrado na minha vida anterior. Lembrei-me claramente de uma delas — não um parente, talvez um vizinho ou amigo da família. Uma mulher de cabelo branco que não tinha os dentes da frente. O macaco Vovô tinha muitos dentes, mas também tinha pelos brancos em várias partes do corpo. E pelos cinzentos em outras, particularmente no rosto. Vovô caminhava devagar, como fazia a mulher velha que eu lembrava ter visto, e acho que tinha uma antiga ferida no braço ou no ombro, pois não andava pelo topo das árvores como os outros macacos.

Vovô tinha ficado de olho em mim desde o começo. Mas não achei que fosse porque ele se preocupava com o meu bem-estar. Nunca houve nenhum carinho na forma que ele se comportou quando estava perto de mim, de modo que decidi que seria porque ele era muito protetor com sua família. Talvez ele não tivesse decidido se gostava de mim ou não.

Eu o observei descer da árvore onde mais gostava de sentar e aproximar-se de mim. O que iria fazer? Eu não tinha ideia, mas não podia me preocupar muito, de qualquer maneira. Eu estava muito ocupada chorando pela dor horrível e penetrante.

O macaco Vovô chegou ao chão, segurou meu braço com firmeza, depois começou a sacudir-me com suavidade, empurrando-me, como se quisesse que eu fosse para outro lugar.

Ele estava determinado e tinha um propósito, e eu não podia resistir. Lutando para conservar o equilíbrio, eu meio engatinhei, meio tropecei pela folhagem, na direção que seus sucessivos empurrões pareciam sugerir que ele queria que eu fosse.

Eu não podia desobedecer, mas fiquei com muito medo enquanto me dirigia para um recanto de arbustos espinhosos. Uma vez lá, pelo menos tive a dor de repetidas picadas e arranhões para desviar minha mente da dor dentro de mim. Para onde estávamos indo, no entanto, eu não tinha a mínima ideia.

Demoraram poucos segundos antes que eu descobrisse. Um minuto antes eu estava tropeçando em meio a um emaranhado de galhos, e no outro eu estava caindo — rolando e rolando por um banco rochoso coberto de musgo, por onde corria uma água fria e que finalmente me depositou em uma pequena bacia mais abaixo.

Olhei em volta, arquejando enquanto tentava recuperar o fôlego. O lugar tinha cerca de dois metros e meio de largura, rodeado por rochas, terra e raízes de árvore, e parecia-se com uma caverna sem teto.

Um grupo de pedras negras havia criado uma aba para um lado, sobre a qual uma firme corrente de água formava uma cachoeira. A água na qual eu havia parado não era funda, não o suficiente para me submergir, mas logo pude ver que o Vovô também tinha vindo. Iria ele se aproveitar da minha fraqueza para tentar me afogar?

Parece que tive uma resposta, pois imediatamente ele começou a me empurrar outra vez, tratando de me levar na direção da corrente de água. Eu solucei. Todas as piores coisas que podiam acontecer comigo pareciam estar acontecendo todas juntas. Eu estava aterrorizada e em agonia, e odiava a água — era algo que eu temera toda a minha vida. Além de beber pequenas quantidades e de ser golpeada pelos aguaceiros, eu não tinha visto água — água onde eu pudesse me afogar — por um longo tempo, e odiei vê-la outra vez naquele momento.

Mas o macaco era incansável, e embora fôssemos do mesmo tamanho, ele era muito forte. Ele continuava a tentar empurrar minha cabeça para baixo, agarrando-me fortemente pelos cabelos. Estaria tentando me afogar? Ou queria que eu bebesse a água? Ou talvez ele soubesse que eu morreria de qualquer jeito e estava tentando me ajudar nisso.

Quaisquer que fossem suas intenções, eu lutei, mantendo-me longe dele e batendo na superfície da piscina, molhando-o, e quando fiz isso, ele puxou meu rosto para cima e me olhou direto nos olhos.

Quando respondi ao seu olhar, pude ver algo que não tinha visto antes. Sua expressão estava completamente calma. Ele não estava zangado, nem agitado, nem hostil. Talvez eu tivesse me enganado, pensei, enquanto tossia, me engasgava e tentava recuperar o fôlego outra vez. Talvez ele estivesse tentando me dizer alguma coisa.

Eu não sabia o que era, mas naquele instante eu confiei nele. A expressão em seus olhos e a calma de seus movimentos fizeram com que eu entendesse que ele estava tentando me ajudar. Assim, desta vez eu fiz o que ele parecia querer. Mergulhei e bebi várias vezes aquela água enlameada, engolindo tanto quanto podia e sentindo que ela subia pelo meu nariz.

Então o macaco me soltou. Não perdi tempo e subi para o banco rochoso onde, completamente exausta, desmaiei no chão, com a cara para baixo.

Comecei a tossir outra vez e logo a tosse transformou-se em vômito — primeiro a água e atrás dela grandes gotas arquejantes de um líquido ácido que queimou minha garganta e escorreu dolorosamente sobre a pele arranhada de meus membros.

Mas o macaco ainda não havia terminado. Logo que parei de vomitar, ele começou a empurrar de novo para a piscina, desta vez para a outra margem, onde a água era muito mais rasa e onde uma segunda cachoeira caía com firmeza.

Não precisei mais de estímulos. Bebi a água da cachoeira e fiquei contente de ficar ali, mesmo que algumas sanguessugas começassem a aderir às minhas pernas, apenas para sentir a água que passava, esfriando-me e curando-me, e os tortuosos espasmos dentro de mim diminuíram.

Não faço ideia de quanto tempo permaneci sentada ali, semi--inconsciente, como em transe, mas em algum momento me senti recuperada o bastante para escalar o caminho de volta. O macaco Vovô tinha ficado sentado na borda da piscina, imóvel todo aquele tempo, apenas observando e esperando. Quando eu me movi, ele também o fez, levantando-se e, aparentemente satisfeito com seus esforços, foi subindo na minha frente, de volta à sua árvore.

Nunca saberei ao certo o que foi que me envenenou, assim como nunca saberei como o macaco Vovô sabia como me salvar. Mas ele o fez. Estou convencida disso.

E o encontro não me ensinou apenas outra lição de sobrevivência. Também marcou um momento em que minha vida com os macacos mudou. Porque daquele dia em diante, a atitude do macaco Vovô em relação à minha presença continuada mudou completamente. Uma vez indiferente e depois obviamente cauteloso, ele agora se sentia tanto meu protetor como meu amigo.

Agora ele parecia contente ao dividir a comida comigo e cuidar de mim, e com frequência se banqueteava com os insetos que viviam no meu cabelo. Pouco a pouco minha sensação de solidão e abandono começou a diminuir. Embora ainda houvesse noites em que eu ficava tomada pelo que perdi e chorava por horas, essas situações de tristeza estavam ficando mais espaçadas. Enrolada em forma de bola, no meu tronco oco de árvore, com o som familiar e reconfortante dos macacos acima de mim, eu estava gradualmente me transformando em um deles.

7

O incidente do meu envenenamento e de ter sido "salva" pelo macaco Vovô mostrou ser um marco na forma como os macacos se relacionavam comigo. Seguindo o exemplo do seu ancião, mais e mais macacos pareciam felizes em aproximar-se e cuidar de mim. Eu não era mais uma intrusa tolerada. Parecia que eu fazia parte do grupo, o que fez com que a dor estacionada em meu coração fosse um pouquinho mais tolerável.

Embora eu já estivesse consciente de que minha nova família algumas vezes se transformava — alguns animais desapareciam e voltavam com bebês pequenos, outros desapareciam e nunca mais eram vistos —, comecei a conhecer alguns deles bastante bem. Havia o Vovô, claro, que foi uma constante durante o tempo que passei ali. Mas também havia o enérgico Mancha, o gentil e amoroso Marronzinho e a tímida Ponta Branca, uma das macacas pequenas, que parecia realmente amar-me e que muitas vezes pulava nas minhas costas, colocava seus braços em volta do meu pescoço e se divertia ao ser carregada por onde quer que eu fosse.

É claro que, naquele tempo, eu ainda não tinha dado nomes aos macacos. Eu não tinha qualquer uso para a fala humana — apenas minha versão crua da linguagem dos macacos. Acho que nem pensava mais em linguagem humana. De modo que eu não iria "pensar" conscientemente em algo tão abstrato como um nome. Comecei a identificar cada animal por algum atributo diferenciador ou por alguma característica física. Minha vida havia se transformado em sons e emoções. E "missões". Toda a vida agora estava dividida em missões. Missões para encontrar comida. Missões para encontrar companhia. Missões para encontrar um lugar seguro para esconder-me se houvesse perigo. Eu tinha somente duas preocupações: satisfazer minhas necessidades básicas e satisfazer minha curiosidade — a mesma vida simples que os macacos tinham.

*

Agora que me sentia mais aceita, tornei-me ainda mais determinada a aprender como subir até o alto das árvores. Estava começando a odiar que tivesse que passar períodos tão longos de solidão no chão, de onde podia ouvir os alegres gritos e guinchos das brincadeiras que aconteciam bem acima de mim, sem ser capaz de subir ali e unir-me a eles. Subir até lá, dali em diante, tornou-se minha nova missão.

Eu não tinha deixado de praticar minhas escaladas desde a primeira tentativa fracassada. Seria tão maravilhoso ser capaz de escapar da umidade do chão da floresta e sentir o sol nas minhas costas — todo o poder do sol — em vez de fazer isso com os raios que passavam entre os galhos, onde eu podia apenas deitar-me nos pequenos lugares ensolarados que os raios criavam. Apesar das cores da selva, às vezes parecia que eu estava vivendo em um mundo preto e branco. Algumas partes do solo, mesmo na hora mais brilhante do dia, eram tão escuras que pareciam envoltas em uma noite perpétua, perfurada por flechas de luz tão brancas e ofuscantes que feriam meus olhos.

Eu também estava desesperada para ter algum descanso do ar pesado e estagnado e da infinita irritação de todos os assustadores seres rastejantes. Eu estava acostumada aos insetos, mas nunca tinha visto tantos tipos diferentes em um único lugar. A selva fervilhava com eles: coisas que voavam, coisas que rastejavam, coisas que pulavam e coisas que mordiam. Havia besouros voadores que pareciam pequenas máquinas — hoje eu diria que pareciam helicópteros — que tinham asas zumbidoras que faziam um som especial quando aterrissavam. Havia insetos azuis e verdes, insetos que pareciam um tesouro resplandecente, e insetos que me espantavam porque brilhavam de noite. Havia grandes besouros negros que pareciam ter pares de tesouras no nariz, e qualquer quantidade de diferentes larvas bichentas, vacilantes, que se contorciam. Às vezes parecia que eu via um inseto novo a cada dia.

Também havia muitos tipos diferentes de sapos, rãs e lagartos de cores brilhantes. Eles também faziam suas casas no abrigo do subsolo, de modo que o ar vibrava com todo tipo de zumbidos, coaxos e assobios. E era uma casa que servia para todos eles. Tão rica em comida, tão quente e úmida, era um glorioso paraíso terrestre para todos eles. Mas nem tanto para mim. Como eu almejava a chance de deixá-los com seus prazeres básicos de insetos — balançados por brisas fedorentas, pesadas com o cheiro de vida vegetal podre, e unindo-se em nuvens excitadas sobre qualquer coisa morta ou que estivesse morrendo.

Dia após dia, pelo que podem ter sido vários meses, tentei subir nas árvores menores, mais finas. Eu caía com frequência — às vezes muitas quedas em um mesmo dia, e sempre dolorosas — mas não deixei que meus fracassos me detivessem. Já havia aprendido que a única coisa de que podia estar certa nesse mundo emaranhado e esponjoso era que eu tinha garantida uma queda razoavelmente macia, mesmo que colecionasse muitos machucados, cortes e arranhões no processo.

Eu não escalava ao azar tampouco. Não possuía as vantagens dos macacos — seus membros incrivelmente longos e elásticos, seu sentido de equilíbrio, seus úteis rabos curvos — mas trabalhei duro para descobrir a melhor técnica. Com tão poucos apoios para pés e mãos nos senhores da altura — as majestosas árvores de castanha-do-pará —, eles ainda ficavam fora do meu alcance. O único meio de que eu dispunha para fazer progressos verticais a partir do chão da floresta era deparar-me com alguma árvore que estivesse presa pelo abraço de uma planta trepadeira. Mas com as árvores mais finas, o modo mais eficiente pareceu ser aquele em que eu empregava todo o meu corpo, usando meus joelhos e cotovelos para agarrar os troncos. Então, usando meus pés voltados para fora para empurrar, eu podia empregar a força da parte superior do corpo e das mãos para puxar-me para cima.

Depois de algum tempo, meu corpo pareceu adaptar-se a essa nova forma de exercício diário. Estava mais forte, os músculos dos meus braços e das minhas pernas se desenvolveram e se tornaram vigorosos, e a pele de minhas mãos e pés, cotovelos, joelhos e tornozelos estava cada vez mais seca, semelhante ao couro. Assim fiquei mais capacitada para agarrar-me à casca das árvores.

Havia outra vantagem. A pele seca estava sempre descamando, e puxar os pedacinhos de pele era um dos meus passatempos favoritos. Eu ficava sentada fazendo isso por horas.

E eu precisava de descanso, também, porque a força era vital. Como os primeiros galhos das árvores de castanha-do-pará eram muito altos, eu precisava ter força suficiente para agarrar-me ao tronco em um longo trecho vertical por um período de tempo considerável, com poucos apoios para pés e mãos, o que era extremamente cansativo. Algumas árvores eram um pouco mais fáceis de dominar que outras, porque haviam adquirido uma grossa cobertura de trepadeiras que se enrolavam nelas. Mas essas árvores estavam sempre morrendo, e sua utilidade era temporária.

Logo depois seriam apenas conchas mortas, ocas, que iriam afundar de novo no solo de onde tinham saído.

Descer era muito mais rápido e muito mais certo. Uma vez que as palmas das mãos e as solas dos meus pés ficaram bastante duras e com textura de couro, era só uma questão de deixá-las fazer o trabalho, permitindo-me deslizar de volta para baixo até uma suave aterragem no chão adubado. Depois disso, é claro, eu com frequência escalava tudo outra vez. Pois lá em cima era onde eu queria estar.

*

O dia que alcancei o topo das árvores foi outro desses dias que recordarei pelo resto da minha vida. Você pode achar simples imaginar o tipo de vista que me foi apresentado, mas então, como uma criança muito pequena, eu nunca tinha visto nada parecido com aquilo. Eu não tinha um arquivo de imagens de televisão para preparar-me, nenhuma experiência passada para comparar. Eu estava vendo o que via pela primeira vez, e mal podia acreditar no que meus olhos me mostravam.

A vista era de tirar o fôlego — literalmente. A corrente de ar frio lá em cima foi tamanho choque para mim que me fez ofegar. E na minha descrença e admiração, acho que na certa me esqueci de respirar. Havia tanto céu sobre os gigantes verdes que haviam formado o teto do meu mundo por tanto tempo que achei difícil adaptar-me à luz ardente. E quando consegui abrir completamente os olhos, ainda assim não pude encarar tanta luminosidade. Parecia que só havia árvores e céu claro até onde eu conseguia ver. E eu podia ver pelo que pareciam ser muitos quilômetros.

Eu não tinha ideia de quão alto estava. Quinze metros? Vinte e cinco? Não fazia a menor ideia. Apenas que estava tão alto no céu que me sentia tonta ao olhar para baixo, particularmente quando as árvores começavam a balançar. Tão alto que eu parecia estar em um mundo estranho e diferente, onde não existia nada a não ser as cores e formas que eu olhava com os olhos apertados — o deslumbrante azul do céu acima de mim, o exuberante verde dos telhados de brócolis abaixo. Não havia mais nada para ver.

O bando de macacos estava indiferente, é claro. Eles pareciam tratar de seus assuntos habituais sem nenhum interesse aparente pelo fato de que eu, de repente, estava ali em cima com eles. Mas eu não podia estar mais excitada. Então era ali que gostavam de estar, pensei, enquanto começava a explorar o novo território. E eu podia ver por quê. Que lugar maravilhoso parecia ser. A toda a minha volta, a superfície macia do dossel de árvores subia e descia enquanto desaparecia na distância longínqua e brumosa, os topos das árvores ondulando e em alguns casos subindo por degraus: terraços macios de esmeralda que pareciam tão suaves e sedutores se comparados à massa de vegetação emaranhada e espinhosa abaixo.

Com confiança suficiente de que a vasta rede de galhos debaixo de mim me suportaria se eu caísse, comecei a escalar pelos galhos elásticos, com a pequena Ponta Branca bem perto atrás de mim, e pude ver que o dossel, a curta distância, parecia mais verde-amarelado do que verde. Eu me perguntava se as árvores estavam todas cobertas de flores que inclinavam suas caras felizes para o céu aberto. Era um amarelo brilhante que parecia refletir a luz do sol e fazer tudo ainda mais deslumbrante.

Não era menos quente lá em cima, porém mais seco — a brisa era uma amiga constante e bem-vinda, como se corresse por ali especificamente para neutralizar os incansáveis raios do sol. E os macacos claramente adoravam aquele lugar. Haviam até mesmo estabelecido pequenos lares ali, com o que pareciam ser camas, ou áreas para sentar-se — alguns do bando estavam sentados nelas — onde podiam aquecer-se e catar piolhos uns dos outros longe da umidade e do orvalho no chão da floresta. Uma inspeção mais próxima revelava que os macacos haviam feito aquilo colecionando pedaços de galhos que haviam quebrado enquanto brincavam de "olhem quem é o mais forte" (coisa que faziam com frequência) e levado para o dossel para usá-los. Esses foram colocados em forma cruzada sobre galhos maiores ainda ligados às árvores.

Quanto à maciez, a Mãe Natureza os havia ajudado, porque os "ninhos" coletavam de forma natural qualquer folha caída ou levada pelo vento. Os macacos também haviam agregado tiras de casca de árvores — algo que sempre havia por perto, porque uma das coisas favoritas que faziam era arrancar longas tiras de casca de árvore para pegar os insetos mais gostosos e mais suculentos.

Eu me sentei e observei minha família de macacos por algum tempo, absorvendo alegremente a excitação de tudo aquilo. Comparado ao que estava abaixo, parecia um lugar maravilhoso. E logo entendi que não usavam as estruturas que haviam feito apenas para sentar-se ou para dormir sobre elas. Também pareciam usá-las como lugar de brincadeiras: pulando para cima e para baixo nelas, gritando e guinchando, fazendo muito ruído e lançando jatos de um odor intenso, deixando o ar ficar ainda mais nebuloso do que era de hábito com o cheiro agudo e acre dos seus excrementos

Não que isso me incomodasse. Eu já era imune a tais odores. Eu só estava contente de estar lá em cima e de unir-me a eles. Era como se eu finalmente tivesse escapado da minha prisão e me tornado um deles, o que, fisicamente, estava acontecendo, mesmo que eu talvez não estivesse consciente disso. Eu estava criando um corpo novo, musculoso e forte, de uma maneira que o corpo de uma criança habitualmente não é. Eu tinha palmas e calcanhares mais duros, e apetite por comidas estranhas da selva. Também estava começando a me mover como um macaco, e uma das razões, talvez, de que eu não estivesse consciente de como estava crescendo, era que agora eu quase sempre andava sobre quatro patas. Havia apenas uma aptidão que me faltava, e que iria lutar para dominar: voar.

Como eu desejava agora navegar pelo topo das árvores como eles faziam, em sua pista, como Tarzan, nos cipós.

Como os cipós eram grossos e abundantes, particularmente no alto das copas das árvores, viajar por eles parecia ser outra aptidão que eu poderia dominar se tentasse. Assim, depois dos primeiros dias de ter conseguido escalar até o dossel de árvores, eu passava o tempo tentando fazer o que minha família de macacos fazia: ir de um tronco a outro, de um ramo a outro, por meio dessas cortinas elásticas, sentindo a euforia e a força do vento, a sensação vertiginosa de estar voando, e depois aterrar — no meu caso, quase sempre de modo confuso e indecoroso — em qualquer das camas de galhos que eu tivesse escolhido como alvo.

Porém uma vez ou outra, algo me dizia que eu não devia fazer aquilo. Logo depois de lançar-me, eu às vezes sentia um súbito ruído de trituração e o inconfundível sentimento de afundar, quando o cipó que eu estava segurando se soltava da árvore. Então eu só tinha certeza de uma coisa: que minhas costas, braços e pernas ficariam ralados. As primeiras vezes que isso aconteceu, minha queda felizmente foi curta, porque o cipó emaranhou-se em outro e consegui parar. Também tinha a consolação, uma vez que me recuperava da parte dolorida, de uma colheita fresca de crostas de pele para arrancar.

Um dia, porém, minha sorte foi interrompida. Eu tinha me agarrado e me lançado no que parecia ser um cipó robusto, quando apenas um segundo depois senti o estalar da trepadeira soltando-se da árvore. Isso foi seguido de perto, inevitavelmente, por uma queda livre e pelo sentimento de puro terror que só a visão do chão se aproximando rapidamente pode provocar. Felizmente, fui poupada pelo abraço de alguns galhos que retardaram minha queda o suficiente para que eu pudesse me agarrar a eles quando os atingi, e ter o equilíbrio suficiente para impedir-me de cair diretamente para a morte.

Pendurada ali, com o chão da floresta vertiginosamente abaixo de mim, talvez eu devesse ter vivenciado algum tipo de visão poderosa. Que eu não era como a minha família símia. Que eu não era uma macaca. Que eu não fora feita para balançar-me entre as árvores.

Isso não aconteceu. Eu estava muito ocupada agarrando-me aos galhos, tentando salvar minha vida. Mas eu aprenderia, como terminou acontecendo. E muito em breve.

8

Com minha existência limitada agora ao interior da envolvente vastidão da selva, talvez fosse natural que, em certo momento, eu tenha deixado de pensar na vida que tinha antes e começado a sentir-me parte da minha nova família de macacos. Agora que eu tinha acesso ao que era, pelo que entendi, o lar principal deles, no dossel das árvores, eu podia ficar com eles o tempo todo, o que tornou minha vida mais cheia e mais rica.

Os macacos eram incrivelmente inteligentes. Eram inventivos, sensíveis ao seu ambiente, muito inquisitivos e, sobretudo, aprendiam com rapidez. Além de meus amigos, os macacos agora eram minha turma de escola e meus tutores, embora o conhecimento que eu estava adquirindo não tivesse nenhuma relação com o que eu poderia ter aprendido na escola. Eu era uma criança, e como toda criança eu queria brincar. E embora os macacos jovens sempre ganhassem de mim no quesito subida em árvores, não havia muito mais que eles fizessem que eu não pudesse fazer também.

Mas eles tinham uma energia incrível. Com frequência, me esgotavam com suas brincadeiras irregulares e confusas, e logo aprendi que algumas vezes era melhor ficar sentada, quieta, como forma de assinalar que eu não tinha mais forças para brincar. De modo similar, quando eles se tornavam demasiado brutos, aprendi a fazer os tipos certos de ruídos para mostrar minha irritação e mandá-los embora.

Mas eles pareciam ter tanta inteligência emocional como tinham energia e, quando eu brigava com eles, às vezes se deitavam ao meu lado, com as línguas para fora, e emitiam um som suave e melancólico. Era quase como se eles se sentissem culpados por me chatear, ou talvez fosse sua maneira de pedir desculpas.

Tais nuances de emoção eram tão reais para mim como os sentimentos humanos, pois minha família de macacos era sensível e complexa. Todos os graus de emoção pareciam existir ali: humildade e orgulho, rendição e proteção, ciúmes e celebração, raiva e felicidade. Eu agora estava bem afinada com seus modos de se relacionar. Podia descobrir logo se algum deles se sentia sozinho ou isolado, se outro ansiava por afeição e desejava um abraço, ou se algum outro estava agressivo ou possessivo.

Também fiquei cada vez mais consciente da diversidade de sua linguagem, desde seus estridentes guinchos e gritos de alerta até as expressões de aborrecimento ou alegria, até os gentis sons de flauta de suas conversas diárias. Eles eram seres sociais que viviam dentro de uma hierarquia de relações. Havia poucos momentos, de dia ou de noite, que não passassem juntos, seja catando piolhos, brincando ou comunicando-se de algum outro modo, e eu estava feliz de ser um deles — de me sentir incluída. Eu sentia que pertencia ao lugar em que estava agora.

*

Por mais que eu adorasse estar com os macacos, uma coisa que jamais fiz foi dormir no alto, no dossel de árvores. Não depois da primeira vez que tentei fazê-lo. Embora durante o dia a ideia fosse reconfortante — eu não tinha mais que dormir sozinha —, estar tão alto na escuridão era muito diferente. As árvores balançavam, o que era assustador e tornava muito difícil adormecer. Se eu o fizesse, logo começaria a virar de lado e mover-me, o que era igualmente aflitivo, pois eu poderia facilmente cair pela borda do meu poleiro. E, é claro, acabou acontecendo isso.

Eu não estava no topo do dossel na noite em que caí, no que poderia facilmente ter sido minha morte, mas mesmo assim a queda foi aterrorizante. Foi também um grande choque, pois eu tinha adormecido bem rápido, bati com a cabeça ao cair e me feri gravemente. Era o suficiente para me assegurar de que eu não faria aquilo de novo.

Em vez disso, voltei a dormir no meu tronco de árvore oco, embora, talvez seguindo o exemplo dos macacos, tivesse começado a torná-lo mais acolhedor. Juntei musgo para forrar o fundo para fazer minha cama. Também pendurei musgo nas paredes, junto com flores que achava particularmente bonitas. Tenho uma forte lembrança de que eu também falava com o musgo, de certo modo, usando minha nova linguagem simiesca. Não tenho ideia do porquê. Só sabia que aquilo fazia eu me sentir melhor, do mesmo modo que uma criança acaricia e conversa com um ursinho.

Tive companhia no meu tronco, embora ela assumisse a forma de insetos mais que ursinhos, e com o tempo me acostumei a não me preocupar com seus vários zumbidos e rastejos. Sempre tomei cuidado, porém, de tapar minhas orelhas com meu cabelo antes de dormir, no caso de os insetos as acharem demasiado convidativas para resistir. E embora eu tivesse sonhos nos quais era caçada por animais famintos, também fiquei menos temerosa dos predadores reais que eu podia ouvir passando ao lado da minha árvore de tempos em tempos, à noite. Talvez porque eu soubesse que estava bem escondida, ou talvez apenas porque soubesse que não tinha escolha naquele assunto. Decerto era preferível sentir-se um pouco ansiosa do que cair dos galhos de uma árvore muito alta.

Mas quando amanhecia a cada dia e o sol mostrava seu rosto, minha confiança crescia com ele. Durante as horas de luz do dia, eu passava a maior parte do tempo no dossel. E como os macacos, eu com frequência fazia uma *siesta* nas alturas, longe da umidade desconfortável lá de baixo, aproveitando em vez disso a carícia da brisa refrescante.

Uma tarde em que o sol queimava lentamente no céu, eu acabava de acordar de uma dessas sonecas sem sonhos quando, ao olhar para baixo, vi alguma coisa que cintilava na minha direção. O chão da floresta estava bem abaixo de mim, o ar cheio de uma névoa úmida, como sempre, mas o que quer que fosse, era brilhante o bastante para passar pela neblina e chegar aos meus olhos. A selva tinha acabado de receber uma chuva forte naquela manhã, de modo que meu primeiro pensamento foi que o que cintilava lá embaixo era consequência do encharcamento de alguma coisa, mas ao continuar observando vi que não era esse o caso: aquilo brilhava muito mais que qualquer coisa que eu pudesse ver.

Eu ainda estava sonolenta, mas, fosse o que fosse, tinha captado minha atenção o suficiente para me fazer descer da árvore em que estava para investigar no solo. Eu o fiz com cuidado, mantendo meus olhos fixos no lugar onde tinha visto o brilho de diamante e, uma vez no chão, comecei a procurar. O que encontrei não era familiar. Era uma peça em forma de cunha de um material duro e brilhante, com uma aparência que eu nunca tinha visto antes. Era cortante na ponta, e curvo no lado oposto, pequeno o bastante para caber com facilidade na palma da minha mão.

Brinquei com ele por um momento, inspecionando-o com cuidado, intrigada pela maneira como parecia brilhar e refletir a luz do sol, como suas bordas eram ásperas e sua superfície lisa. Um lado era escuro, enquanto o outro, embora arranhado, parecia (pelo menos para mim) feito da própria luz.

Trouxe-o para mais perto, para observar melhor como funcionava aquele efeito de luz, e foi aí que levei o maior choque da minha jovem vida. Dois olhos me observavam — olhos de algum animal selvagem? Larguei aquela coisa com terror e olhei para a frente. Os olhos haviam desaparecido. O que havia ali? O que estivera olhando para mim? E onde estava agora?

Mas não havia nada e, em algum instante, embora eu ainda estivesse assustada, arrastei-me até onde eu havia jogado meu tesouro, procurei até achá-lo e, com o coração acelerado de ansiedade, peguei-o outra vez. Desta vez eu o trouxe com mais lentidão até minha linha de visão, e outra vez vi o par de olhos olhando para mim. Foi então que alguma lembrança há muito enterrada deve ter vindo à tona, porque entendi que o que estava vendo não era um animal selvagem. Eu olhava um espelho que refletia uma imagem.

Eu fiquei paralisada. Em todo aquele tempo eu nunca tinha visto meu reflexo. Talvez eu pudesse ter visto, se meu medo de água não fosse tão profundo. Talvez, se me tivesse ocorrido procurar meu reflexo, eu poderia ter investigado cada vez que minha pequena piscina se enchia de água de chuva. Mas nunca o fiz.

Era pouco maior que um dedo polegar, mas o pequeno espelho me encantou. Eu podia ver muito pouco, mas o suficiente para dizer que era eu. Embora eu não conhecesse minha face, pude descobrir imediatamente a relação entre o que eu fazia e o que acontecia no espelho. Eu piscava os olhos, movia a boca — o caco de espelho repetia a mesma coisa. Eu mudava minha expressão e o rosto no espelho também mudava a sua.

Surpresa e empolgada, lembro de ter soltado um assobio de assombro e de ter saltado de um lado para outro, procurando alguém para compartilhar minha descoberta. Não posso descrever bem como eu me sentia por tê-la feito. Minha melhor tentativa seria dizer que foi ao mesmo tempo assustador e emocionante. Descobrir que você tem um rosto — parecia surpreendente. Mas, ao mesmo tempo, eu estava assustada ao me ver nele, porque eu havia começado a acreditar que era parecida com os macacos. Sabia que meu corpo era um pouco diferente, mas por alguma razão complicada — talvez uma necessidade humana de pertencer — eu achava que meu rosto era exatamente igual ao deles.

Fiquei atônita ao descobrir que não era assim, e agarrei o pequeno pedaço de vidro com força, como se tivesse encontrado alguma coisa mágica. E enquanto eu o carregava, procurando algum lugar seguro para guardá-lo, eu me perguntava como ele havia chegado até a selva, porque era diferente de tudo que eu havia visto antes.

Mas minha sensação de euforia não ia durar, porque com o cair da noite deu-se em mim uma mudança sutil. É um mal necessário, eu me perguntava, que com a escuridão ocorra uma alteração no modo pelo qual sentimos tudo que é emocional? Eu não fazia ideia, mas o que sabia é que à medida que o dia se transformava em noite, meu entusiasmo foi substituído pela ansiedade. Quanto mais eu olhava para minha imagem partida, mais claro ficava para mim que estava enganada na minha crença sobre quem e o que eu era. Eu não era um membro da minha família de macacos, era diferente — um animal diferente. Com olhos grandes, pele suave e um emaranhado de longos cabelos. E logo que esses pensamentos tomaram forma na minha mente, foi como se uma porta tivesse sido aberta à força na minha cabeça. Uma porta que estivera fechada desde que eu me lembrava e que me conduzia a sentimentos que eu havia esquecido ou reprimido. Eu havia estado em negação — esta tinha sido minha proteção. Mas agora, de repente, eu me senti terrivelmente sozinha outra vez. Eu estava perdida ali, completamente isolada de um mundo que mal podia recordar, do qual, ao mesmo tempo, eu agora lembrava que tinha sido arrancada.

Outra vez tornei-me uma criatura sem identidade. Eu não queria aquilo. Fiquei abalada, congelada, oca por dentro. Eu havia esquecido que era humana e agora tinha sido lembrada disso.

E logo eu receberia um lembrete ainda mais forte.

9

Meu pequeno caco de espelho foi a primeira e única coisa que "possuí" durante toda a minha estada na selva, e nos dias que se seguiram, eu o guardei com cuidado. No começo, os macacos ficaram muito intrigados com ele e gritavam para ver o que eu tinha achado que atraía tanto a minha atenção. Eles faziam um alarido ao meu redor, ansiosos para pegar aquilo de mim, mas uma vez que todos entenderam que, como eu não o havia comido, decerto não se tratava de algo comestível, perderam o interesse e pararam de tentar arrancá-lo de minhas mãos.

Eu tinha um esconderijo para ele, a salvo debaixo de minha cama macia de musgo, de onde o tirava com frequência e passeava com ele, desejando apenas conservá-lo para sempre.

E então, certo dia, talvez de forma previsível, eu o perdi. Deixei-o cair durante uma queda de uma árvore baixa e ele escorregou para o matagal. O sentimento de aflição era poderoso, pois eu havia ficado obsessivamente ligada ao meu tesouro. Passei muitas horas tentando achá-lo outra vez e percorri cada centímetro de solo naquela área. Só desisti quando entendi que o espelho devia ter caído nas profundezas do lago, de onde eu sabia que nunca poderia recuperá-lo. E embora eu mantivesse a esperança de que talvez a água um dia secasse e eu pudesse ver o brilho mágico outra vez, isso nunca aconteceu, e terminei por aceitar a perda, mesmo que o mantivesse em minha mente.

Fiquei desolada por muito tempo sem meu pequeno talismã. Era como se eu tivesse perdido um amigo ou, mais que isso, um protetor. Agora o gênio estava fora da garrafa e eu podia sentir que era diferente da minha amorosa família, tendo o fragmento de espelho feito com que eu me sentisse menos sozinha. Era quase como se alguém, de alguma maneira, estivesse cuidando de mim. Só olhar para o espelho me fazia sentir mais segura.

*

Que havia um mundo além das fronteiras do que eu agora chamava de "nosso" território nunca tinha sido posto em dúvida. Não o mundo fora da selva — há muito eu havia deixado de ter consciência dele — mas o mundo de outros territórios, outros macacos, outros animais. Eu era lembrada disso a cada vez que outro grupo de macacos vinha brigar conosco, ou quando, ao brincar no alto do dossel de árvores, a brisa carregava sons estranhos e distantes. E à medida que fiquei mais confiante e mais inquisitiva para acompanhar meu corpo que crescia, sentia-me corajosa o suficiente para explorar além daqueles limites.

No início, eu não queria ir muito longe. Cheguei a entender que a selva parecia estar dividida em muitos territórios, cada um deles o lar de diferentes tipos de animais. E eles não tendiam a se misturar. Cada tipo de criatura ficava em sua própria região, o que era a razão pela qual sempre havia uma grande batalha quando um grupo de macacos diferentes invadia a nossa área. Parecia haver um número grande desses territórios. Assim como nossa "terra dos macacos", e outras por perto que eram parecidas, havia uma terra habitada principalmente por tucanos, outra por papagaios, e, achava eu, uma governada pelos grandes gatos — embora eu só tivesse visto uma única vez, e de relance, um felino grande e assustador, pois eu estava assustada demais para avançar mais além e investigar.

Também havia um rio, que eu havia descoberto desde que consegui chegar ao dossel das árvores. Uma larga cobra prateada que deslizava entre as macias florestas verdes, que eu só podia ver de uma parte do nosso território. Eu me sentava no meu alto ninho e observava o rio por longos períodos. Eu tinha medo dele, mas também estava fascinada. Meu medo de água era acompanhado pela fascinação sedutora por algo tão diferente do mundo que eu já conhecia.

Os animais que pareciam governar a terra do rio eram jacarés. Eu não sabia o nome deles na época, mas ficava agachada, bem alta no dossel, a salvo, e observava como se arrastavam sobre as margens do rio. Instintivamente eu sabia que aquelas eram criaturas que eu não desejava encontrar. Eles deslizavam tão silenciosamente para dentro d'água, tinham um olhar tão frio, pouco amistoso, e mesmo a tantos metros de distância, eu podia ver quantos dentes pontudos eles tinham em suas bocas escancaradas.

E aqueles dentes eram usados com bons resultados. Logo entendi que quando qualquer animal se aventurava até a margem para beber água, a ação — que, de modo frustrante, eu nem sempre conseguia ver — era feita em grupos, com muitos salpicos. Também observei como os jacarés ficavam deitados e vigiavam o que acontecia, algumas vezes deslizando para dentro d'água e causando ainda mais ruído, enquanto os animais corriam aterrorizados.

No entanto, o primeiro animal que vi ser morto por um jacaré foi um grande pássaro. Um pássaro cinza, grande e feio, que suspeito ter sido uma ave de rapina e que tomou o último gole da sua vida sem dar-se conta do demônio silencioso que o espreitava da superfície. Nunca vi nada tão assustador nem tão sanguinário. O pássaro foi engolido em três enormes mordidas.

Mas embora eu fosse sensata o suficiente para ficar longe do rio, minha curiosidade a respeito do mundo além do nosso território cresceu. Ela foi recompensada pela descoberta de um território que pertencia a uma espécie completamente diferente, uma que eu não havia visto nunca na selva e, talvez, a última que eu jamais esperava ver.

Desejar descobrir alguma coisa excitante representava grande parte do meu dia. Eu tinha curiosidade pelo mundo e uma necessidade instintiva de ver e fazer coisas novas. Estava sempre procurando uma nova árvore na qual subir, uma nova vista, ou uma chance de observar os arredores de uma posição vantajosa diferente, que talvez pudesse me levar a uma nova peça de tesouro, para substituir a última que havia perdido, ou talvez à descoberta de um lugar com abundantes frutas exóticas.

Algumas vezes eu voltava porque o solo mudava para pior, onde as folhas caídas eram mais espinhosas. Em outras ocasiões eu simplesmente ficava sem coragem e corria de volta para a segurança do território que conhecia. Mas a atração do novo me chamava, me tentava, sempre. Então eu saía em outra direção.

Naquele dia eu havia vagado pela maior parte da manhã, longe o suficiente para começar a explorar lugares que não havia visto ainda, mas não tão longe que não pudesse ouvir os chamados da minha família de macacos, e decerto não tão longe que, se perdesse o rumo, ficasse impossibilitada de encontrar o caminho de casa.

Acabei chegando a uma área nova e tentadora, onde uma árvore em especial — alta e orgulhosa, que estendia braços amplos e convidativos — parecia chamar-me para subir nela, e eu o fiz. Foi uma subida fácil e rápida, e em pouco tempo eu havia alcançado os galhos mais altos e tive uma visão clara da selva lá embaixo. Fiquei ali por um momento, respirando o ar mais fresco, imóvel e silenciosa, enquanto inspecionava aquele novo território. Pássaros tropicais circulavam, exibindo cores azuis, verdes e vermelhas, e o vento tocava sua canção murmurante nos galhos que balançavam.

Fiquei por ali algum tempo, explorando diferentes árvores e variadas vistas, antes de escolher o confortável encontro de dois galhos, feliz por passar o tempo observando a atividade ao meu redor — pássaros e insetos voando acima de mim — e a terra lá embaixo.

Foi dali do alto, vigiando ociosamente, que eu iria fazer uma descoberta que mudaria minha vida para sempre. No início, porém, eu não sabia disso. Tudo que sabia era que as pernas que eu podia ver movendo-se lá embaixo eram diferentes das pernas de qualquer macaco que eu tivesse visto antes. Eram longas e retas, e pareciam não ter pelos, embora àquela distância, e com um montão de ramos que bloqueavam minha visão, fosse difícil ter certeza.

Intrigada, mudei levemente minha posição para ter uma visão melhor. O animal estava andando, e agora que eu podia vê-lo mais claramente pude ter uma apreciação mais exata do seu tamanho. Era um animal grande, certamente muito maior que os macacos — maior, também, que o javali selvagem que eu via às vezes e tinha o cuidado de evitar. Notei com algum espanto que o animal também parecia estar andando sobre duas pernas.

Mudei de posição mais uma vez, sentindo a mais estranha das sensações: que aquela criatura me fazia lembrar de mim mesma. Eu a estudei, encantada com nossas semelhanças. Tinha cabelos longos, negros e lisos, parecidos com os meus, e movia-se de um modo que eu sabia que minhas próprias pernas podiam fazer, e andar sobre quatro patas deixou de parecer natural para mim. O animal também parecia estar procurando alguma coisa. Parava e procurava em vários arbustos e depois, ao parecer insatisfeito, continuava a caminhar. Também parecia estar fatigado, com um cansaço que me fez lembrar o comportamento do macaco Vovô. Embora aquela criatura, ao contrário do Vovô, não parecesse velha.

Mas aparentava estar doente, e com dores. Tinha uma barriga estranhamente inchada, que segurava com um braço e que parecia ser uma grande carga para carregar. Teria sido envenenado como eu? Ia morrer logo?

Fiquei olhando, agora paralisada, querendo descobrir o que ele ia fazer. Era uma visão tão estranha. Assustadoramente excitante. Mas também me deixava inquieta. Meus olhos continuavam voltando para seu andar tão bizarro, sua maneira cansada, o tecido pendurado de sua cintura, amarrado com o que parecia ser um cipó. Eu também estava confusa com algo que estava pendurado em volta do pescoço dele: uma corrente de alguma coisa que, de onde eu estava, pareciam amoras.

De repente, no entanto, ele saiu do alcance da minha vista, de modo que eu desci cuidadosamente pela árvore até um ponto onde podia obter uma visão mais clara do animal, mas que não fosse perigosamente perto do solo. Uma vez lá, agora com medo de que ele pudesse me ouvir, olhar para cima e me ver, agachei sem me mover, segurando a respiração, até que ele se movesse para mais longe.

Mas ele não fez isso. Ainda estava inspecionando os arbustos e finalmente encontrou um do seu agrado. Ou pelo menos foi o que pareceu, porque então ele se agachou no solo e começou a arrastar--se para debaixo do arbusto. De repente o ar encheu-se do clamor de pássaros zangados que haviam sido afastados dos arbustos por aquele intruso. Mas eu não tinha interesse no barulho deles, porque, por trás da frenética cantoria, chegou um som novo que atraiu minha atenção. Eu nunca tinha ouvido, em toda a minha vida, um ruído como o que vinha do animal naquele dia. Parecia gemer, guinchar, gritar, soluçar e rugir. Não eram como os sons que eu ouvia dos macacos. Nenhum grito de ataque deles podia comparar-se à intensidade daquele ruído.

Eu não tinha ideia do que fazer. O que estava acontecendo ali? Eu estava dividida entre a vontade de descer para ver melhor e o medo do que pudesse estar acontecendo.

Quando os ruídos cessaram — o que pareceu acontecer com inesperada brusquidão — comecei a perguntar-me se a criatura tinha saído do arbusto. Mas como poderia ter feito isso, se eu não havia tirado meus olhos dela em nenhum instante? Eu a teria visto sair. Então onde ela poderia estar?

Não tenho ideia de quanto tempo levou até eu obter minha resposta. Podem ter sido minutos, ou horas, porque o que vi foi um choque tão grande para mim que inundou completamente minha mente, expulsando dela todos os outros pensamentos. E logo que entendi o que estava vendo, ficou tudo evidente. Não era um animal — era uma fêmea! Uma mãe! Uma mãe que acabava de dar à luz!

Com os olhos quase saltando das órbitas, observei quando ela ressurgiu entre os arbustos, carregando o pequeno filho nos braços, embrulhado em algum tipo de material. Lembro bem do material: parecia áspero, quase branco, e só pude ver, do bebê, a cúpula marrom como uma noz de uma pequena cabeça enrugada.

Eu mal pude compreender o que havia presenciado. Meus pensamentos eram uma tempestade de emoções naquele momento. Aquela era uma mãe que havia acabado de dar à luz um bebê, e pude entender, por sua expressão e pela ternura de seus movimentos, que ela o amaria e cuidaria de suas necessidades. Eu estava cativada. E, ao mesmo tempo, desolada. Acho que nunca senti tanta vontade de ser querida do que naquele instante. Aquele era o tipo de bebê da selva que eu queria ser.

Quando o filho nasceu, a nova mãe começou a caminhar de volta na direção de onde tinha vindo, seu passo agora completamente diferente e seu corpo mais ereto. E agora que eu a tinha achado, estava aterrorizada com a ideia de perdê-la, de modo que saltei do meu galho e desci pelo tronco da árvore, indo tão rápido que arranhei fundo a pele do meu estômago e criei uma grande nuvem de pó de casca de árvore.

Quando alcancei o chão, no entanto, ela estava desaparecendo na vegetação rasteira e o arbusto onde ela estivera agora estava vazio. Mas estava mesmo? Poderia haver mais bebês ali? Dividida entre seguir a mulher e responder à pergunta que me havia ocorrido, decidi me arrastar para debaixo do arbusto abandonado. Estava escuro, mas pude ver que não havia outros bebês, apenas uma mancha pegajosa e com um cheiro estranho do que parecia ser sangue. Isso me chocou. Eu ainda não tinha ideia de como aquele bebê tinha surgido, mesmo que soubesse que tais coisas aconteciam. Desde que eu estivera com os macacos, eles tiveram pequenos bebês de vez em quando, embora eu nunca tivesse visto nenhum deles dar à luz. As macacas simplesmente desapareciam e depois reapareciam com um recém-nascido, que se agarrava à sua mãe até ficar grande o suficiente para brincar, e assim tornar-se de interesse para o grupo. Mas aquele animal não era um macaco. Era uma criatura como eu. O que tornou diferente o que eu havia presenciado.

Algumas vezes recordo aquele precioso caco de vidro espelhado e me pergunto sobre a oportunidade de tê-lo achado. Teria apreciado o significado do que presenciei naquele dia se não tivesse readquirido aquele poderoso sentido de quem eu era? Não sei, mas eu estava determinada, como nunca tinha estado antes em relação a qualquer outra coisa, a localizar aquela mulher, segui-la e encontrar-me com ela.

Virei-me para onde a tinha visto dirigir-se e vi um súbito relance de movimento. E ouvi algo também? O estranho miado de uma criança chorando? Tinha que ser. Parti em sua perseguição.

10

Seguir a mãe e seu bebê não foi tão difícil como poderia ter sido antes. Agora eu era ágil e veloz, e tão familiarizada com a rede de túneis dos macacos que podia economizar tempo usando-a em vez de seguir o caminho preciso da mulher. Eu estava em um território novo, é claro, mas o princípio era o mesmo. E embora minha visão ficasse restrita, e os túneis muitas vezes me afastassem da rota dela, eu me assegurava de tempos em tempos que ela ainda estivesse no meu raio de visão, até mesmo subindo em troncos de árvores para ter uma vista melhor.

Eu me afastava do meu lar a cada passo, mas minha empolgação e determinação eram forças poderosas que me atraíam para fora da minha zona de conforto habitual. Eu apenas a seguia, cegamente, como se tivesse um único propósito: ir para onde ela estava indo.

À medida que passava o tempo, todo o aspecto da paisagem começou a mudar. Tornou-se mais clara, menos tapada com a vegetação densa usual, e, pouco a pouco, comecei a ver amplos espaços abertos onde o solo não era de terra, mas arenoso.

Naquele instante, a mulher e seu bebê estavam apenas um pouco à minha frente, e senti um poderoso impulso de chamá-la. Eu queria atrair a atenção para mim, deixá-la me ver, fazer algum tipo de conexão antes que fosse tarde demais. Alguma coisa há muito adormecida havia despertado em mim. Eu não sabia o que — apenas tinha essa necessidade de que ela me identificasse e quisesse se encontrar comigo. E embora isso agora possa parecer fantasioso, minha lembrança é clara: eu desejava dar a ela uma oportunidade de gostar de mim como ela gostava daquele bebê. Não tenho ideia de por que aquela sensação era tão forte em mim. Eu tinha aprendido a temer, a tratar o novo e o estranho com cautela, e, no entanto, fiquei tão atraída pela mulher que meu medo não pôde competir com isso.

Mas foi tarde demais. Quando resolvi alcançá-la, ela subitamente desapareceu de vista, deslizando por uma abertura em uma cerca viva de aspecto pouco natural, que parecia ser feita de fileiras de varas de madeira. Aumentei minha velocidade, atropelando o que restava da vegetação rasteira, porém por mais que eu estivesse decidida a descobrir para onde ela tinha ido, o instinto me impediu de atravessar aquele espaço aberto exposto.

O que encontrei quando cheguei perto da cerca viva que a mulher tinha atravessado afastou qualquer outro pensamento da minha mente. Eu me agachei, escondida entre a vegetação, e deslizei meus dedos na densa massa de folhas, separando-a para poder ver. Eu havia viajado muito, de modo que obviamente estava em um novo território, mas eu nunca havia visto nada parecido com este.

Como acontecera com minha primeira visão da mulher, levei vários minutos para entender o que estava vendo. Mas alguma lembrança escondida no meu cérebro deve ter despertado, porque eu lembrei de forma definitiva a sensação de que aquilo parecia estranho, mas ao mesmo tempo dolorosamente familiar. E surgiu certa saudade no meu coração.

Eu não sabia quantos anos de idade tinha então, ou quanto tempo havia vivido com os macacos, mas meu palpite era que não podia ter sido mais de três anos, porque as lembranças da minha vida antes da selva devem ter retornado para mim como uma inundação. Embora poucas resistiram na minha cabeça, longas décadas depois daquilo, eu ainda tenho uma forte sensação de que, naquela época, eu ainda as tinha. Eu tinha uma convicção de que a espécie além da cerca era a minha espécie, e que viviam em casas assim como eu tinha vivido, mesmo que não se parecessem com o lar que eu lembrava.

Naquele caso, eram choupanas, e havia três delas além da cerca. Eram muito grandes e circulares, com tetos feitos de feixes de capim alto, e cada uma tinha uma única abertura como porta de entrada. Pareciam construídas com longos tirantes de madeira ou com galhos, amarrados com fios de cipó torcido, similares ao cordão que a mulher usava na cintura.

Também havia pedaços de tecido pendurados em cipós entre as árvores, e depois de pensar por um momento eu os reconheci —eram redes! Eu conhecia as redes. Eram usadas para descansar, da mesma forma que os macacos cochilavam em seus abrigos no alto das árvores. Em uma delas um homem parecia dormir, e a rede que o embalava balançava-se suavemente.

Alguns dos homens, para meus olhos desacostumados, pareciam enormes: musculosos, imponentes e assustadores. Eu agora estava habituada com a minha família de macacos, onde ao meu lado o maior dos machos parecia um anão. Se eu tinha ficado surpresa com a altura da mulher que havia seguido, eu estava admirada com aqueles homens de aparência tão poderosa. Porém uma vez mais meu temor foi moderado — mesmo que apenas um pouco — pela estranha sensação de que eles eram iguais a mim.

Havia várias mulheres por lá, vestindo menos roupa que a mãe recente que eu tinha visto, mas todas com as mesmas fileiras de sementes em volta do pescoço. Só então outra lembrança apareceu e chamou-me a atenção. Eram colares: longas fileiras de contas coloridas. Eu lembrava deles também. Mas onde elas os tinham conseguido? Havia tanto para descobrir e tanto para assimilar. Tantas visões, cheiros e gostos desconhecidos.

Não havia, no entanto, nenhum sinal da mulher com o bebê, e imaginei que tivessem entrado em uma das cabanas. Mas havia vários outros seres humanos, de todas as formas e tamanhos, e enquanto eu observava escondida em um galho de um tronco caído, também pude notar além das cabanas a margem de um rio. A água marrom fluía lentamente, e eu me perguntava se era o mesmo rio que eu podia ver desde o dossel de árvores. Se fosse assim, as pessoas não tinham medo dos jacarés que podiam subir pela margem e agarrá-las pelos tornozelos?

Parecia haver muita atividade perto do rio, de modo que talvez os jacarés assustados não fossem até ali. E na beira d'água havia duas longas estruturas feitas de troncos de árvores, que brilhavam e estavam obviamente úmidas. Tinham sido esculpidas com uma forma que no início não fazia sentido, mas que ao mesmo tempo era frustrantemente familiar, e de repente ocorreu-me que eram barcos.

Portanto aquela gente devia viajar pelo rio, por alguma razão. Pescar? Descobrir novos territórios? Até mesmo sair da selva? Eu fiquei paralisada quando um novo pensamento uniu-se aos outros. Seria o rio a chave para encontrar o caminho de volta para meu antigo lar? O sentimento se apoderou de mim com impressionante intensidade. Eu mal tinha pensado em meu lar durante muito tempo, e fiquei chocada por ter sido emboscada pela lembrança dele. Eu tinha esquecido tanta coisa, e agora tudo voltava com um grande clamor. Aquela gente constituía uma família. Uma família humana. E eu também era humana.

Fiquei perto do acampamento pelo resto do dia. Primeiro espiei do meu esconderijo perto da cerca, e enquanto passava o dia, de vários outros lugares, movendo-me furtivamente pelos grupos de vegetação esparsa que rodeavam o acampamento por todos os lados, menos pela margem do rio. Eu não conseguia me afastar dali.

Mas fui cautelosa. Ainda temia muito ser descoberta — não pelas mulheres ou pelas crianças, mas por um daqueles homens assustadores. A lembrança dos homens que me haviam trazido para a selva fora reacendida tão fortemente como as outras.

Observar aquela gente que tratava de suas coisas do dia a dia foi como ser transportada para um mundo completamente diferente. Por que tinham marcas coloridas no rosto? Qual era o propósito de esfregar metros de tecido contra pedras? Para que eram aqueles estranhos recipientes verdes cheios d'água? Por que apenas os mais jovens pareciam ter dentes? Assim como acontecera quando vim para a selva, eu estava aprendendo outra vez coisas sobre o que parecia ser uma espécie completamente diferente, mesmo que eu aceitasse que fosse provavelmente a minha.

Eu estava particularmente hipnotizada pelas crianças. Como os macacos, com cujo comportamento eu agora estava tão familiarizada, os pequenos humanos, que eram mais escuros que eu e mais limpos, brincavam, brigavam e emitiam sons de felicidade. O som despertava lembranças tanto de uma vida que eu havia esquecido como de experiências mais recentes. Eu havia escutado aqueles ruídos agudos antes, quando estava sentada no alto das árvores, e sempre achei que fosse o ruído de macacos de uma espécie diferente. Mas não era. Tinha sido o ruído dessas crianças!

Embora os adultos parecessem estar estranhamente silenciosos — ao contrário dos macacos, eles não pareciam querer interagir uns com os outros — as crianças pareciam-se muito mais comigo. Não apenas por sua jovialidade, mas por suas brincadeiras — a maneira como usavam suas mãos, braços e corpos. E uma parte de mim, naturalmente, queria mostrar-me a eles. Ir até eles, unir-me aos seus jogos e sentir-me bem-vinda.

Mas foi meu estômago que, em certo instante, afastou-me dali. Estava reclamando, barulhento, porque eu não havia posto nada nele desde aquela manhã. "O que aquela gente comia?", eu me perguntava, enquanto esticava os membros adormecidos de tanto ficar agachada. Eu tinha visto frutas que havia reconhecido, empilhadas em caixas, mas não vi ninguém que as comesse. De que eles se alimentavam? Peixes do rio, talvez? Eu sentia cheiros estranhos. A luz estava diminuindo, porém decidi fazer mais uma incursão, na parte mais afastada da cerca, onde eu ainda não havia estado.

Foi ao fazer isso que descobri um caminho bem trilhado, perto do perímetro. Ele levava para fora do acampamento e, embora não pudesse ver o final dele, notei uma nuvem que surgia mais alta que as árvores. Outra vez tive um momento de total incompreensão, observando as ondas cor de pedra soprando na direção do céu. Mas então entendi. Era fumaça! Fumaça de uma fogueira! Essa era a fonte do cheiro estranho.

Rodeei a trilha com hesitação, temerosa de encontrar algum daqueles homens assustadores. Mas parece que eu estava só. Não vi nem ouvi nada nem ninguém. A trilha terminou se abrindo em outra clareira pequena, que tinha o mesmo solo seco e batido do outro acampamento. No meio dela, duas fogueiras estavam acesas. Eu não via uma fogueira fazia tanto tempo que mal reconheci o que era. Mas, de algum modo, ao observar a fumaça e as chamas, vi que tinha que ser cautelosa. Mais instinto que lembrança, creio eu. Mas foi muito útil para mim.

A fogueira mais próxima estava coberta com uma folha fina de um material duro e brilhante. Eu não sabia então, mas aquela era uma peça de metal e em cima dela estava um grande recipiente redondo que parecia ter sido feito do mesmo material. Sentindo o calor lamber minha pele enquanto me aproximava, olhei dentro dele. Estava cheio de água borbulhante na qual uma espécie de raiz branca estava imersa. Meu nariz se enrugou quando o vapor que saía envolveu meu rosto. Aquilo era comida para aquela gente? Mal podia me imaginar comendo aquilo. Cheirava tão mal que logo tive que me esforçar para não vomitar.

Caminhei na direção da outra fogueira, que estava acesa, mas vazia, com exceção de alguma espécie de entrecruzado de gravetos. Coloquei minhas mãos sobre a superfície, maravilhando-me com o calor que podia sentir nelas. Era como o calor do sol, só que de baixo para cima. Incrível.

Mas não havia nada para comer, de modo que eu poderia ter deslizado para longe àquela altura, exceto pelo fato de que eu podia ouvir fracos sons humanos. O barulho, baixo, vinha de logo além da clareira, de modo que avancei cuidadosamente pelo solo arenoso para a fonte desse ruído, agradecida pela ausência de galhos, folhas e ramos no chão que pudessem sem querer revelar minha presença.

Quando cheguei perto o suficiente para ouvir claramente, enfiei meu nariz na vegetação rasteira e fui recompensada pela visão de dois homens, ambos de cócoras ao lado de uma árvore grande, de tronco grosso. Eles haviam colocado o que acreditei ser uma espécie de armadilha. Era um recipiente, feito de gravetos que tinham sido entrelaçados e amarrados juntos. Amarrado nele e saindo por uma abertura na frente dele havia um pedaço de barbante feito de cipó. O barbante estava ali claramente com a finalidade de atrair algo para fora — algo que pudessem comer — porque continuavam a agitar a ponta dele perto da base da árvore. Esperei para ver o que quer que fosse que eles estavam procurando, enquanto o sol desceu ainda mais e a noite ocupou seu lugar. Mesmo na escuridão, eu podia enxergar bastante bem. E o que vi surgir foi a maior e mais peluda aranha que jamais havia visto.

Eu estava acostumada com aranhas, mesmo que agora eu não as importunasse mais como fazia antes, mas aquela era diferente de todas as que eu vira em nosso território. Era enorme — bem maior que a mão daqueles homens —, mas infelizmente não ficaria nesse mundo por muito tempo. Quase no momento em que emergiu de sua pequena toca para agarrar o final do barbante, caiu na armadilha e morreu — espetada em um piscar de olhos pela faca de um dos homens, que apareceu tão rápido que eu mal a vi passar.

O corpo da aranha foi colocado em um dos sacos de tecido que os homens levavam dependurados (e que, pelo volume que aparentavam, decerto continham outras aranhas azaradas). Como já estava quase completamente escuro, aquela devia ser a última presa do dia. Ambos se levantaram e refizeram o caminho para a clareira com as fogueiras para cozinhar, e eu, fascinada — mesmo que um pouco triste pela sorte das pobres aranhas —, saí do meu esconderijo e os segui.

Foi então que tive minha primeira lição de cozinha. De volta à fogueira vazia, os homens começaram a trabalhar. Retiraram várias aranhas dos sacos de tecido que tinham trazido, todas de tamanho similar àquela que caçaram enquanto eu observava, e começaram a mexer com cuidado em cada uma delas. Depois eu aprenderia que o que faziam era extrair o veneno, que era uma coisa útil, pois eles o espremiam cuidadosamente em um pequeno recipiente que parecia feito de uma metade de coco.

Era difícil observar detalhes, mas depois de tratar de todas as aranhas — assim como de um par de cobras que também estavam nos sacos — eles as enrolaram no que parecia ser folhas de bananeira, dobrando cada folha para fazer uma trouxa. Essas foram perfuradas então com espetos finos para mantê-las unidas e colocadas na grade sobre o fogo.

Eu observei atentamente enquanto faziam isso, meus membros protestando de novo, mas meu estômago bem mais feliz agora que antecipava comida. E parecia que eu estava com sorte, porque logo que prepararam as trouxas os dois homens se levantaram outra vez e saíram da clareira. Para caçar outro tipo de comida? Para chamar os outros? Eu não tinha ideia. Só sabia que queria uma daquelas trouxinhas para mim.

Esperei por algum tempo, porque tinha medo de que eles voltassem, mas quando meus ouvidos me convenceram de que era seguro entrar lá, rapidamente corri até a fogueira e agarrei uma das trouxas.

O calor me surpreendeu. Estava tão quente que quase a deixei cair, e tive que ficar jogando-a de uma mão para a outra. Dei meia--volta para correr para a floresta, mas fiquei congelada quando o fiz, porque avistei três crianças, que apareceram do nada e agora estavam olhando para mim com seus olhos negros arregalados.

Elas não disseram nada, não fizeram nada; pareciam curiosas, mas imóveis, de modo que eu simplesmente mergulhei de volta na vegetação rasteira e corri. Elas não me seguiram. Não pareciam se importar com o fato de eu ter roubado o jantar delas. Na verdade, quando fiz uma pausa para recuperar o fôlego, pude ouvir sons que pareciam risadinhas.

Decidi parar e provar minha aranha estranhamente quente. Eu estava esfomeada, e agora a trouxa parecia fria o suficiente para comê-la. Tirei o espeto da trouxa e desdobrei a folha carbonizada. O cheiro que se desprendeu tornou meu estômago ainda mais feliz, mas logo que vi o que estava dentro, fiquei enjoada. Parecia tão horrível que eu precisaria estar com muito mais fome do que estava antes de conseguir colocar algo tão horrível na minha boca.

Minha primeira experiência com comida quente de fogueira teria que esperar. Talvez eles cozinhassem outras coisas, coisas que eu pudesse comer. Comecei a marcha na direção do meu próprio território ainda com fome.

E com vontade de descobrir mais coisas. Eu ia voltar.

11

Uma vez que descobri o acampamento dos homens, não podia ficar longe dele.

Era como uma droga para mim. Dia após dia, eu fazia a longa jornada, com a rota gravada na minha mente, e passava horas sentada em silêncio perto dali, aprendendo tudo. Nenhuma criança pequena que desejasse ardentemente um brinquedo especial poderia ter ficado mais em transe do que eu tinha ficado com o que descobrira. E nenhum estudante, por mais diligente que fosse, poderia ter reunido mais informações.

A comida era uma grande preocupação naqueles primeiros dias. Depois da excitação de descobrir — e assaltar — as fogueiras da tribo, foi um grande desapontamento abrir aquela trouxa de aranha assada e sentir-me incapaz de comer o que estava dentro. Mas algo continuava a me atrair, suspeito que o palpite de que outras coisas seriam cozinhadas nessas fogueiras que eu *ia* querer comer. E eu não iria me desapontar.

Nas próximas semanas e meses, fui premiada com uma ampla variedade de comida da selva. Experimentei traseiros de formigas, que eram crocantes e deliciosos, e alguns insetos grandes, de cor marrom cintilante, que não pude identificar e que não eram gostosos. Pareciam apetitosos por fora, inchados e brilhantes, com um lado pontudo, mas por dentro eram sem gosto e nojentos. Experimentei uma carne gostosa e sem pele, que parecia uma salsicha — pensando bem, parecia um pouco com galinha caipira ou talvez com faisão, mas é claro que, naquele momento, eu só sabia que gostava daquilo. Às vezes, a carne que eu provava tinha muitos pedacinhos de ossos, e eu achava que talvez fossem pedaços de cobra. Também comi peixe e mais tarde tentei comer aranhas e, quando muito mais tarde descobri que aquelas tribos rotineiramente matavam e comiam macacos, devo admitir — com grande tristeza e sentimentos de traição — que tudo me leva a pensar que também comi carne de macaco.

Mas naquele tempo, eu não sabia. Eu estava com fome, e a comida deles enchia minha barriga mais do que qualquer coisa que eu pudesse conseguir.

Não que eu precisasse trabalhar muito para conseguir comida. Sempre havia frutas em abundância no acampamento dos homens. Por que subir nas árvores para pegá-las se estavam ali ao meu alcance? Servir-me delas tornou-se um meio de vida.

Eu também tinha descoberto, agora eu sei, o álcool! Eu não tinha ideia do que aquilo era feito, ou como eles o faziam — só sei que um dia, no caminho de volta pelos túneis dos macacos, indo para meu próprio território, encontrei-me com um recipiente com um longo e estreito pescoço, que decerto era feito de argila e que estava coberto de folhas de bananeira tecidas. Eu o cheirei e o odor era pungente e fez o interior do meu nariz coçar, mas ao mesmo tempo era estranhamente tentador. Com muita sede, tomei dois goles grandes, desses de matar a sede. Mas logo que fiz isso, levei um choque. Embora o cheiro fosse tentador, quando o líquido atingiu minha garganta, era forte e incrivelmente amargo. Também tinha um gosto que, depois de ter tomado apenas água por tanto tempo, tomou-me de surpresa.

Mas isso não foi nada comparado ao choque que senti pelo que aconteceu comigo logo depois. Foi como se, de repente, eu tivesse esquecido de como utilizar meus braços e pernas. Tropecei um pouco, aproveitando a estranha mas prazerosa sensação de que tudo à minha volta movia-se tanto como eu. Tão boa era a sensação que tomei mais alguns goles, que me tornaram risonha e quase incapaz de me mover.

Foi a primeira e última experiência, para mim, de beber sendo menor de idade, e me senti estranha e inquieta pelo resto da tarde, e longe de estar atenta e ocupada no dia seguinte.

*

Mas não eram apenas a comida e a bebida que me atraíam oara o acampamento dos indígenas. Continuei a sentir aquela forte sensação de carência que experimentei na primeira vez que vi a jovem mãe. Eu queria saber tudo sobre aquela família humana e fiz questão de absorver todos os detalhes da vida quotidiana dela.

Eles vestiam pouca roupa — por que não, no calor da selva? Os homens usavam simplesmente tangas, como as mulheres. Na verdade, a única mulher que eu tinha visto vestindo algo que cobria a maior parte do seu corpo foi aquela que dera à luz naquele primeiro dia. Eu me perguntava sobre a falta de dentes nos adultos, pois parecia estranho. De fato, aquilo me espantava. Teriam caído? Sido arrancados? Seria parte da higiene deles? Havia tanto que aprender, e embora algumas das coisas que eu visse trouxessem à tona lembranças da vida que eu vivera antes, a maior parte delas parecia estranha e de natureza diferente.

Mas algumas coisas são universais tanto no reino animal como no reino humano. Eu observava as crianças brincarem sem parar, e gostava da maneira como elas se pareciam comigo. Até mesmo faziam o que eu tinha feito quando cheguei na selva pela primeira vez — achavam extremamente agradável torturar com espetos as pobres aranhas, como passatempo. As mulheres pareciam ocupadas todo o tempo — elas trabalhavam incansavelmente. Ao contrário dos macacos da minha família, que passavam a maior parte do tempo sentados, limpando uns aos outros e dormindo, as mulheres desta família pareciam sempre ter muito a fazer. Juntavam galhos para fazer os recipientes nos quais guardavam suas frutas e outras coisas. Batiam varas de bambu que haviam juntado, antes de colocá-las sobre os já inteiramente cobertos tetos das cabanas. Elas também costuravam enormes feixes de bambu e cordas de videira, que podiam ser usadas tanto para deitar como para inclina-las para fazer novas paredes ou para reparar partes quebradas de suas cabanas.

Os homens também estavam ocupados, e logo entendi como era dividido o trabalho na aldeia. Enquanto as mulheres mantinham o acampamento (e as crianças) limpos e arrumados, os homens saíam em seus barcos de madeira, rio abaixo, ou então passavam o tempo fazendo dardos envenenados, arcos e flechas e catapultas. Não pareciam ter fim as maneiras que inventavam para matar coisas vivas.

Eles também tinham tornado muito mais simples a ação de subir nas árvores, amarrando uma corda entre seus tornozelos, de modo que a corda esticava e agarrava o tronco da árvore enquanto subiam. Logo pude notar quanta pressão era solicitada de suas pernas e de seus pés. Eles podiam subir numa árvore em um instante para pegar as frutas lá em cima.

Também tinham um novo uso para os sabugos de milho. Enquanto eu cuidava de minhas funções corporais usando pedaços de musgo ou fazendo o que os macacos fazem, notei um dia, observando uma criança nos arbustos, que ela usava uma espiga peluda de milho para fazer o trabalho com mais eficiência. Tornou-se uma técnica que adotei dali em diante.

*

Os dias passaram, as semanas passaram e minha vida ficou focada. Embora eu voltasse para meu grupo de macacos todas as tardes ao cair da noite, a maior parte das minhas horas de vigília eram passadas no acampamento. Eu subia cuidadosamente em uma árvore perto do perímetro e passava horas apenas observando e escutando, como um fantasma silencioso. E quanto mais eu via, mais eu nutria uma fé crescente de que aquele era o lugar ao qual eu pertencia, se eles me aceitassem.

O medo é uma emoção poderosa, e eu ainda estava assustada. Tinha construído uma vida com os animais e sabia o que esperar deles, e tudo o que sabia dos seres humanos, sem contar aquelas confusas lembranças de casa e dos cuidados maternais, era que dois homens me haviam roubado e abandonado na selva, sem se importar se eu iria viver ou morrer. Seriam aqueles humanos diferentes? Eu queria desesperadamente acreditar que sim. Mas, e se não fossem? Seria preciso coragem para mostrar minha cara ali.

Mas à medida que o tempo passava, as imagens da família no acampamento ficavam mais tentadoras. Eu observava cenas que eram atraentes e convidativas: crianças brincando, fogueiras acesas, toda a família junta. Que maravilhoso seria, pensava eu, do meu posto de observação nos arbustos escuros, ser uma daquelas crianças cuidadas, brincando dentro dos limites aconchegantes de seu alegre acampamento.

Não sei o que fez aquele dia em especial ser diferente de todos os demais. Não estou segura se alguma coisa disparou meu súbito lampejo de coragem ou se apenas havia chegado meu limite de ser excluída de tudo aquilo. Talvez fosse porque havia tanta coisa acontecendo que achei que podia penetrar no acampamento sem ser vista.

Era cerca de meio-dia, e todos pareciam estar ocupados. Não estou certa se alguém me viu, mas, se isso aconteceu, não deixaram que eu percebesse. E talvez eu estivesse alheia a qualquer cuidado: estava completamente focada na minha missão de entrar ali. Tinha metido na cabeça que a mulher grávida que primeiro me levara até lá poderia ser o caminho para que eu fosse aceita por todos.

Saí das folhagens rasteiras e coloquei meus pés na terra batida arenosa além da cerca. Porém não fiquei muito tempo ali. O espaço aberto era demasiado assustador. Em vez disso, corri para a cabana mais próxima e olhei cautelosamente para dentro dela.

O interior estava escuro, mas tudo era tentador. Havia camas no chão que pareciam confortáveis, feitas de folhagens e bambus, assim como muitas esteiras, algumas lisas e outras tecidas. Nas paredes estavam penduradas bananas e outras frutas — muitos tipos de frutas, alguns dos quais eu não vira crescer na selva. De onde teriam vindo? Havia um par de redes penduradas em um poste no centro e por todos os lados havia objetos que as pessoas tinham feito: cestas e jarros, coisas feitas de ráfia, de galhos e de argila.

A cabana estava vazia, de modo que logo fixei minha atenção outra vez no lado de fora. Logo atrás da cabana, e previamente invisível para mim, havia um barril de água. Parecia uma versão gigante do frasco de *chicha* do qual eu havia bebido. Era bem largo no fundo, mas bastante estreito na parte de cima, e tinha um longo pescoço — talvez para que mantivesse longe os insetos? Era largo na ponta apenas o suficiente para poder retirar água (para isso eles usavam uma espécie de meia casca de coco), embora ficasse difícil para ser usado por uma criança, se o recipiente estivesse meio vazio.

Eu tinha notado que a água não vinha do rio — embora eu não tivesse ideia de por que era assim, pois para mim a água do rio era boa. Em vez disso, a água parecia chegar até lá em grandes recipientes de metal, que eles carregavam de dois em dois partindo de um lugar que eu não podia ver. Eles faziam buracos na parte de cima e fixavam duas latas em uma vara comprida, que colocavam nos ombros para carregar. Isso disparou uma lembrança, pois eu tinha visto adultos carregando água dessa forma na minha casa.

Ao lado do barril de água, bebendo dele, estava uma mulher. E não era qualquer mulher, era a que primeiro me havia atraído para lá. Meu coração saltou quando a vi. Era um sinal, eu estava segura, que eu tinha estado certa em aproximar-me. Ela era uma mãe e se apenas olhasse nos meus olhos, talvez me amasse da mesma maneira que amava seu bebê.

Que coisa intensa é essa necessidade humana de ser amado. É uma das coisas mais profundas que faz os animais sociais interagirem. Assim como os macacos cuidam tanto uns dos outros, eu também havia aprendido que aqueles animais humanos também o faziam. E isso era tudo o que eu queria: ser amada e cuidada por eles. E tudo que era preciso, ou pelo menos assim eu acreditava, era que uma mãe visse aquela necessidade em meus olhos.

Mas ela não o fez. Enquanto fiquei ali, de pé, sem saber bem quando me revelar, ela deu as costas para o barril de água e me viu. E sua resposta foi o oposto do que eu esperava. Sim, ela olhou nos meus olhos, mas tudo que pude notar nos olhos dela foi medo. Ela começou a afastar-se imediatamente, mantendo seus olhos em mim enquanto se movia, como se eu não fosse igual a ela, mas sim uma criatura nojenta, suja, totalmente repulsiva.

Seu medo não pareceu diminuir enquanto ela se afastava de mim. Quanto mais me olhava, com mais medo ficava. No seu pânico, a mulher começou a tropeçar em objetos que estavam no chão e, todo o tempo, ficou gritando comigo, sem parar. Eu não sabia o que ela estava dizendo, mas era claro que ela queria que eu fosse embora.

Seus gritos atraíram a atenção de outras pessoas, e, enquanto eu tentava parecer menor e mais submissa, um homem forte chegou correndo de uma das cabanas, obviamente querendo saber o que estava acontecendo. Ele usava uma fita em volta da cabeça, onde havia um par de penas. Uma era de um azul brilhante maravilhoso, e a outra de um verde profundo, e ele também usava joias coloridas brilhantes feitas de contas. Além disso, tinha duas listras — uma vermelha e uma preta — pintadas no rosto.

Instintivamente, eu soube que ele era o chefe do acampamento. Eu entendia de líderes pela minha família de macacos, é claro. No nosso grupo, não era o Vovô que dirigia tudo. Com seu braço ferido, ele se sentava muito e só levantava uma sobrancelha ante o que acontecia. Nosso chefe era mais jovem, maior e certamente mais forte. Ele podia arrancar grandes galhos que os outros não podiam, e isso fazia com que todo o grupo o respeitasse. Ele era forte e agressivo, não era meu favorito, mas assim era a vida em grupo. Ele era aquele em quem confiávamos para nos liderar.

Esse homem era como aquele macaco: confiante e forte. E, tendo posto os olhos em mim e não me achando assustadora de modo algum, aproximou-se logo. Observei seus olhos se estreitarem enquanto ele avaliava o que via. Agora era a minha vez de ficar aterrorizada outra vez, porque ele imediatamente estendeu uma mão forte e agarrou um de meus ombros, enquanto com a outra agarrou meu rosto e o puxou para diante.

Se ele estava impressionado em ver-me ali, ou pelo menos um pouco confuso, não o demonstrou. E sua inspeção durou pouco. Enquanto meu coração acelerava e meus membros tremiam de terror, ele abriu minha boca para inspecionar meus dentes, abaixou minha cabeça para ver a parte de trás do meu pescoço e, durante todo esse tempo, murmurava algo incompreensível. Com o exame feito, ele simplesmente me enxotou para longe.

Como gesto, foi inconfundível. Os macacos fariam o mesmo. Era o tipo de gesto que um macaco maior e mais forte faria para outro macaco, menor e mais fraco, se este tentasse lhe roubar suas nozes. Eu estava devastada. Ele não podia me dar uma chance? Tentei pedir-lhe, fazendo gestos que demonstrassem meu desejo de comida e abrigo. Mas minha voz e minhas ações eram as de um macaco, não de uma criança, e ele não prestou atenção, só continuou a me enxotar.

Porém eu insistia. Eles tinham tanta comida e abrigo! Eu precisava de tão pouco e podia ajudá-los tanto, mas ele era implacável e começou a me empurrar. Suas mãos eram ásperas, sua força considerável, e estava determinado a se livrar de mim, até mesmo fazendo um gesto que entendi de imediato — um dedo cortando sua garganta com muita raiva.

Não precisei de outro incentivo para correr para os arbustos e mergulhar na selva, sentindo-me miserável. Não parei até chegar no meu território, com meus queridos e familiares macacos, que pareciam, se não empolgados pela minha volta, pelo menos felizes, como sempre estavam, em me deixar ficar.

Aprendi uma lição valiosa naquele dia. Lição duradoura, também, porque ainda ressoa em mim hoje em dia. Família não é apenas o grupo de pessoas a quem você parece pertencer, ou que está mencionado na sua certidão de nascimento, ou até mesmo as pessoas que compartam seu DNA. A família se encontra em qualquer lugar onde você é amada e cuidada. Isso pode significar amigos ou pais adotivos, um grupo ou até mesmo uma instituição de caridade. O que importa mais — muito mais que a química ou os antepassados — é aquele vínculo precioso, aquela certeza de que eles não te abandonarão.

Pensei muito nos dias seguintes sobre o que tinha acontecido comigo e como lidar com aquilo. Um novo sentimento havia penetrado na minha consciência. De algum modo, eu sabia que pertencia ao mundo humano, mas que tinha sido abandonada. Eu me sentia inexperiente, rejeitada, indesejada e ferida. Qual seria meu futuro, agora que minha própria espécie me havia rejeitado? Mas eu continuava retornando para a mesma verdade: que minha família eram aqueles que nunca me haviam abandonado. Porque os macacos não tinham feito isso, não é? Mesmo quando eu tentara substituí-los. Mesmo quando eu tinha sido tão ingrata e desleal com eles. Entendi que precisava tirar da minha mente todos os pensamentos sobre os humanos. Os macacos, e não os humanos, eram a minha família.

12

A vida, depois de algum tempo, continuou como sempre fora, e enquanto os dias passavam, também meu desejo pelo acampamento diminuía. Eu voltei lá de tempos em tempos, mas por razões puramente práticas. Havia comida ali que eu gostava, e fiquei muito hábil no roubo dela. Por que não? Mas o interesse acabava ali.

Na verdade, retornei com mais alegria ainda à minha vida na selva. E a vida ali, em qualquer de suas formas, era abundante. Parecia que, a cada dia, eu iria notar algo diferente, fosse um pássaro cintilante, a forma como a luz dançava em volta de uma poça d'água, uma nova trilha, uma vista diferente, um chamado ou uma canção não familiar.

Uma das minhas favoritas entre todas as pequenas criaturas era uma lagartixa mínima, cor-de-rosa e bege, que peculiarmente tinha a barriga transparente. Eu podia até notar a cor das comidas no estômago dela, o que me fascinava. Mas eu precisava ser paciente para vê-la. Era uma coisinha tímida e só saía de seu esconderijo se eu me sentasse e a esperasse por muito tempo. Outros lagartos, ao contrário, não tinham necessidade de se esconder. Podiam deitar e cochilar em um galho e tornarem-se invisíveis, parecendo-se exatamente com os lugares em que estavam.

As formigas eram trabalhadoras mesmo, como todos sabem — sempre ocupadas, sempre correndo e formando longos trens de carga, levando folhas muito maiores que elas mesmas para os buracos que conduziam às suas colônias, debaixo da terra. Elas não paravam nunca — nem por um segundo — e se você pusesse um dedo em seu caminho, elas apenas se desviavam. Lembro de passar muitos momentos felizes, sentada ali, na sombra salpicada, brincando de controladora de trânsito daquelas pobres formigas, mandando-as para todo tipo de desvios para evitar obstáculos.

Eu também tinha deixado de ter medo da maior parte dos pássaros dali, muitos dos quais agora pareciam maravilhosamente sábios e lindos. Eu ainda ficava preocupada perto dos papagaios. Mas outros pássaros me faziam feliz. Havia um tucano barulhento que, com frequência, pousava dois galhos acima de onde eu estava e observava cada movimento que eu fazia. Ele tinha um canto horrível — o mais irritante e áspero ruído que um pássaro podia fazer — mas era tão amigável que eu o perdoava por sua falta de musicalidade. Sua amizade era muito mais importante para mim.

Meu pássaro cantor favorito, que mais tarde identifiquei através de fotografias como o mirla, uma espécie comum de melro com patas alaranjadas, compensava em muito sua falta de plumagem bonita ao possuir o mais surpreendente canto — que eu imitava com frequência, tendo descoberto que eu mesma tinha uma voz bastante boa.

Talvez porque eu ficara mais velha e mais receptiva aos ritmos da selva, os dias passaram a ter um sentido maior de ordem. Bem cedo pela manhã, o sol começava a bisbilhotar envergonhado pelo dossel das árvores, o tempo passava no que parecia ser um esforço contínuo. Cada criatura despertava e se unia à caçada universal por comida. Mas à medida que o calor do sol aumentava com cada centímetro que deslizava na direção de seu zênite, a metade do dia presenciava uma busca comum por descanso, com uma *siesta* em toda a selva. Todos os pássaros se calavam, os níveis gerais de atividade diminuíam e, para aqueles que podiam, havia um movimento geral na direção do topo das árvores, atrás de ar fresco, fugindo do intenso calor. Nesses momentos silenciosos eu ouvia com frequência ruídos longínquos — inclusive o distante rugir de uma cachoeira que procurei com afã, mas jamais encontrei. Eu me pergunto se ela ainda ruge por lá até hoje.

Também desenvolvi um novo interesse por plantas e flores, fazendo artesanato com elas, na falta de uma palavra melhor. Eu pegava folhas verdes suculentas e as esmagava com uma pedra, adicionando um pouco de água. As folhas eram generosas e logo soltavam um líquido colorido que eu podia usar como tinta. Ensaios e erros logo me ensinaram quais folhas produziam as melhores cores e, tendo sido bem-sucedida nisso, parti para novas experiências. Podia fazer a cor laranja utilizando as sementes de uma fruta parecida com a romã, cujo interior possuía o mais brilhante tom de laranja que eu jamais havia visto. Em pouco tempo eu podia fazer um arco-íris completo de lindas cores para pintar, misturando os sucos de sementes, nozes e flores. Eu usava os líquidos resultantes para decorar não apenas a minha pele, mas também cascas de árvores, pedras e galhos, para não mencionar qualquer macaco que interferisse com minha aula de arte.

E como qualquer outra garota, eu fiz joias. O tempo que passei observando as crianças, no acampamento indígena, abriu meus olhos para novas diversões, e uma das minhas favoritas era colecionar orquídeas, outras flores e longos caules para fazer colares que eu colocava em qualquer coisa que me agradasse. Eu os pendurava no pescoço, como os indígenas faziam, mas também por toda a selva, sem mais razão do que querer que o lugar ficasse mais bonito, o que acho ser uma necessidade minha instintiva. Minha forma favorita de colar era feita de uma corrente de vagens de baunilha, e o aroma suave permanecia comigo o dia inteiro.

Mas apesar de todas as distrações, a melhor coisa na minha vida era minha amada família de macacos, que eu conhecia tão bem naquela época que podia distinguir cada um deles. Eu sabia quando algum deles nascia ou morria. Sabia que filhote pertencia a que mãe e a força, a aptidão e as características que cada macaco tinha. Suponho que, à primeira vista, eles podiam parecer apenas como um grande grupo de animais similares, mas para mim eram tão diferentes uns dos outros como o seria cada membro de uma família humana.

Na companhia deles eu me sentia segura, e a selva havia se tornado meu lar. Mas logo eu seria lembrada, de forma horrível e brutal, que o perigo nunca estivera longe.

*

Era um dia comum na selva. A maior parte deles costumava ser. Poderia ter passado um ano desde que eu abandonara os pensamentos sobre o acampamento: é impossível dizer. Mas dado que eu tinha uma vez mais perdido o interesse nos seres humanos, imagino que deva ter se passado bastante tempo.

O amanhecer chegou com sua normal e louca agitação. O som dos movimentos na selva nunca era menos que ensurdecedor, na medida em que todas as criaturas diurnas se levantavam com o sol. Mas a cacofonia regular logo foi perfurada por um aviso de perigo imediato, lançado por um dos macacos, que fez com que quase todos os animais procurassem abrigo.

Era como um exercício de incêndio bem ensaiado. Os pássaros subitamente diminuíam em número, e aqueles que permaneciam no ar voavam ansiosamente, bem alto sobre nós. Os macacos se disfarçavam como se fossem protuberâncias nas cascas das árvores, e um silêncio estranho pairava sobre a terra subitamente atacada.

De forma automática, eu segui os outros animais na corrida para encontrar um lugar seguro — no meu caso, isso significava a árvore oca que havia sido meu lar por tanto tempo. Presumindo que eu estivesse bastante perto para poder alcançá-la, sempre era meu esconderijo preferido, e quando me agachei ali, escondida por alguns galhos caídos que juntei com pressa, perguntei-me que criatura monstruosa poderia saturar nossa terra com tanto medo.

Não precisei esperar muito por uma resposta. Eu podia olhar para fora, mas foi o ruído que chegou primeiro. Um som alto e inquietante que era estranhamente metódico. Até mesmo rítmico. Soava como se a vegetação rasteira ali perto estivesse sendo derrubada, arrancada com violência e cortada.

Minha audição não me enganou. Isso era exatamente o que estava acontecendo. Primeiro o ruído aumentou. "Bum!", "Sssss!", "Cleque!" e outra vez "Bum!". Isso foi acompanhado, quando os arbustos perto de mim se separaram, pela visão de dois homens brancos, ambos vestindo uniformes verdes e carregando, além dos seus aterradores e brilhantes facões de mato, uma variedade de sacos, redes e armas. Se eu não tivesse passado tanto tempo observando os homens do acampamento indígena, aquelas duas criaturas teriam parecido estranhas para mim — uma espécie de animal que eu poderia não reconhecer imediatamente, mas da qual eu saberia instintivamente que devia fugir. Mas saber que eles eram humanos não me deu nenhum motivo para mudar minha opinião. Eles eram monstros — tudo neles parecia monstruoso — e minha pele arrepiou, minha pulsação começou a latejar nas têmporas.

Prendi a respiração enquanto os observava abrir caminho pela vegetação rasteira, empurrando meu corpo o quanto podia contra o fundo da árvore oca. Não tinha ideia do que eles queriam ou por que pareciam tão dedicados à destruição, mas essa pergunta logo foi respondida. Enquanto observava os dois, entendi que as redes eram para agarrar e capturar quaisquer criaturas que quisessem: primeiro, uma borboleta brilhante e distraída foi pega em um instante, a rede foi fechada e posta sobre o ombro de um deles.

Depois eles puseram sua atenção sobre os pássaros. Outra vez observei em silêncio quando eles lançaram uma espécie diferente de rede, desta vez para agarrar um papagaio: um lindo pássaro que eu já havia visto naquela manhã e que eles amarraram pelas patas, fazendo com que ele esvoaçasse em pânico, suas penas elegantes caindo no chão da floresta.

Tentei acalmar minha respiração. Seria eu a próxima presa que eles capturariam? Parecia que eles tinham os meios para pegar o que quisessem, de pássaros a insetos e de lagartos a cobras. Não é de admirar que aquele macaco tivesse sido tão insistente em seu aviso de alarme. Todos nós estávamos claramente em grande perigo.

Embora eu tivesse sido poupada, aquele dia marcou o começo do fim da minha inocência e o início de um longo período cheio de marcas do medo. Eu não sei se era algo novo na região — teria sido a nossa selva recém-descoberta? — ou alguma coisa que já vinha acontecendo havia anos, mas daquele dia em diante fiquei acostumada ao ruído de um facão cortando a vegetação rasteira próxima e ao sentimento de terror que aquilo fazia lembrar.

E eu estava certa em ficar assustada. Uma vez, quando eu estava tremendo de medo, escondida na árvore oca, um dos caçadores chegou até o meu tronco. Ficou tão perto de mim que pude observar claramente suas botas negras, a cor bege de suas calças e ouvir o clique do gatilho do seu rifle. No silêncio que ele criara, era o pior som imaginável, e que permaneceu comigo até os dias de hoje. Então ele ergueu o rifle e BANG! Eu quase fiquei surda. Não tenho ideia de para onde ele apontou, menos ainda se tinha atingido o alvo. Tudo o que eu conseguia ouvir era o ritmo selvagem do meu coração, enquanto minhas mãos começavam a tremer sem controle.

Eu fui amedrontada muitas vezes na minha vida, mas o medo que senti naquele dia, por ser tão pequena e indefesa, foi de um tipo especial. É algo que jamais esquecerei.

Às vezes os caçadores vinham de dia ou à noite. Outras vezes chegavam quando o crepúsculo começava a cair, fazendo brilhar suas tochas nos olhos de criaturas cansadas e sonolentas, cujos guinchos de terror quando capturadas, feridas ou mortas atravessavam a escuridão e despertavam a todos nós. O pior de tudo, porém, é que às vezes eles vinham atrás dos macacos.

Em teoria, os macacos deveriam ser demasiado inteligentes para aqueles caçadores. Com seus avisos de alerta precoce e seu forte sentido de comunidade, eles tinham um sistema que deveria tê-los mantido a salvo. Mas os caçadores eram muitíssimo espertos. Eles pegavam os mais jovens. Eles sabiam que havia uma chance de os jovens ficarem distraídos em suas brincadeiras para vê-los e reagir frente a eles antes que fosse tarde demais. Eles eram um alvo fácil mesmo depois de ouvir o chamado de suas mães: uma bala com tranquilizante era extremamente rápida para eles. Eles simplesmente levavam tiros nas árvores, caíam e eram aprisionados em redes negras.

Não acho que possa explicar quanta dor aqueles caçadores me causaram, ou quão assassinos eram, e ainda são, meus sentimentos em relação a eles. Mas a imagem de um filhote de macaco arrancado dos braços de sua mãe que grita será uma das que lembrarei pelo resto da minha vida. As mães com bebês com frequência se escondiam em troncos ocos, como eu fazia, e ver um pequeno filhote ser arrancado do abraço de sua mãe desesperada parece-me tão espantoso como se tivesse acontecido com qualquer mulher e seu filho.

Pior ainda era observar as mães sofrendo nas semanas seguintes. Sua dor e seu sentido de perda eram insuportáveis de presenciar, principalmente quando nada podia ser feito para remediá-los. Mais de uma vez vi macacas mães simplesmente se deitarem no chão e morrerem de dor. Os caçadores também as pegavam: atiravam nelas nas árvores e as metiam em sacos. E, é claro, seus filhotes morreriam de inanição.

*

A onda de caçadas terminou tão dramaticamente como havia começado. A natureza tinha visto o suficiente das atividades desses humanos malévolos e decidiu purificá-los. Nesse momento eu já estava acostumada com a chuva, é claro. Chuva pesada, intensa, que martelava. A chuva também caía com regularidade: quiçá uma vez por semana, mas não mais que isso. E uma vez que tivesse chovido, o calor intenso cuidava de remover todos os traços de qualquer aguaceiro. O chão da floresta quase nunca parecia encharcado ou pantanoso; minha lembrança que prevalece é a de um solo seco. Mas de tempos em tempos vinha uma tempestade de tal poder e magnitude que se transformava em um grande evento, que impactava sobre cada criatura da selva.

Aquela tempestade era desse tipo, e chegou sem aviso. Bem, quase sem aviso. Os macacos pareciam saber exatamente o que estava por vir. O dia anterior tinha sido particularmente abrasador. Esse era um sinal que eles já tivessem observado? Eu não sabia. O que lembro mais exatamente é que logo que acordei vi um dos macacos adultos desempenhando uma dança incomum. Presumi, em primeiro lugar, que era apenas parte de uma sessão anterior de brincadeira, mas a reação dos macacos ali por perto sugeriu que tivesse algum significado.

Soube então que algo estava por quebrar a normalidade da rotina, e logo que senti o gosto do vento e vi um estranho matiz no céu, entendi que aquela poderia ter sido uma espécie de dança da chuva. Eu havia visto chuva torrencial, mas apenas uma vez, ou talvez duas. E eu a amei. No começo foi um pouco aterrorizante, é verdade. Mas uma vez que a chuva começou a dançar no teto da floresta, entendi como era maravilhoso, de repente, sentir-se tão fresco. Eu havia dançado, sentindo o chão debaixo dos meus pés transformar-se em lama, adorando a maneira como se metia entre meus dedos. Sim, minha casa na árvore tinha ficado um pouco pantanosa, mas era um preço pequeno a pagar pela glória da lama na minha pele sarnenta e cheia de cascas. Lembro de ter rolado nela.

E então veio outra tempestade; recordo ter antecipadamente pensado nela. Estava meio assustada, meio excitada pela iminente sensação de perigo. E não era só eu que sentia o ar pesado, vibrante. Logo depois, todo o sentido de normalidade havia abandonado a selva. Um a um, todos os animais, pássaros e insetos se esgueiraram, escondendo-se em qualquer lugar que fosse mais bem adaptado à sua proteção, enquanto as folhas começaram a sussurrar quando o vento pôs-se a açoitá-las. Parecia que toda a selva se tornara uma única massa arfante que gemia, como se abraçasse a si mesma para enfrentar a provação que chegava.

Ou a aventura! Súbitos assobios de vento pareciam dividir-se e dançar em quaisquer espaços disponíveis, fazendo com que as frutas, as folhas e pequenos galhos caíssem no solo. E então — como um som de tambor que começou a aumentar até explodir em um *crescendo* — a Mãe Natureza despejou seu dilúvio sobre nós.

É estranho, mas lembro pouco do período da própria tempestade. Eu a esperei, apreciando o turbilhão lá fora, do confortável casulo da minha preciosa árvore. Observei as agulhas de água abrirem seu caminho até o matagal e a terra transformar-se em um grande lamaçal. Lembro da sensação de empolgação quando a tormenta passou e pude sair para investigar esse novo mundo encharcado.

Mas talvez a principal razão pela qual a própria tempestade seja um borrão na minha memória é que o que aconteceu, como consequência dela, teve uma importância muito maior: os caçadores, incapazes de lidar com tais condições, pareciam ter desaparecido, como a paz que eles tinham destruído. E, pelo menos por algum tempo, nós gratamente a agarramos de volta.

13

Embora eu não possa estar certa de nada em termos de datas, tempos e detalhes (até mesmo minha própria idade), lembro daquele período depois que os caçadores foram embora como um dos mais felizes da minha infância. Eu tinha desistido de meus anseios de ser parte da aldeia dos homens, e talvez tenha sido uma coisa boa termos sido perseguidos pelos caçadores, porque isso me fez lembrar como a minha própria espécie podia ser fria e cruel.

Por algum tempo, pelo menos, desisti até mesmo de considerar os seres humanos como minha própria espécie, porque quanto mais velha eu ficava, mais sentia o amor da minha família de macacos e aprendia a valorizar todos eles como indivíduos. E, como todos, eu também tinha meus favoritos.

Dos macacos jovens — com os quais eu naturalmente passava a maior parte do tempo — meus favoritos eram Rudy, Romeu e Mia. Eu não lhes dei nomes naquele momento, pois o conceito de nomes há muito tinha sido perdido por mim, mas sempre que penso neles nos dias de hoje, é com nomes ligados a cada um, porque muito depois de deixá-los, eu lembrava deles com tanto carinho que lhes dava nomes que me faziam lembrar do caráter deles — com base nas personalidades de pessoas que encontrei em minha próxima vida.

Rudy era diferente porque tinha muita energia. Estava sempre perseguindo outros macacos, e invariavelmente os pegava, quando então lhes puxava as orelhas. Esse era seu segundo passatempo predileto; o primeiro era, sem sombra de dúvida, brincar de esconder a cara.

Ele adorava quando eu me escondia atrás de um tronco de árvore, esperava pelo seu queixoso chamado de "Aonde você foi?", então eu aparecia de repente e fazia com que ele saltasse para trás. Ele gostava tanto disso que logo criou sua própria versão, esperando em todos os tipos de lugares — bem alto nos galhos, escondido entre as plantas — antes de aparecer subitamente e aterrorizar qualquer macaco espantado que fosse o alvo de sua má conduta naquela ocasião.

Rudy sempre estava no meio das travessuras. Era sempre ele o macaco que fazia um barulho terrível apenas por fazer, fazendo soar o grito de alarme sem nenhuma razão aparente, geralmente irritando os macacos mais velhos do grupo. Também podia ser um pouco escandaloso: se fosse enganado, qualquer outro macaco tinha que saber daquilo. Era afetivo, no entanto, e eu sempre ficava feliz deixando que ele me penteasse, mesmo que, devido à sua inépcia, isso não fosse muito útil — meus cabelos sempre terminavam com mais nós que no início.

Romeu, pelo contrário, era um animal muito gentil e o que mais gostava era de estar ligado fisicamente. Não sei como o conseguia, mas, mesmo que há muito tempo já fosse grande demais para aquilo, ele podia ser visto pegando carona nas costas de alguém. Era apaziguador e namorador, sempre colocava seus braços nos nossos ombros, e tagarelava tão bem que nunca duvidávamos que ele estivesse recitando um soneto que falava de seu imortal amor por toda a comunidade dos macacos.

Talvez a minha favorita — além do Vovô — fosse Mia. Ela é com certeza a figura de quem mais senti saudades — e ainda sinto.

Como Romeu, ela era afetiva, mas, por outro lado, também era tímida, e levou tempo até que criasse coragem para se aproximar de mim. Eu a atraí pela primeira vez — mesmo que não fosse essa a minha intenção — quando fiquei zangada e indignada pela forma como ela era agredida às vezes, e usei meu tamanho e minha força para parar alguns dos macacos jovens mais agressivos que queriam empurrá-la, cutucá-la e arrastá-la. Como ela nunca se defendia, senti que devia fazer isto por ela, e assim começou o mais íntimo dos meus relacionamentos.

Mia gostava de subir nos meus ombros e com frequência estava perto de mim quando eu estava fazendo alguma coisa, os braços agarrando com força meu pescoço. Algo pouco usual entre os macacos, ela também gostava de me lamber. E uma lambida na cara parecia um sinal certo do seu amor.

Mas todos os macacos têm seus modos próprios de cativar. Vários gostavam de enfiar um dedo no meu nariz ou de examinar minuciosamente meus ouvidos. Um em especial — um macho adolescente — adorava procurar coisas nas orelhas, e por que não? Afinal de contas, uma orelha era um lugar tão bom quanto qualquer outro para encontrar um lindo e suculento verme.

Eu não me importava. Na verdade era bastante relaxante — e também me fazia arrepiar! Não me importava que eles fuçassem atrás de minhas orelhas.

Claro que eu também via o ciclo da vida em ação. Lembro particularmente de Lolita, uma macaca fêmea mais velha que, no tempo que passei lá, dera à luz vários filhotes. Nunca cheguei a ver Lolita, ou qualquer outra macaca, dar à luz na selva — elas sempre pareciam desaparecer para parir — mas acho que o faziam aproximadamente uma vez por ano. No entanto, o que sobrevive, em termos de lembranças, era que Lolita era uma mãe maravilhosa: ela ensinava a seus filhotes disciplina e respeito. Como era uma diplomata, sempre fazia as pazes depois de suas brigas.

Também sinto falta de Lolita. Aprendi tanto com ela. Talvez eu tenha aprendido mais com o Vovô. Ele havia salvado minha vida naquele dia fatídico do tamarindo ruim e tinha me vigiado desde então. Era muito sábio e inteligente, e parecia ser o mais velho dos macacos. Mantinha as coisas em ordem e podia ser visto com frequência rondando no chão do nosso território, vigiando, como um guarda de segurança. Algumas vezes, porém, ele apenas se sentava e vigiava, como os avôs fazem, enquanto os mais jovens — inclusive eu — vagavam pelos arredores.

Cada dia parecia trazer oportunidades para a aventura e, com frequência, alguma recompensa inesperada. Nessa manhã em particular, eu tinha levantado cedo e estava no chão da floresta, procurando frutas e nozes antes que o resto do grupo despertasse. Depois de algum tempo, uma série de gritos e uivos desviou minha atenção para cima, e observei que uma pequena procissão deles havia decidido juntar-se e sair em excursão para um café da manhã comunal. O chefe — um macaco que se comportava como se sempre tivesse conhecido as melhores árvores da selva — havia reunido um grupo para o passeio.

Eu observei enquanto eles avançavam pelo teto da floresta, mantendo uma fila única, bem compacta. Acompanhei seu progresso ao longo de um galho torcido que pertencia a uma grande árvore frutífera, até que o bando todo estivesse nele, seu destemido líder bem na ponta. Nesse instante ele hesitou, como se decidisse qual seria o melhor cacho de frutas para atacar, e ficou visivelmente irritado porque os macacos atrás dele continuaram a subir pelo galho, embaralhando-se, cada um deles com as mãos nos ombros do macaco à sua frente e balançando-se para cima e para baixo para observar melhor.

A hesitação foi seu erro. Talvez com mais vontade de travessuras do que de comer, o último dos macacos deu um firme empurrão na fila, o que fez com que seu líder fosse lançado do galho em queda livre. Como os macacos preferem o riso a qualquer outra coisa, naturalmente a selva inteira irrompeu em gargalhadas.

Mas não durou muito. Logo que viram seu líder, que havia recuperado a compostura, subir com raiva na árvore outra vez, os macacos se espalharam, cada um tentando esconder-se, enquanto eu, esperta em capitalizar esse evento conveniente, corri pelo chão e peguei todas as frutas caídas que podia segurar. Um modo muito satisfatório de conseguir meu café da manhã!

Lembro também com muito carinho dos finais dos dias. Sempre havia uma grande festa de limpeza no dossel de árvores, e eu amava o contato físico que aquilo significava. Os filhotes gostavam de raspar debaixo das minhas unhas e de abrir minha boca para ver se havia algo para comer dentro dela. Eu não via nada de repugnante naquilo — era normal e sociável, parte do processo de união que criou aquela família tão unida e feliz. Mas apesar de toda a minha imersão na vida dos macacos e no amor àquela vida, meus dias na selva estavam contados.

*

Outro dia, outro nascer do sol, outra manhã agitada. Tinha sido um período ocupado, daqueles que acontecem com tanta frequência na selva, quando um farnel de frutas é compartilhado.

Embora não existam estações diferenciadas nas regiões equatoriais, como existem em regiões mais próximas aos polos, ainda se distingue a ocorrência de ritmos de vida. Há períodos de crescimento intenso, períodos de queda de folhas, frutas e flores, e apesar de cada espécie ter seu próprio plano, esses muitas vezes coincidem, trazendo um pouco de novidade e excitação aos nossos dias. Meu tempo favorito era quando ocorria uma maciça queda de flores, e toda a selva ficava atapetada por chuvas de pétalas delicadas que cobriam a monotonia das folhas mortas com miríades de lindas cores que saltavam aos olhos.

A gigantesca árvore de castanhas-do-pará também era gentil, embora um pouco perigosa. Quando decidia libertar seus doces, você poderia morrer em um instante, pois as vagens que continham as nozes eram tão densas como grandes, e se uma delas atingisse sua cabeça, não seria apenas a casca da noz que se partiria em duas. Além disso, elas caíam de grande altura. Como eram as maiores da floresta, as vagens das árvores de castanhas-do-pará tinham um longo caminho para percorrer e caíam numa velocidade aterradora. E elas não eram o único perigo: tão poderoso era o seu *momentum* que elas cortavam galhos velhos e fracos quando passavam, fazendo com que uma chuva de madeira também caísse lá embaixo.

Algumas vezes, quando isso acontecia, abria-se uma mancha de céu azul, e plantas pequenas corriam em marcha forçada para serem as próximas a preencher o precioso espaço ensolarado. Nenhuma chance de luz e vida era desperdiçada.

Naquele dia em especial, foi o som que me alertou primeiro. Talvez por causa da recente chuva de castanhas-do-pará que tinha ocorrido, eu decidi automaticamente qual devia ser a fonte do ruído. Ouvem-se certos ruídos e sabe-se que é preciso sair do caminho do perigo. De modo que meu primeiro pensamento, quando ouvi o barulho de galhos acima de onde eu estava, foram as castanhas. Talvez fossem algumas vagens caindo.

Mas então meu cérebro começou a identificar o que meus ouvidos haviam passado para ele — o ruído era diferente do que eu tinha pensado antes. Era mais como o som que eu esperaria ouvir se algum animal grande tivesse pisado com força em um galho morto. Congelei, lutando para ouvir outros sons que eu pudesse identificar, afinando todos os meus sentidos para escutá-los.

E então eu ouvi. Um som de "crá". O som de um facão de mato! Eu deixara de ouvir aquele barulho por um longo tempo, mas ele estava firmemente gravado na minha mente, como qualquer grito de alerta dos macacos que eu tivesse ouvido.

Horrorizada, lancei meu próprio grito de alerta — alto, temeroso, de pânico — e corri para o lugar que eu agora usava como esconderijo. Nunca esqueci quão perto de mim aquele caçador havia estado naquele dia, e depois eu me sentia cada vez menos segura na minha árvore oca. Agora que eu era maior e mais habilidosa para mover-me pelo dossel mais baixo, eu podia encontrar um lugar mais alto, como os macacos. Meu novo esconderijo, portanto, era bem alto em uma palmeira, atrás de um leque denso de folhas espalhadas.

Agachada em segurança, e com uma boa visão do solo da floresta abaixo, eu esperei pelo que poderia surgir dos arbustos que agora tremiam e balançavam de modo inequívoco. O próximo som que ouvi foi o característico engatilhar de um rifle, e momentos depois sua ponta metálica surgiu entre os arbustos, seguida por um caçador e logo outro.

Ambos vestiam as mesmas roupas cáqui que eu havia visto antes e tinham um olhar de concentração em seus rostos enquanto avançavam lentamente pelos emaranhados de arbustos e tentavam avistar coisas em que atirar. Ambos usavam estranhos chapéus cilíndricos com abas e estavam se aproximando da minha árvore. Eu os olhei com ódio, como se ao fazer isso eu pudesse de alguma forma impedi-los de olhar para cima e me ver.

Mas então compreendi que havia algo diferente naquilo. Um dos caçadores parecia diferente, e entendi com um suspiro que era uma mulher. Olhei um pouco mais e novamente uma sensação peculiar me invadiu. Embora estivesse vestida como um caçador, seu rosto me dizia algo diferente. Parecia tão carinhoso, tão compassivo e gentil, tão parecido com o de uma mãe, como se fosse alguém que pudesse se importar. Ela imediatamente me fez lembrar da mulher jovem que eu tinha visto dar à luz, e me senti atraída por ela de modo irresistível.

Como pode a mente competir com a força dos sentimentos do coração? No meu caso, nada, porque sem pensar no que estava fazendo, e menos ainda no perigo que poderia enfrentar, comecei a descer da árvore indo na direção da jovem. Foi como se todos os meus instintos e meu treinamento tivessem sido neutralizados por aquela mulher; algo que eu não compreendia me empurrava para ela. Senti-me impulsionada a mostrar-lhe meu rosto — como se fosse meu maior e mais profundo segredo, algo que só poderia ser revelado a uma amiga muito próxima. Não fazia sentido — por que eu ia me entregar nas mãos do meu maior inimigo? E, no entanto, foi o que fiz.

Em instantes, estava parada atrás da árvore, com os pés no chão, e, com a cabeça abaixada (como se eu não quisesse testemunhar aquela estupidez), dei um passo à frente e fiquei diante dos dois. Eu me preparei para o que poderia vir depois, mas não aconteceu nada. O que eu tinha feito? Que tolice! Será que eles me viam? Talvez não fosse uma surpresa que, quando ousei levantar meus olhos, tudo o que pude notar nos olhos deles foi uma enorme incredulidade.

Não sei o que acharam de mim. Nunca saberei. Mas se tento lembrar daquele dia sob a perspectiva deles, em vez da minha, tenho mais ideia do que poderiam ter pensado. Meu cabelo, grosso e emaranhado, havia crescido bem além do meu traseiro e cobria grande parte do meu rosto e do meu corpo. Eu era negra — negra de sujeira; há anos que não tomava banho — e não ficava de pé sobre as duas pernas. Agachada ali, suspeito que devia parecer um primata. Mas diferente de qualquer macaco das selvas das Américas. Com certeza eu era grande demais, com aparência estranha. Imagino que eles devem ter pensado que haviam encontrado alguma espécie não conhecida de macaco.

Eles estavam definitivamente assustados. A arma foi levantada outra vez e apontada para meu rosto. Mas eu me concentrei somente na mulher: foi nela que fixei meu olhar e, mesmo sabendo o grande perigo que corria, movi-me lenta e submissa na direção dela. Eu precisava tocá-la. No meu mundo dos macacos, estender a mão para outro era uma maneira de indicar que você queria começar uma amizade. E embora meus instintos estivessem gritando "Não! Não faça isso! Eles vão matar você!", meus pés rebeldes pareciam determinados a ignorá-los. Eu precisava chegar perto o suficiente para tocá-la, para agarrar seu dedo.

Fui passo a passo, ainda consciente da arma que apontava para mim, mas à medida que chegava mais perto, pude notar que a expressão dela se suavizava. Que ela decidira que não estava assustada. Que estava intrigada. Essa foi a minha deixa. Como agora eu estava bem perto dela, lentamente levantei minha mão para tocar a dela. Isso pareceu encantá-la. Ela levantou sua mão para me deixar agarrar um de seus dedos e um momento de choque silencioso pairou sobre todos nós. Era um gesto tão comum na minha comunidade de macacos, mas meu primeiro toque humano por muitos anos.

Meu nervosismo desapareceu com o toque dela. Realmente foi simples e instantâneo assim. Tudo que eu queria agora era que ela decidisse levar-me com ela. Que me deixasse segui-la para onde quer que ela estivesse indo naquele dia.

Eu sabia que os macacos estavam me observando lá de cima e por um momento fugidio, eu me perguntei o que estariam pensando. Mas meu devaneio foi interrompido pelo homem com o rifle. Embora eu não tivesse uma linguagem humana, estava claro o que ele achava. Como o chefe da aldeia indígena tinha feito, ele estava deixando claro que eu não seria bem recebida.

Algum tipo de discussão acalorada começou então entre eles, a rejeição óbvia do homem por mim, e claro, o desacordo da mulher.

Eu apertei seu dedo com mais força, para que ela soubesse o quanto eu queria ir com ela. Não pude compreender nada do murmúrio estranho que saía de suas bocas, somente a sensação de que tudo agora estava na balança e que se aquela mulher não conseguisse impor seu desejo, eu seria abandonada outra vez, talvez até atirassem em mim.

Mas algum tipo de resolução foi aparentemente alcançado, e quando ela olhou para mim outra vez, senti um anseio de euforia. Sua expressão estava calma, seu rosto amigável e, embora eu não pudesse entendê-la, sabia que as coisas que ela estava dizendo para mim eram o que eu queria ouvir.

Ela agarrou minha mão outra vez, indicando claramente que eu devia segui-la. E foi exatamente o que fiz. Sem olhar para trás, para os vigilantes olhos da minha família, que eu sabia que estavam todos sobre mim, eu segui a mulher — para longe do meu lar e para a vida dela. Meu tempo na selva tinha chegado ao fim, e uma nova vida acenava para mim, de volta à minha própria espécie.

Mal sabia eu que, apesar da minha criação selvagem, um tipo de vida ainda mais selvagem tinha apenas começado.

PARTE 2

14

Como os anéis que marcam o crescimento anual de uma árvore, meu cabelo proporcionou pelo menos um tipo de medida para permitir que eu estimasse quanto tempo havia passado na selva. Obviamente não é exato de um ponto de vista científico, mas como seu comprimento é uma das lembranças mais certas que possuo, suspeito que é a melhor chance que tenho de saber minha idade.

Quando minha filha Vanessa sugeriu pela primeira vez que tentássemos documentar minha vida, a questão das datas era importante. Portanto nos envolvemos com um pouco de ciência para ver o que poderíamos descobrir, e é nisso (além das outras estimativas adivinhadas — meu tamanho, minha aparência e minha clara lembrança pré-selva de esperar impacientemente pelo meu quinto aniversário) que minha teoria está fundamentada: que eu tinha aproximadamente 10 anos quando os caçadores me encontraram.

Estou certa de que, quando fui abandonada pela primeira vez, meus cabelos eram bem curtos. Seria comum que fosse assim, pois seriam mais fáceis de cuidar, assim como me sentiria mais fresca no clima tropical. Quando saí da selva, é claro, meus cabelos não tinham visto uma tesoura por muito tempo, e minha lembrança principal é que eram um incômodo a maior parte do tempo — sempre me atrapalhavam. Eu não tinha nada com que atá-los para trás — e talvez nem tivesse pensado nisso — e quando me agachava, como fazia com frequência, eles se arrastavam no chão como um par de cortinas além da medida. Eles certamente se penduravam da minha cabeça como uma cortina — grossa e negra — e haviam crescido, quando saí da selva, até as minhas coxas.

De modo que os medimos. Usando tintura de cabelo para marcá-los, descobri minha taxa de crescimento de cabelo, e minha filha Vanessa fez o mesmo. Assim, imaginamos, ao ser ela tão mais jovem, saberíamos se a taxa de crescimento diminui com a idade. E descobrimos que nós duas tínhamos taxas similares. Parecia que um 1,5 centímetro por mês era a média, o que dava 18 centímetros por ano.

Mas queríamos estar mais certas que isso. De modo que entramos na Internet, procuramos por estatísticas de crescimento de cabelo e só então, levando em conta taxas de crescimento em climas diferentes, sentimos que dispúnhamos de algo científico. Depois disso, foi possível aproximar o período de tempo passado na selva, com base no crescimento total de aproximadamente 89 centímetros, que daria um período de tempo de cerca de quatro a seis anos.

Claro que poderia ter sido mais. Houve períodos em que o crescimento talvez fosse mais lento, como é o caso em outras formas de vida. E, dada essa condição, nosso cálculo pode ter sido conservador de todas as formas. Meus cabelos podem ter crescido continuamente, mas a maior parte dos cabelos alcança um limite e para. E talvez sua taxa de crescimento fosse afetada pela quebra, devido ao estado frágil e danificado em que se encontravam. Acima de tudo, eram uma morada para a vida selvagem — de modo que já é um milagre que tenham crescido.

Assim como o crescimento dos meus cabelos, tínhamos outro indicador: meu desenvolvimento físico até a vida adulta.

Eu não tinha a sensação de ter crescido — era um conceito que não me ocorreu — mas uma coisa era fato: quando deixei a selva, ainda não havia atingido a puberdade. Eu sei pois isso aconteceu vários meses mais tarde, um evento que nenhuma menina pode esquecer! Assim, em média, 10 anos parecem ser a idade mais exata em que retornei à civilização.

Mas meu "eu" de 10 anos não tinha noção da palavra "civilizado". Tudo que eu podia pensar, quando estava naquela clareira com os caçadores, era no enorme passo que estava por dar. Eu enfrentava um novo futuro possível — foi o que me atraiu para eles. Mas ao mesmo tempo, também estava enfrentando o perigo. E apesar da minha audácia anterior — dirigida pela minha fascinação pela mulher —, meu temor era tão grande que eu quase não fui. Eu era, para todas as intenções e propósitos, um macaco. Eu tinha perdido a postura humana e caminhava desnuda em quatro patas. Havia esquecido a linguagem que uma vez falara e não tinha ideia do meu nome. Não tinha compreensão de como ser "humana". Tinha passado anos como um animal e agora pensava como um animal, o que significava que meu foco eram apenas duas coisas: comida — e como encontrá-la — e sobrevivência.

Eles pareciam determinados a me fazer andar como eles. Eles me içavam — a mulher puxava meu braço de vez em quando para fazer-me andar só com as pernas. Pareciam ficar muito zangados com minha dificuldade em fazê-lo: eu podia notar isso nas suas expressões, a cada passo.

O homem, principalmente, parecia zangado por terem me trazido com eles. Embora eu não soubesse o que ele estava dizendo, seu tom era óbvio. De modo que tentei ao máximo fazer o que eles queriam, embora parecesse antinatural e instável utilizar apenas meus pés.

Mas não importava quão difícil fosse, eu estava comprometida a ir com eles. Embora lutasse por algum tempo com o desejo de voltar correndo, havia uma força mais forte dentro de mim, que me fazia avançar. Já havíamos viajado certa distância pela vegetação rasteira, em um território que começava a ficar desconhecido. O ar estava cheio de sons feitos por outros animais dominantes, que alertavam suas próprias colônias sobre o nosso avanço. Tudo aquilo me assustava muito, porque a audição era talvez o meu sentido mais aguçado. Os sons que eu conhecia eram meu mapa e minha bússola. E de repente, com novos sons surgindo o tempo todo, eu me sentia perdida e desorientada.

Mas estar com os caçadores me dava algum sentido de segurança. Apesar de minhas outras ansiedades, eu me sentia mais segura com eles do que sem eles. Nenhum javali feroz ou outro animal assustador iria nos incomodar, pois eu estava viajando com a mais poderosa espécie da selva. Eu tinha visto quantidade suficiente de homens durante minha estada ali para estar certa disso, mesmo que os próprios homens não parecessem tão confiantes, mostrando-se mais nervosos e cautelosos do que eu esperava.

Eu havia ficado um pouco atrás deles, mantendo uma distância fixa, e estava preparada para qualquer coisa que pudesse acontecer. Eu queria estar ali, é fato; mas sabia que não podia confiar neles, particularmente no homem, que apenas me tolerava. Ele tomou a dianteira, seu facão de mato cortando os galhos e formando um caminho por onde a mulher podia pisar, e eu seguia a alguns passos atrás dela.

Viajamos muito. Minhas pernas sabiam disso e o sol acima confirmava. Eu havia me encontrado com os caçadores em algum momento da manhã, e sabia pela luz e pelo tamanho das sombras ao longo do chão que as criaturas da noite estariam despertando. Pensei nos macacos e no que eu sabia que estariam fazendo. Eu conhecia todas as suas rotinas: o que faziam a cada momento de cada dia. Mas expulsei essas imagens da minha mente. Pensar nos macacos era muito difícil para minhas emoções: eu precisava bloquear todos os pensamentos de arrependimento e conservar minha mente fixa sobre o que estava por vir.

Não tenho ideia do que me fez atuar de forma tão incansável naquele dia. Olhando para trás, de uma distância de muitas décadas felizes, seria fácil imaginar que eu apenas estava seguindo meu destino. Mas estava mesmo? Decerto minha mente consciente não teria sentido aquela compulsão. Eu estava abandonando tudo que conhecia e amava. Era refém voluntária de gente estranha. Não faz sentido algum para a menina de 10 anos que eu era então. No entanto, devia ter algum sentido, pois não lembro de nenhuma intensa luta interna. Eu acompanhei os caçadores porque, uma vez que me meti naquele caminho, voltar não parecia ser uma opção.

E assim continuei, ainda brigando com o desejo de cair de quatro, que aumentou quando a vegetação ficou mais rala e eu me senti exposta e insegura. Também sentia muita sede. Não tinha visto nada que pudesse beber em horas. Os humanos bebiam com frequência de frascos de metal dependurados de seus pescoços. Mas não me ofereciam nada, e eu estava assustada demais para pedir-lhes. Eu simplesmente examinava os arbustos pelos quais passávamos, procurando pelos meus habituais lugares de conseguir água. Mas eles pareciam não existir nessa parte da selva. As plantas de folhas cônicas que eu estava acostumada a ver em todos os lados tinham sido substituídas por plantas com folhas muito mais planas.

Tudo era novo e diferente. As árvores tinham ficado menores e com a circunferência mais fina. Suas folhas eram apenas pequenos botões brilhantes que ainda esperavam um convite para a maturidade. Como consequência, o dossel de árvores era mais esparso, e onde as sombras tinham sido a norma, agora a luz reinava suprema, o chão da floresta transformando-se em um banquete de sol e espaço. A sensação de vulnerabilidade agora era intensa. Eu não tinha um teto acima da cabeça para abrigar-me, e me senti subitamente nua. Machucava meus olhos olhar para o céu. Todo aquele espaço era muito desconfortável.

Em certo ponto, o homem não precisou mais do facão e o guardou em uma bainha que levava presa nas costas. A paisagem havia mudado radicalmente e tornou-se acidentada, até mesmo íngreme, e não se parecia mais com nada que eu conhecesse. A dupla começou a diminuir a marcha e em algum momento parou, e enquanto eu esperava entre os arbustos esparsos, ainda inclinada, em uma posição estranha, meio erguida, pude notar que era objeto de alguma discussão. Outra vez tive a sensação de forte discórdia entre eles, como a que eu veria se alguns dos macacos jovens aborrecessem o Vovô de alguma maneira.

Saí dos arbustos e cheguei um pouco mais perto. Por que eles haviam parado, de qualquer maneira? Não estava claro. Mas movendo-me apenas alguns passos, eu tive a resposta. Eles não tinham escolha, porque tínhamos chegado ao fim do mundo.

A terra — o próprio solo no qual eu estava de pé — terminava ali. Parava abruptamente, alguns metros à frente dos caçadores, e caía vertiginosamente para o nada. Aproximei-me um pouco mais — os caçadores, ocupados na discussão, pareciam ter perdido o interesse em mim — e meus olhos mal podiam aceitar tanto de uma única vez. Era a maior paisagem que eu jamais havia visto, mesmo que de cima do dossel das árvores. Ao longe havia montanhas, monstros cinza e púrpura ondulantes, e alguma coisa me parecia dizer que para lá é que eu deveria me dirigir. Mas estavam tão longe que pareciam mais um tremeluzente lugar de sonhos, e entre nós e elas havia um vasto e aparentemente infinito lençol de árvores. Estávamos no topo do mundo, e senti vertigens só de olhar. Tive que me agarrar a um tronco de árvore próximo para me manter firme.

Os caçadores tinham partido, desaparecendo ao meu lado e, quando os segui, pude ver que o mundo não havia terminado.

Em vez disso, mergulhava da borda do penhasco e havia uma trilha íngreme que serpenteava para baixo. Também pude ver para onde os caçadores estavam indo: para baixo, pela trilha suja, até algo que inicialmente me confundiu — não tinha absolutamente nenhuma ideia do que era aquilo.

Outra vez eu os segui, meus pés trabalhando duro para agarrar-se na inclinação íngreme e, quando cheguei mais perto, uma nova lembrança surgiu na superfície da minha mente. Aquilo era um veículo. Um veículo que não era diferente daquele que me trouxera até ali originalmente.

O lampejo de reconhecimento foi acompanhado por outros. Lembrei de rodas e janelas, o capô de um motor, um porta-malas aberto, cheio de marcas, empoeirado e gasto, que estava coberto por um tipo de material verde e cinza, que estava estendido sobre uma série de aros de metal.

A dupla agora estava tirando as coisas que carregava: frascos de água e facões, rifles e bolsas. Depois os jogaram, um por um, na traseira do caminhão, junto com vários sacos e redes, que só agora notei que continham animais capturados. Uma vez que cuidaram de tudo, a mulher olhou outra vez para mim. Seu sinal para que eu me aproximasse foi inconfundível. Eu saí de perto dos arbustos aos quais estava agarrada e, obedecendo a seu gesto, subi na traseira do caminhão.

O ar lá dentro estava tão fétido que quase vomitei. Correntes de ar sujo circularam, causadas pela minha entrada no local, e quando olhei para aquela escuridão esverdeada e estranha do interior ficou fácil de entender a causa. O caminhão estava quase completamente cheio de jaulas. Algumas eram feitas de rede e continham uma variedade de animais sem sorte, inclusive lagartos, borboletas gigantes e lindos pássaros. Havia pássaros familiares — papagaios, periquitos e araras — assim como outros que eu não conhecia, como alguns pequenos, de cor azulada.

Nem todas as jaulas, porém, mostravam seu conteúdo. Algumas eram caixas sólidas com buracos para a entrada de ar, e eu não podia ver dentro delas. Pensando nisso agora, elas podiam ter mantido ali animais sedados. Assim como alguns bichos mortos, devido ao intenso calor.

Havia também um pequeno macaco, e ao lado de sua jaula um espaço onde eu podia me acomodar, e fiquei ali para fazer-lhe companhia. Não era da mesma espécie que a minha própria família de macacos, e falava uma linguagem que eu mal conhecia. Mas o tom de seus chamados era muito claro para mim. Estava emitindo uma espécie de grunhidos que imediatamente pareceram familiares ao tipo de ruído que meu próprio grupo só fazia quando estava doente ou angustiado. Também piava lastimosamente, tentando projetar seus débeis chamados para a família da qual estava tão longe e que nunca mais veria.

O que eu tinha feito? Não podia deixar de pensar naqueles humanos. Eu tinha me entregado a criaturas que não sentiam nada por outras criaturas. Não, pior que isso: criaturas que capturavam e enjaulavam outras criaturas, que rotineiramente as torturavam para seus próprios fins.

Tentei confortar o macaco com minha voz, mas foi inútil. Eu pude notar que ele estava profundamente angustiado. Encolhi minhas pernas quando a mulher levantou a tampa traseira do caminhão e a trancou. Aquele macaco sentia algo que eu não sabia? Tinha um sentimento de desespero? Era impossível dizer, mas quando percebi que a porta do carona bateu e o motor do caminhão arrancou, perguntei-me se, em meu desejo de ser levada para fora da selva, eu não teria cometido um erro muito grave.

15

Viajamos a noite toda. Na traseira, sob o teto de plástico, eu podia ver muito pouco, pois a única abertura era um painel de plástico ou vidro, que em grande parte estava encoberto por pilhas de caixas. Mas logo havia pouco para ver, de qualquer maneira, pois quando a noite se aprofundou, a escuridão era absoluta. O ar ainda estava espesso e nauseabundo, sufocante com o cheiro dos excrementos dos animais cativos, e moscas azuis e outros insetos voadores concorriam com o motor do veículo para proporcionar um ruído contínuo e irritante.

Na cabine, eu conseguia ouvir as vozes baixas dos meus captores, e de quando em quando um dos meus colegas animais prisioneiros chorava alto, de dor ou de desespero. E eu me sentia como uma prisioneira. Eu havia cruzado a linha e deixado que aqueles seres humanos me tirassem da selva, de modo que não podia mais pensar em fugir: era como se estivesse em uma jaula também. Eu tinha amado minha vida na selva, e desesperadamente queria pertencer ao bando de macacos, mas o encantamento se rompeu no dia em que vi aquela mulher indígena. Sem importar quantas vezes me fosse provado que os seres humanos eram cruéis, frios e assassinos, eu sabia que nunca descansaria até ser aceita por eles. Eles eram minha própria espécie e aquela necessidade de viver entre eles nunca havia me abandonado. Não importa no que me tornaria agora, eu teria que prosseguir com aquilo. Era um impulso tão forte dentro de mim que se recusava a ser ignorado.

Passei a noite alternadamente em vigília e cochilando. O ruído do motor me levava a uma soneca apenas para despertar-me momentos depois, quando nos chocávamos com algum pequeno obstáculo ou com algum buraco na estrada. Lembro que paramos uma vez, a batida da porta me despertando, e vi os seres humanos abraçando-se na cabine. Lembro de ter ficado fascinada, mas também um pouco revoltada ao assistir como eles tocavam suas bocas e agarravam e brincavam com os cabelos um do outro.

Também lembro de que o homem desapareceu por algum tempo — presumivelmente para aliviar-se — e a mulher fez o mesmo um pouco depois. Trancada na traseira do caminhão, não tive escolha a não ser urinar onde eu estava, assim como qualquer outro animal preso ali.

Cada vez que eu despertava, imediatamente ficava ansiosa com o macaco ao meu lado. Eu fazia barulho nas barras da sua jaula e arrulhava para ele, tentando fazer com que ele me respondesse e eu só me deixava retornar ao torpor depois que o fizesse. No começo, ele chilreava para mim, deixando-me saber que ainda estava resistindo, mas à medida que a noite avançava, ele ficou cada vez mais fraco e então, quando eu balançava as barras com desespero e tentava me comunicar com ele, sua quietude havia adquirido uma qualidade diferente. Espiei nas trevas, tentando avistar algum reconfortante sinal de movimento, mas a verdade terrível me golpeou. Ele tinha ido embora.

Então eu chorei. Soltei um pranto de tanta desolação que muitas outras criaturas se agitaram e começaram a vocalizar também. Acho que uma parte de mim morreu ali naquele momento, a perda da companhia do meu pequeno macaco resumindo tudo que eu havia perdido. Assim, como ele tinha sido silenciado, eu não pude mais escutar minha família.

Se os caçadores ouviram a comoção, não demonstraram. O caminhão ainda andava na mesma direção, parando apenas uma vez mais para que o homem comprasse combustível na margem da estrada. Todo o caminhão ficou cheio de vapores acres quando ele colocou o combustível no tanque. E seguimos adiante. Eu pude ver que o sol havia viajado muito pelo céu antes que parássemos outra vez.

Agora era dia e eu estava desperta. Puxei um pouco do cantinho da lona que cobria a traseira do caminhão, pois estava desesperada para olhar para fora. Minha visão era muito limitada, mas o que pude ver era tanto tentador como preocupante. Eu podia observar apenas um pedacinho da estrada que serpenteava ao longe atrás de nós. Estava meio turva, pela nuvem de poeira que o veículo em movimento criava, mas para meu espanto parecia que a selva havia desaparecido. Tentei ajustar isso com a vista que tivera daquele enorme platô verde e achei incrível que parecia não haver evidência dele ali. O mais impressionante — e preocupante — era que estávamos viajando ao longo do flanco de uma montanha. Para um lado, uma grande parede de rocha se avolumava verticalmente, enquanto para o outro, ou pelo menos assim sugeria minha visão severamente restrita, o chão terminava de forma abrupta e a queda parecia enorme.

A jornada naquele calor intenso estava me enjoando. Naquele momento, minha mente começou a peneirar pelas lembranças. Lembro desse sentimento. Lembro daquelas sensações. Os movimentos, o balanço, ser jogada de um lado para o outro. Lembro bem da sensação de ser levantada do fundo do caminhão apenas para ser lançada de volta ao piso de metal, sobre meu traseiro.

À medida que o sol ficava mais baixo e eu entrava e saía dessa sonolência, pareceu que um novo tipo de luz se filtrava pela lona do teto. Eu podia ver muito pouco, mas tais lampejos, como os que eu pude obter através da abertura da pequena janela de plástico, fizeram-me suspirar maravilhada — eram tão incrivelmente brilhantes.

Meu primeiro pensamento foi vaga-lumes. Eles estavam em todos os lados, na selva, e suas súbitas estrias de amarelo eram mínimas chamas de alegria noturna. Mas aquelas luzes eram maiores e não lampejavam acendendo e apagando. Pareciam estar colocadas ao longo da estrada, grandes e poderosas acima de mim. Um pensamento surgiu: aquelas luzes não eram naturais. Como as jarras, as fogueiras e as cabanas que eu tinha visto, aquelas luzes tinham sido feitas por mãos humanas, e elas pareciam perfurar meus olhos e fazê-los chorar.

Outros lampejos também me intrigaram, fazendo com que momentaneamente eu esquecesse da minha náusea. Havia casas, mas não eram feitas de galhos e folhas atadas. Aquelas pareciam ter paredes sólidas, cor de areia. Mas os manifestos sinais de moradia humana não me trouxeram confiança. Quanto mais eu via, mais aterrorizada eu ficava.

E as visões, os cheiros e a cacofonia continuaram crescendo enquanto viajávamos. Logo pareceu que entráramos em um tipo inteiramente novo de território. Um território humano, mas bem diferente do lar dos indígenas na selva. As casas ficaram mais densas, as luzes mais brilhantes e mais frequentes, e a estrada cheia de caminhões como aquele em que estávamos. Eles passavam tão perto e tão rápido que eu tremia de medo quando seus olhos de luz intensa me cegavam e a fumaça dos seus motores invadia meu nariz.

Eu estava ficando cada vez mais agitada. Meus olhos giravam para que eu pudesse olhar em todas as direções. Eu tentava estar à frente de todas as possíveis ameaças à minha vida. Mas o mais aterrorizante era o ruído. Parecia não ter fim. Assim como o rugir do tráfego, o ar também estava cheio de novos sons. Eu podia ouvir sons humanos, ruídos que me faziam lembrar dos indígenas, mas tantos, e em tal volume, que começaram a ferir meus ouvidos. Havia outros sons também; não facilmente identificáveis. Estranhas buzinas e um alto e estridente ruído de fundo que parecia um assalto a todos os meus sentidos, mas que, eu logo aprenderia, era o som da música humana.

Eu havia me deparado com música antes, é claro, mesmo que não soubesse como chamá-la. Eu não fazia sons com outra razão que não o meu próprio prazer, e no acampamento dos indígenas eles algumas vezes faziam sons soprando tubos de cana-de-açúcar de diferentes comprimentos. Mas aquilo era diferente. Tinha uma batida insistente e antinatural, e para meus ouvidos altamente sensíveis, era alarmantemente alto.

Eu estava petrificada. Por muito tempo eu tentara imaginar como seria a terra dos caçadores e, na minha cabeça, seria como o acampamento indígena, só que em outro lugar, e não esse lugar tão vasto, cheio de ruídos assustadores, de cheiros estranhos e de máquinas velozes.

Até aquele ponto, nada me lembrava do meu passado entre humanos. Sim, aquelas lembranças iriam retornar nos próximos dias e semanas, mas naquele momento tudo que eu podia pensar, enquanto me agarrava ao corrimão, é que eu desejava mais que tudo estar de volta à selva. De volta à minha família verdadeira. Em casa com aqueles que me amavam. Em segurança outra vez. O que eu tinha feito?

*

A jornada terminou da mesma maneira que começou. Num minuto parecíamos estar viajando a grande velocidade pelo tráfego trovejante, e no outro balançamos violentamente. O caminhão diminuiu a marcha e, com um tremor, parou e finalmente ficou em silêncio. Eu estiquei meu corpo e tentei captar uma imagem de onde tinham me levado. Só pude ver, através da beira da lona, uma cerca feita de canas amarradas. O que ia acontecer agora? O que os caçadores fariam comigo? Eles tinham me trazido para seu acampamento humano?

Eu logo iria descobrir. Ouvi as portas da cabine baterem e o som dos parafusos da tampa traseira serem puxados. Em toda a minha volta, um movimento de animais começou. Zumbidos, bater de asas, piados e sibilos, embora meu pobre amigo macaco estivesse estendido sem vida em sua jaula.

E então surgiu a luz, embora eu pudesse notar que o dia estava terminando com rapidez. Eu era cegada pelas luzes de outros veículos que ainda passavam a velocidades assustadoras.

Eu odiava a velocidade. No meu mundo, velocidade significava perigo. Era um predador atacando. O risco de uma morte súbita. Era uma bala, uma flecha, ou as mandíbulas de um agressor. Voltei para o fundo do caminhão e agarrei o corrimão com mais força, aterrorizada com a ideia de sair dali.

Mas parecia que os caçadores tinham outras coisas para fazer naquele momento. Tendo aberto a traseira do caminhão e olhado para nós, o homem resmungou e depois seguiu a mulher até a cerca. Não pude ver o que havia depois dela e não fazia ideia do que poderia haver. Eu estava contente porque haviam ido embora e eu ainda estava a salvo lá dentro. Não pensei em fugir. Não pensei em nada. Fora daquele caminhão tudo parecia demasiado aterrador para contemplar, de modo que me abaixei na escuridão, apertei os olhos bem fechados e me repreendi pela loucura idiota, temerária e perigosa que me havia afastado de tudo que eu amava, conhecia e queria, e me havia trazido a um lugar que eu não poderia ter inventado nem no pior dos meus pesadelos.

Não esperei muito tempo. Podia ouvir vozes que se aproximavam e abri meus olhos o suficiente para descobrir que os caçadores haviam voltado. A mulher na qual eu tontamente investira tanta esperança agora parecia tão assustadora como o homem. Tentei tornar-me o menor possível e me afundei o quanto pude no interior do caminhão. Eles me fizeram sinal para sair, mas eu simplesmente mostrei os dentes e comecei a gritar pedidos de socorro dos macacos.

O que pelo menos pareceu tirar-lhes o entusiasmo de me tocar. Eles me fizeram sinais outra vez e então, dizendo alguma coisa ao homem, a mulher subiu na traseira do caminhão e tentou agarrar meu braço. Eu o arranquei com rapidez de sua mão e mostrei meus dentes outra vez.

Eu podia notar que o homem estava ficando impaciente, e fiquei ainda mais assustada. Também podia ver que o homem tinha uma espécie de pano imundo em sua mão. Quando ele também subiu no caminhão para ajudar a mulher a me agarrar, entendi com súbita claridade o que ele estava a ponto de fazer. Não era um pano, mas sim um dos sacos nos quais eles colocavam os macacos. Os macacos que abatiam das árvores!

Isso foi suficiente para forçar-me a brigar. A velocidade nos movimentos sempre significou ataque no meu mundo, e senti-me impulsionada a defender-me dela. Fazendo ruídos agressivos, eu lutei contra eles com cada retalho de força que havia em mim. Gritando de terror, eu tentei esbofeteá-los e mordê-los, embora sempre fossem rápidos demais para mim — nem uma vez consegui agarrar sua carne. Logo fui dominada e arrancada do caminhão, frente a um grupo de pessoas que estavam paradas e nos observavam, presumivelmente tendo saído de casa para observar o que era todo aquele alvoroço. Mas aquelas não eram pessoas como os indígenas, com seus modos solenes e rostos vazios. Aqueles seres humanos pareciam encontrar diversão no meu sofrimento.

Afinal, o pano não era um saco. Era uma espécie de coberta — pensando bem, talvez uma toalha — e, depois de me arrancar do caminhão e me pôr de pé outra vez, a mulher a enrolou frouxamente em volta do meu corpo desnudo. Parecendo satisfeita, ela então agarrou meu pulso e, puxando-o com rudeza, subiu na minha frente o caminho empedrado na direção da cerca e de algum destino que me aguardava além dela.

16

O chão debaixo dos meus pés parecia frio, duro e doloroso ao pisar, bem diferente do da selva. Mas em segundos chegamos à entrada de um edifício. Era uma barreira sólida e, outra vez, diferente de tudo que eu lembrava. Na aldeia indígena, as entradas das cabanas eram apenas aberturas, no máximo com alguma cortina pendurada, que podia ser simplesmente puxada para um lado.

Ambos os caçadores agora me agarravam firmemente pelos pulsos, apesar de minhas repetidas tentativas de mordê-los. Ainda me segurando com força, a mulher abriu a porta, revelando um interior brilhante. Ela me empurrou para dentro, o homem vindo logo atrás de nós, e embora eu tivesse fechado meus olhos com força pelo medo que sentia — como fazem as crianças pequenas — meus pés sentiram uma familiaridade acolhedora. Eu estava de pé sobre uma espécie de superfície estranha, vermelha e suave, e quando ousei olhar ao redor, quase tudo que podia ver era irreconhecível, com funções e formas que eu só podia adivinhar. Reconheci tapetes no chão, e quase nada mais. Coisas como camas, cadeiras e lâmpadas não tinham significado.

Mas estava quente e, comparado com o pesadelo de chegar ali, pacífico. Embora eu ainda me sentisse assustada, também pude começar a sentir que aquilo podia ser alguma espécie de lar.

Talvez fosse apenas outra versão do acampamento indígena no qual eu tanto quis viver. Um lugar onde eu poderia ser bem-vinda e cuidada.

Mas embora minha mente se agarrasse a coisas positivas, uma parte de mim ainda desconfiava. Se fosse assim, porque a mulher ainda me agarrava com tanta força? Por que as expressões no rosto dos caçadores eram tão duras?

"Ana-Karmen!" A voz do homem ressoou naquele espaço pequeno. Não entendi as palavras — era apenas um som áspero e apressado — mas, como tinha sido durante o tempo todo, o tom era claro. Segui seu olhar e logo pude ouvir o ruído de alguém que se aproximava. Era uma mulher gorda que veio de outra parte da casa e se aproximou de nós com uma expressão igualmente dura no rosto. Anos dependendo dos meus instintos para sobreviver me fizeram mais rígida. Ela era velha e parecia cansada, com olhos verdes maldosos e um rosto muito marcado — decerto o resultado de anos de manter a amarga e zangada expressão que o ocupava agora.

Nada naquela mulher soava bom. Todas as fibras do meu corpo queriam desaparecer da frente dela. Por sorte, parecia que ela também queria me conservar a distância. Os humanos se comunicaram na sua linguagem estranha e ininteligível, e a mulher gorda, cujas dobras do queixo davam a impressão de ter vida própria, lançava repetidamente olhares na minha direção. Eu sabia o que significava sua expressão quando ela cravava os olhos em mim — eu tinha visto o mesmo olhar no rosto do chefe indígena.

Aquilo parecia que não ia terminar bem, e outra vez senti que um medo frio se apossava de mim. A mulher caçadora ainda segurava com força a minha mão, como se temesse que eu fosse sair correndo — o que eu poderia ter feito, se a ideia do que me esperava do lado de fora não fosse tão aterradora como o destino que me aguardava lá dentro.

O exterior do bordel de Ana-Karmen. (© Daniel James)

Parque em Cúcuta – lar de Marina como menina de rua.
(© Daniel James)

O apelido de Marina nas ruas, "Pony Malta", era devido ao seu porte semelhante à garrafa pequena e escura da bebida. (© Daniel James)

Vista de Cúcuta desde Loma de Bolívar. (© Daniel James)

A ponte de Cúcuta que explodiu perto da casa da família Santos, agora reconstruída. (© Daniel James)

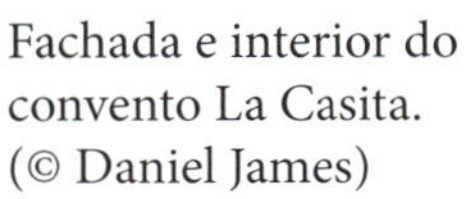

Fachada e interior do convento La Casita. (© Daniel James)

Conhecendo as freiras do convento durante uma viagem de pesquisa à Colômbia em 2007. (© Daniel James)

Maruja (a salvadora de Marina), como Marina lembra dela.

Primeira fotografia conhecida de Marina, com 17 anos. Hoje chamada de Luz Marina.

Amadeo e Maria Nelly Forero.

Marina em casa, no tronco de uma árvore,
semelhante àqueles nos quais ela dormia
durante seus dias na selva.
(© John Chapman)

A criança selvagem em seu hábitat. (© John Chapman)

Marina com 62 anos. Um dia no campo muitas vezes envolve alguma interação com a natureza e com animais selvagens. (© John Chapman)

Retrato da família. (© Carl Bromwich)

Observei enquanto a senhora gorda se afastava bamboleando, consciente de que qualquer traço de compaixão que ainda pudesse ter existido nos caçadores quando chegamos ali agora havia se esvaído da mesma forma que as chuvas.

A mulher retornou com uma coisa nas mãos. Na verdade, duas coisas. Em uma delas agarrava um papagaio verde, com uma plumagem brilhante e diferente. Eu nem tinha certeza se já havia visto algum parecido com aquele. Na outra, ela carregava várias partes de algo — eu não sabia o que era, mas pareciam um pouco com um punhado de folhas secas. Elas estalavam levemente enquanto ela as segurava, e as estendeu para o homem e para a mulher. Mais conversa ininteligível foi trocada, mas não o punhado de folhas, embora fosse claro para mim que a mulher gorda queria que eles o pegassem.

Foi nesse instante que senti um empurrão nas costas. Ao mesmo tempo, meus braços foram soltos e a verdade sobre o que estava acontecendo tornou-se clara. Eu sabia tão pouco sobre aquele mundo, sabia tão pouco sobre tantas coisas, mas algumas delas, acho eu, são universalmente claras. Esta era uma delas — eu estava sendo trocada. Eu havia visto isso acontecer uma vez no acampamento indígena, ao ver um homem dar a outro suas bananas. Eu fiquei surpresa na hora, porque um macaco nunca daria suas bananas voluntariamente. Mas em troca, o outro homem deu-lhe um frasco com algo. A mesma coisa estava acontecendo agora. A mulher gorda tinha dado aos caçadores o pássaro e as folhas secas e, em troca, eles me entregaram a ela.

Como se fosse para reforçar que eu tinha acabado de cometer o maior equívoco da minha vida ao abandonar minha família na selva, os minutos e as horas seguintes permanecem horrivelmente claros na minha lembrança. Observei o homem e a mulher que saíram e voltaram pelo mesmo caminho pelo qual tínhamos vindo. Lembro que eles nem olharam para trás. Lembro o calor da minha mão onde a mulher a tinha segurado, e como eu esticava e contraía meus dedos enquanto os observava ir embora.

Senti que me afogava, como se meu coração fosse submergido em um mar de arrependimento. Por que havia escolhido esse caminho? Por que tinha deixado meu lar por aquilo? Por que eu havia imaginado que a mulher caçadora me salvaria e tomaria conta de mim? Quando ela foi embora, a devastação foi total. Eu nunca confiaria em um ser humano outra vez.

Em estado de choque, mas começando a recuperar os sentidos, fui começando a me dar conta de onde eu estava. Lembro de ter visto comida em uma tigela, alguns pedaços de fruta que pareceram familiares, e algo que parecia similar a um tipo de pão que eu havia observado as mulheres indígenas fazerem. Lembro da minha fome. Eu estava morrendo de fome. Mal tinha comido em dois dias, e pegar um pouco de comida foi quase uma ação automática. Por certo, não pude prever o artefato de madeira que golpeou o dorso da minha mão, nem a dor que me atravessou por causa dele.

Depois de alguns dias, cheguei a antecipar bem demais aquela sensação. Também comecei a aprender o nome das coisas. O cruel instrumento chamava-se "colher de pau". Ana-Karmen a levava presa no seu cinto o tempo todo, e a usava à menor provocação. Naquele primeiro momento, porém, como a própria Ana-Karmen, era apenas um agente da dor. Como os humanos que me haviam trocado por um papagaio e uma pilha de folhas que eu descobriria que se chamava "dinheiro". Eu tinha muito que compreender e iria aprender mais rápido do que parecia possível. Mas a primeira lição importante já tinha sido absorvida. Eu nunca mais confiaria em um ser humano.

*

Ana-Karmen (cujo nome logo tomaria forma para mim) fechou a porta aos caçadores e à noite. Mantive minha cabeça baixa enquanto estudava aquela estranha nova criatura. Tinha um grande caroço no pescoço que balançava quando ela falava, e seus cílios estavam pintados com manchas de azul pálido e verde — como as asas do besouro, mas sem serem bonitas.

Eu estava certa de que sua intenção era me ferir — até mesmo me matar — embora eu talvez tivesse inteligência inata suficiente para entender que se ela quisesse me matar não teria feito a troca. Por que a faria? Mesmo assim, eu estava muito nervosa. O que ela pretendia fazer comigo agora que eu estava presa ali? Eu me senti tão ansiosa que cada parte de mim estava tensa e pronta para a ação. Se ela me atacasse, meu corpo me dizia que eu brigaria com ela de todas as formas que conhecia.

Que eu podia brigar era algo que eu não duvidava. Tanto como medo, eu sentia raiva. Raiva de mim, por ter vindo ali, raiva por todos os animais presos, raiva particularmente pela morte do pobre macaco, embora eu me consolasse dizendo que pelo menos ele fora poupado de maiores tormentos.

Ana-Karmen falou, abrindo a boca e deixando sair outra torrente de ruído, sua papada tremendo ameaçadoramente enquanto isso. Ela me fez lembrar de um pássaro que eu gostava de observar na selva. Era um pássaro noturno que tinha o peito na forma de um grande balão vermelho e que nunca deixava de me entreter. Ele ficava de pé, pegava folhas, virava-se, enchia o peito, depois o esvaziava, dava uma volta e sentava-se outra vez. E depois fazia tudo de novo.

Eu não tinha ideia de por que ele fazia isso, e era o mesmo com Ana-Karmen.

Eu não tinha ideia do que ela estava tentando dizer, de modo que não podia responder. O que pareceu deixá-la furiosa. Ela lançou os sons contra mim outra vez, desta vez puxando com força as minhas orelhas. Eu me encolhi de choque e de dor, e talvez foi nesse instante que ela também aprendeu uma lição: que por mais que gritasse, eu não podia entendê-la. E outra lição mais: que eu não podia falar.

"Sofia!" Outra vez o som explodiu naquele ambiente pequeno. Aquilo me fez dar um pulo. E enquanto fazia isso, outra pessoa entrou na sala, vinda de não sei onde. Eu não sabia mesmo. Passariam alguns dias antes que eu entendesse a distribuição do meu novo lar. Mas é claro que havia outros quartos lá — quem saberia quantos? E pessoas também. Aquela nova pessoa era outra mulher, porém mais jovem. Embora seu rosto parecesse um pouco mais velho e seus olhos fossem escuros e cavados, ela me fez lembrar da mãe que eu havia visto na selva dando à luz seu bebê. Ela era mais magra e mais graciosa, e a coisa que lembro mais claramente era que ela usava sapatos alaranjados brilhantes. Como Ana-Karmen, ela também tinha pintura nos cílios: desta vez um azul forte com linhas negras. Como eu, ela parecia assustada.

Outra jovem uniu-se a ela, que tinha a aparência e o jeito de falar diferentes, e quando volto àquelas lembranças, hoje em dia, aquela diferença ainda permanece. Pergunto-me se, de alguma forma, ela tivesse algum problema de desenvolvimento. Elas a chamavam de "a bobinha", e ela parecia um pouco com as mulheres do acampamento indígena, com a pele mais escura e uma longa franja negra. Passava o tempo todo parada no canto da cozinha, e aparentemente não podia falar — só fazia estranhos ruídos espásticos. Quando batiam nela, porém, ela gritava. Assim como eu.

Depois de uma torrente de ordens — de novo, o tom era inequívoco —, Sofia me levou para outro quarto. Eu ainda não tinha ideia do que nenhuma delas planejava fazer comigo, só que pareciam chateadas com a minha presença. Olhavam para mim como se mal pudessem me tocar.

Logo que entrei nesse novo quarto, mais escuro, e vi o que havia no meio dele, congelei. No centro do ambiente havia um grande recipiente amassado que parecia ser feito do mesmo material de algumas panelas do acampamento indígena, e Sofia começou a enchê-lo com água que estava guardada em grandes galões. Estava enchendo aquilo para cozinhar, como as indígenas cozinhavam as raízes? E então outro pensamento me fez apoiar as costas na parede. Estava enchendo aquilo para que pudesse me cozinhar?

É impossível descrever de forma adequada as emoções que enchiam minha cabeça naquele momento. Eu havia sobrevivido em um lugar selvagem por muito tempo. E o tinha feito sozinha. Tinha cometido meus próprios erros e feito minhas próprias regras. E fora ter deixado o acampamento indígena há tanto tempo, nunca me forçaram a fazer nada. Tais lembranças que permaneciam do meu tempo antes da selva eram agora tão vagas que não passavam de fiapos de impressões: sobre as vagens de ervilhas, o caminho para a horta, minha boneca negra. Eu fora um animal tão selvagem como podia ser, e agora eu era um animal selvagem encurralado. Fiquei tensa outra vez, esperando que a mulher atacasse, e fiz ruídos que, eu esperava, a convencessem de que eu não iria me enfiar naquela água por mais que ela tentasse, que eu não era um animal bom de se enfrentar.

Compreensivelmente, dado o tipo de animal que Ana-Karmen parecia ser, Sofia decidiu enfrentar-me de qualquer maneira. Uma vez que havia colocado água suficiente na panela gigante, ela aproximou-se de mim sem medo e agarrou meus braços, balbuciando algo que não entendi. Sua intenção era óbvia: ela apontava para a panela e tentava me colocar nela.

Eu odiava ser tocada por ela. Parecia antinatural e violento. O toque dos macacos tinha sido sempre tão gentil. Um macio e peludo braço colocado com afeição sobre meu ombro. O gentil movimento de dedos ágeis penteando meu cabelo, buscando larvas. Aquilo era tão diferente e também muito rude.

Então ela decidiu que precisava de ajuda. "Lolita!", gritou com força. "Imelda! Elisa!"

Seja o que for que os sons significassem, obtiveram uma reação rápida. Assim como um grito de alerta fazia os macacos reagirem com rapidez, aquele ruído latido trouxe reforços. Agora havia quatro mulheres tentando me dominar, e mesmo que meu terror à água me desse forças, eu não era páreo para quatro mulheres crescidas. Uma eu poderia ter enfrentado. Eu intuía isso. Mas juntas eram mais fortes, e pareciam saber disso. Em segundos elas me levantaram, eu gritando e chutando, e me mergulharam na água.

O choque fez meu corpo todo tremer. Eu ia me dissolver? Estar na água arrancaria a pele dos meus membros? Lembrei de como eu ficava sentada no dossel das árvores e escutava os sons, bem abaixo de mim, de animais da selva no rio, em palpável desgraça. Eu podia ouvi-los salpicando, berrando e vociferando seu terror, e muitas vezes me perguntei que destino teriam encontrado ali. Na minha cabeça, nenhuma criatura estava segura na água. Petrificada da mesma forma, comecei a gritar também.

Elas não deram importância. Em vez disso, foram direto ao assunto, uma delas pegando um instrumento de tortura — um longo pedaço de madeira com uma escova de aparência áspera em uma ponta. Outra segurou uma bola de alguma coisa pegajosa em um barbante. Eu cheguei a compreender que aquilo era sabão — uma bola gigante de sabão feita de restos de sabão amassados. Elas me atacaram com ambas as coisas, esfregando minha pobre e delicada pele e meu cabelo emaranhado. Nunca me senti tão violada.

E resisti — com uma força que nem sabia que tinha — mas não pareceu fazer a menor diferença. Elas continuaram a me tratar com rudeza, esfregando meus membros com mãos rápidas e ásperas. Não era nada parecido à higiene dos macacos. Elas esfregavam minha pele com crueldade — parecia que me invadiam — sem levar em conta o choque e a dor que eu obviamente sentia.

É difícil transmitir agora como tudo aquilo foi doloroso para mim. Eu não tinha lembrança dos meus primeiros anos.

Só conhecia a selva. E uma vez mais, apesar de toda a minha nudez e falta de autoconsciência, eu tinha uma poderosa sensação de ser dominada, escravizada. Pela primeira vez na minha vida senti que meu corpo não era mais meu, que eu era apenas um objeto impotente, para que elas fizessem comigo o que queriam. A perda do controle era quase impossível de suportar.

Agora a água que havia começado clara estava marrom-escuro. Eu não podia mais enxergar as partes de mim que estavam debaixo da superfície, mas mesmo assim as três mulheres continuavam a me esfregar e tratar com rudeza, ficando cada vez mais zangadas com meus gritos e salpicos. E então, depois de mais algumas conversas balbuciadas, fui levantada outra vez. Elas me tiraram daquela água suja e me puseram no chão, e enquanto estive ali tremendo, elas tiraram o recipiente de água suja do quarto.

Então talvez elas não fossem me cozinhar e comer depois de tudo. Mas, se achei que o pior da minha provação havia passado, eu estava horrivelmente equivocada. Em pouco tempo o recipiente estava de volta e uma vez mais começaram a enchê-lo. Elas iam me jogar nele outra vez! Dessa vez minha resolução era ainda mais forte que antes, e fiz tanta confusão — contorcendo-me e gritando e lançando meus membros em todas as direções — que elas obviamente decidiram que podiam abandonar o segundo banho e em vez disso me puseram sobre um tapete pequeno e rugoso. Ali começaram a me escovar toda outra vez, só que dessa vez usaram panos ásperos que umedeciam na água fresca antes de colocá-los sobre mim e tratar de esfolar minha pele. Em retrospectiva, talvez elas tivessem pouca escolha naquele momento. Elas precisavam me limpar e eu estava tornando as coisas muito difíceis. Poderia ter sido autoproteção como qualquer outra coisa.

Quando fiquei tão limpa como poderia ficar, e seca, tanto minha energia como a vontade de contra-atacar haviam desaparecido. Agora, meus gritos de protesto indignados se reduziram a um choramingo desolado, e deixei-as continuar com sua próxima tarefa, que parecia ser me vestir. Mas aquelas eram roupas diferentes de tudo que eu havia visto na aldeia indígena. Também eram diferentes dos restos de saias e corpetes de adolescentes que as outras mulheres usavam. Parecia que elas queriam me vestir como os caçadores.

Primeiro, uma blusa enorme e manchada, que parecia grande o suficiente para que nela coubessem três de mim, foi posta sem cerimônias pela minha cabeça abaixo. Depois meus pés e pernas foram introduzidos em calças marrons igualmente enormes, que davam coceira, ondulavam e tinham um cheiro horrível. Elas não ficavam no lugar — isso era óbvio — de modo que foi colocado um cinto. Era branco, elástico e, como o cordão que segurava a saia da jovem mãe indígena, foi costurado para segurar as calças em torno da minha pequena cintura.

Eu me senti miserável. Estava muito quente, e meu corpo se sentia restringido e preso. Mas não bastava a elas me deixar miserável. Elas também queriam me forçar a usar um par de sapatos duros: sandálias com a parte superior feita com algum tipo de material viscoso multicolorido. Mas eram muito grandes para mim. Eu não podia andar com elas, e me assustavam. Faziam um ruído tão alto quando eu movia os pés que eu ficava enraizada no mesmo lugar, com medo de me mover. Minha rebeldia apareceu outra vez. Eu não iria usá-las, e desta vez, quando as tirei dos pés com raiva, as mulheres não discutiram, graças a Deus.

Porém o pior estava por vir. Meu cabelo. Embora ele me tivesse levado à loucura em certas ocasiões — ficando no meu caminho ou fazendo com que eu quase o arrancasse em um inferno de coceira — meu cabelo ainda era parte de mim: minha proteção, meu casaco, meu abrigo. De modo que, quando uma delas se aproximou segurando um grande instrumento de metal, eu não tinha ideia do que estava por fazer, ou eu teria encontrado a força de vinte chefes indígenas. Mas antes que eu pudesse até mesmo começar a adivinhar o propósito da ferramenta com mandíbulas de lagarto, houve um ruído de corte, e meu cabelo — todo o meu cabelo — estava caído no chão.

Agora eu sabia que não devia brigar. Toquei minha nuca para ver se havia restado algum cabelo lá, apenas para sentir os restos cortados dele eriçarem-se contra a minha palma. Minha cabeça também parecia leve — incrivelmente leve — e agora parecia tão diferente sobre meus ombros. Sem minha cortina de cabelos negros, eu me sentia exposta outra vez. Vulnerável. Não tinha mais onde me esconder.

A pele do meu corpo parecia estranha agora que tinha tomado o tempo de examiná-la. Era uma revelação: tão pálida e suave, parecia tão vulnerável como eu me sentia. Era como se eu fosse uma árvore e minha casca tivesse sido retirada, expondo a madeira pálida e delicada debaixo dela.

Todos os sinais da selva tinham sido tirados de mim. Estavam ali, no chão, na forma do meu cabelo perdido e ali, na banheira, naquela água marrom. Tudo havia desaparecido. Eu estava iniciando um novo capítulo.

17

Ainda não havia recebido nada para comer ou beber. Na verdade, a única coisa que as mulheres pareciam querer colocar na minha boca era uma pequena escova dura em um longo cabo. Era outro ataque físico, mas eu estava exausta e não tinha forças para impedi--los. Mantiveram meus lábios abertos e, enquanto duas delas me mantinham imóvel, a terceira colocou um tipo de coisa branca na escova e depois a esfregou nos meus dentes com vigor. Isso também foi um choque, porque o gosto era bizarro — não era parecido com nada que eu lembrasse ter provado na selva. E havia outra surpresa: também parecia que a minha boca estava cheia de bolhas. De todas as indignidades que eu tinha sofrido até então, aquela foi definitivamente a mais agradável. Tinha um gosto bom.

Finalmente, depois da escovação, elas me indicaram com gestos que eu devia cuspir todas as bolhas na banheira e me deram um pouco de água. E com isso, enfim, parecia que haviam terminado comigo. Secaram minha boca, uma das três mulheres pegou minha mão e fui levada de volta para ser inspecionada por Ana-Karmen. Voltar àquele quarto me fez lembrar do meu estômago, e olhei de relance, esperançosamente, para onde havia visto as frutas e o pão. Mas não eram para mim. Tinham sumido e a mesa estava vazia. Ninguém parecia se importar com o fato de que eu estava morta de fome.

Na verdade, Ana-Karmen depois de outra inspeção com a cara amarrada, parecia ter outras ideias. Ofegando e bufando, ela agarrou meu braço e me puxou para outro quarto, um pouco mais reconhecível para mim porque continha coisas que eu havia visto no acampamento indígena, que eu lembrava que eram usadas para cozinhar e para comer.

Mas ainda não havia sinais de que me dariam comida. Em vez disso, Ana-Karmen apontou um tapete no chão e me deu um pequeno empurrão na direção dele. Eu devia deitar ali e dormir. O dia havia terminado. Fiz o que me mandaram.

*

Pensei em fugir naquela noite, mas apenas superficialmente. Traumatizada por estar aprisionada em um espaço confinado (eu estava acostumada a espaços confinados, mas dos quais podia sair quando quisesse), eu tinha muito mais medo do que havia lá fora. Eu já me havia frustrado com as maçanetas das portas — o que era aquilo? Como funcionavam? Minhas mãos não podiam entendê--las — e meu anseio natural por escalar também se mostrou inútil, pois a pequena, alta e única janela da cozinha tinha grades.

Mas não eram aquelas obstruções que asseguravam que eu ficasse ali, e sim meu próprio medo. Eu era um animal e estava em um lugar onde havia comida — por que iria sair dali? Lá fora, eu estava certa que seria morta em um instante. Os horrores da minha chegada ainda estavam frescos na minha mente, em especial os carros, que realmente me apavoravam.

Foi quase impossível dormir naquela primeira noite. Assim como certa vez, há muito tempo, eu ficara confusa e desorientada pela selva, agora eu ficava profundamente inquieta com qualquer coisa que não fosse a selva. Para começar, ao contrário do meu aconchegante ninho no tronco oco da árvore, o solo no qual eu tentava dormir era duro e não cedia ao meu peso. Como as pessoas dormiam daquele jeito? Como podiam ficar confortáveis sem ramos de árvore para apoiar suas cabeças, ou sem o suave calor de um macaco por perto?

E onde estava a escuridão de verdade? Nunca chegava. A lua era tão brilhante, sem o gentil véu dos galhos das árvores, e as luzes brilhantes com as quais as pessoas pareciam querer encher seu mundo filtravam-se debaixo das minhas pálpebras, mesmo que elas estivessem bem fechadas. E o barulho — havia tantos ruídos desconhecidos e desconcertantes. Eu estava acostumada com a brigada noturna da selva, composta de animais que amavam a escuridão, e embora às vezes eu fosse despertada pelo som de um predador que rondava, eu me sentia a salvo no meu ninho e logo continuava a dormir. Aqui, no entanto, como a luz, o barulho era constante.

Também parecia haver uma espécie de máquina no quarto onde eu estava. Eu não sabia o que era, mas parecia zumbir para mim durante toda a noite. Havia também o som de água pingando constantemente de algum lugar. Mas não era como o gentil ploc-ploc do orvalho da manhã ou das gotas de chuva. Era um som baixo e repetitivo que parecia perfurar meu cérebro.

E quando conseguia dormir um pouco, era atormentada por pesadelos, o que continuaria por dias e semanas. Era uma coisa terrível pensar que eu havia perdido o contato com a minha querida família de macacos e ainda pior era saber que certamente eu nunca a veria outra vez. Pela minha determinação em tentar encontrar uma vida com alguém da minha própria espécie, eu tinha me tornado uma pária: completamente isolada, ansiosa e assustada. E mais solitária do que achava que podia suportar.

A manhã não trouxe nenhum sinal de que aquilo iria mudar. Passaram-se horas, depois que eu acordei, até que me dessem algo de comer — um pãozinho com gosto estranho, mas que devorei por estar faminta. Mas aquilo foi tudo. O que lembro principalmente daquela primeira manhã foi ter sido deixada no canto enquanto todas iam e vinham, ignorando-me, todas falando umas com as outras no seu balbuciar ininteligível. Também lembro de precisar defecar e, incapaz de comunicar minhas necessidades, sair sem ser notada e ir para o jardim raquítico. Era um lugar triste, em comparação com o exuberante verde da selva, com apenas alguns arbustos esparsos e algumas tristes fileiras de plantas. Lembro de ter feito minhas necessidades e de ter pensado outra vez em fugir, mas o medo do que podia haver além da cerca expulsou com rapidez todos esses pensamentos da minha mente.

Ana-Karmen colocou-me a cargo de uma das mulheres e comecei a trabalhar imediatamente. É provável que tenha sido uma curva de aprendizado íngreme para todos os envolvidos, e não apenas pela nossa incapacidade de comunicação. Eu tinha pouca noção do que era "trabalho", e menos ainda dos mecanismos de como fazê-lo.

É claro que eu havia passado muitas horas observando os indígenas na selva. Eu os tinha observado em muitos dos diferentes aspectos de seu cotidiano, que incluía preparar comida, lavar roupa, cuidar das crianças e assim por diante. Mas naquele ambiente fechado e estranho, nada parecia fazer sentido. Eu não tinha lembranças de "casas" — não desse tipo estranho de casa, pelo menos. Nenhuma lembrança de "janelas", menos ainda que se subia nelas para limpá-las. Eu não tinha noção do que era poeira ou de por que era necessário livrar-se dela. Com certeza eu não tinha ideia do que poderia ser uma mancha.

Mas Ana-Karmen estava claramente determinada a que eu aprendesse. E rápido. De modo que logo me foram dadas instruções sobre como limpar as coisas: como empunhar um pano e um pulverizador e como um funcionava com o outro. Tenho uma forte lembrança de uma das garotas colocando sua mão sobre a minha e mostrando-me como fazer movimentos circulares com ela. E também comecei a compreender o conceito de "nomes": Sofia, Lolita, Imelda.

Foram as duas últimas que me deram minha primeira lição do que se tornaria minha ocupação principal: fazer as tarefas que ninguém mais queria fazer. Não mais brincar com lindas flores ou amassar folhas para fazer pinturas. Todas as cores iriam desaparecer da minha vida e seriam substituídas pelos tediosos tons da servidão. E a mais importante lição foi como esfregar os pisos.

Um esfregão me parecia uma coisa de aparência estranha. Reminiscência de uma flor pegajosa, de cabeça para baixo, com um caule grosso, ele era primeiramente mergulhado em um grande recipiente que continha água verde e espumante, antes de ser aplicado ao chão, por alguma razão insondável. Por que elas queriam que o piso estivesse molhado? Não fazia sentido. Quando chovia na selva, apesar do alívio refrescante, a umidade debaixo dos pés era principalmente um empecilho. No entanto, de forma estranha, parecia ser desejada por aquelas mulheres. O esfregão foi lançado na minha direção e as mulheres gesticularam que eu devia tomá-lo. Assim o fiz e molhei o chão um pouco mais.

"Estúpida! Estúpida!" Imelda fez um ruído de estalo com a boca que me fez pular. Ela exalou com força, depois enrolou as duas mãos em torno da minha, levando-me de um lado para o outro, enquanto percorríamos de costas o chão. Meus pés estavam ficando emaranhados nas minhas calças demasiado longas, enquanto o esfregão deixava brilhantes arcos de líquido em nosso rastro.

Então ela me soltou e resmungou algo mais, que não entendi, mas achei que era para continuar com aquilo. E eu o fiz — tentei muito fazê-lo da mesma forma que ela me havia mostrado, mas eu não conseguia fazer com que meus braços trabalhassem do mesmo modo que os dela, e ela e Lolita começaram a gritar comigo de novo.

E aquilo era eu o dia inteiro — "Estúpida! Estúpida!!". Escutei aquilo um milhão de vezes — com tanta frequência que achei que era o meu nome. Eu tentei tanto — eu só queria agradá-las para que não gritassem comigo —, mas era impossível, porque eu não compreendia nada. Eu passara longos e duros anos acumulando as aptidões da selva, mas ali eu era inútil. Pior que inútil, na verdade. Eu não conseguia coordenar meus membros como elas o faziam. Eu não conseguia nem abrir uma porta de um armário de cozinha, porque eu não conseguia entender como torcer uma maçaneta. Eu conseguia empurrar e puxar, mas o ato de torcer me frustrava. Eu não conseguia esfregar. Eu não conseguia borrifar nada com seus vaporizadores esquisitos. Eu não conseguia limpar.

Ironicamente, quando peguei o jeito, eu até gostava de esfregar o chão. Era água, sim, mas água que eu podia controlar. Eu gostava de ver como a água do balde mudava de cor à medida que a sujeira do chão era retirada e colocada nele. Eu gostava de salpicar a água do esfregão nos meus pés descalços, para refrescá-los. Eu gostava do suave barulho de gotas debaixo dos meus pés. Eu gostava do fato de que quanto mais água eu punha no esfregão, mais saía dele. Coisas simples, na verdade, mas uma muito necessária fonte de diversão.

Mas minhas brincadeiras irritavam as garotas. Eu as irritava diariamente, porque minha inépcia doméstica não tinha limites. Eu não tinha lembranças de coisas simples, como pratos, por exemplo — pelo menos, não pratos que faziam *crash!* se você os deixava cair. "*É-frágil*" era uma palavra que não tinha sentido para mim até que um prato molhado, que Lolita tinha ordenado que eu secasse, deslizou de meus dedos desajeitados e explodiu no chão em um milhão de pedaços. Como ele tinha feito aquilo? Por que tinha feito aquilo? Eu observei com os olhos arregalados a confusão aos meus pés, fascinada.

Não associei o som de *crash* com nada errado — porque iria fazê-lo? Apenas olhei para os pedaços no chão, tentando entender, porque nunca tinha visto uma textura como aquela. Ana-Karmen veio me bater, de modo que naturalmente corri para esconder-me, embora sem saber o que havia feito de mau. Eu estava curiosa. Não pensei "Ah, não, quebrei um prato. Agora estou em apuros!". Todo o conceito era completamente estranho para mim. Sim, eu estava chocada pelo volume e intrigada pela descoberta de um novo barulho. Mas eu estava no controle daquilo. Eu sabia de onde havia vindo, e talvez por isso eu não o temesse tanto. Apenas estava desesperada por entender.

A selva agora parecia tão mais compreensível para mim. Havia coisas duras e coisas suaves, e cada uma tinha sua razão de ser. Uma pedra era dura: boa para sustentar nozes e para quebrá-las. Uma flor era delicada, perfeitamente adequada ao seu propósito: florescer. Mas o que era aquilo de *"é-frágil"*? Por que os seres humanos tinham tantas coisas que não se adaptavam às suas funções? Janelas que ficavam sujas, pisos que ficavam empoeirados e coisas com as quais comer e beber que se quebravam se você as deixasse cair? Talvez os seres humanos fossem realmente *"estúpida"*.

Eles seguramente pareciam *estúpida*. As complexidades do mundo deles simplesmente me desconcertavam. Por que eles tornavam tudo tão complicado? Fechos de roupas que me confundiam, instrumentos para comer que me incomodavam, regras e regulamentos que pareciam feitos para me confundir e que não pareciam cumprir outro propósito que não fosse esse. Eu era o retrato da inadequação, com tanto para entender. Enquanto isso, gritavam comigo e me batiam várias vezes por dia. Era golpeada por fazer coisas erradas e, quando tentava escapar dos golpes, era golpeada outra vez. Não passou nem um dia em que eu não lamentasse a perda da minha família de macacos e em que eu me perguntasse por que a havia trocado por aquele inferno.

*

Eu não sabia na época, é claro, mas os caçadores me haviam deixado na aldeia de Loma de Bolívar, um pequeno lugar no norte da Colômbia, cerca de trinta minutos do centro de uma cidade chamada Cúcuta. Poderia ter estado a 100 metros ou a 160 quilômetros do lugar onde nasci. Mas não significava nada, pois o único lar que eu conhecia agora era a selva: um lar que eu abandonara para estar ali

A casa onde agora eu estava prisioneira pertencia a Ana-Karmen e parecia habitada por várias jovens mulheres e várias crianças de diferentes idades. Tinha um único andar e era muito simples, com quatro ou cinco quartos no total, em todos os quais havia camas — algumas delas ocultas pelo que hoje reconheço como cortinas de hospital, que deslizam em trilhos. Havia um pátio ao lado da casa, que dava para um grande quintal, com um jardim feio com poucas plantas, mas com várias árvores frutíferas. Havia bodes no jardim, e eu os amei desde que os vi. Também havia um cachorro, com cabeça grande, mas adorável — e muitos insetos e criaturas rastejantes para fazer com que eu me sentisse em casa. Mas, como tudo naquele lugar, era como se o som e a cor tivessem sido desligados. Comparadas com seus parentes da selva, aquelas criaturas eram insípidas e insubstanciais.

Eu me sentia tão entediada pelo que me rodeava como elas pareciam entediadas comigo, meu mundo agora reduzido às dimensões da cerca de bambu. Eu tinha sido comprada por Ana-Karmen para ser sua escrava. Imagino que a expressão elegante teria sido "criada", mas como eu não recebia nada dela salvo os rudimentos necessários para a sobrevivência, a palavra "criada" teria sido totalmente incorreta.

Naturalmente, como uma criança que então era completamente selvagem, tais definições não tinham utilidade nem despertavam meu interesse. Tudo que eu sabia ou tudo com que eu me preocupava eram as coisas que me interessavam em nível pessoal: como compreender o que me era pedido, como me fazer compreendida e como atravessar cada dia sem ser demasiadamente castigada. Tudo isso era muito, muito difícil.

Mas como eu não tinha ideias de fugir para o mundo exterior, ainda mais aterrorizante, tudo que eu queria era ser capaz de me adaptar. Eu queria ser bonita, como as garotas de Ana-Karmen. Queria brincar com as outras crianças na rua. Queria ser elegante e usar lindos sapatos alaranjados e joias de ouro, braceletes e brincos que capturavam o sol e o refletiam de volta. Queria ser decorada, queria usar grinaldas, como fazia com minhas flores na selva, só que toda trêmula, reluzente e dourada. Mas nada daquilo era para mim — isso foi deixado muito claro. Eu era tolerada apenas porque era potencialmente útil, e quando eu falhava nisso, naturalmente era castigada.

A colher de madeira no cinto de Ana-Karmen — no começo tão aterrorizante — logo passou a ser a mais suave das punições. E eu era punida constantemente, porque parecia que não podia fazer nada bem: uma situação que enraivecia e deliciava Ana-Karmen já que, embora a encolerizasse, também lhe dava motivo para infligir dor.

Ela fumava cigarros, de modo que uma queimadura de cigarro no meu braço era uma das favoritas. Ela gostava de me chicotear, às vezes com um cinto ou uma corda e outras vezes — o pior de tudo — com um pedaço de fio elétrico. Em poucos dias, ela havia batido em mim mais de uma vez com uma frigideira, e mais de uma vez agarrado meu fino pescoço com suas mãos suadas e rechonchudas. Em uma quinzena, ela também descobriu meu profundo terror pela água e obtinha um prazer especial em lançar contra mim um forte jato de água com a mangueira do quintal.

Parecia que eu não podia fazer absolutamente nada para escapar da sua crueldade. Eu era franzina, estava aterrorizada e não tinha ideia do que fazer. Eu havia escolhido aquele caminho — escolhera deixar para trás tudo que importava. De modo que abaixei a cabeça e esperei que a tormenta passasse.

18

Nas semanas seguintes, vivi em um estranho tipo de purgatório, suspensa em um lugar onde me sentia completamente só. Não fazia mais parte do bando de macacos e sentia sempre a falta deles, mas tampouco fazia parte desse estranho mundo novo em que vivia, onde parecia que eu não podia fazer nada direito. Mas pelo menos eu estava fazendo progressos. Pouco a pouco, estava começando a compreender as palavras e as frases estranhas. Avançava pelo menor dos desenvolvimentos, e ainda tinha um longo caminho a percorrer, mas eu era uma criança e tentar aprender era instintivo.

Adaptar-me fisicamente à radical mudança que acontecera na minha vida era muito difícil. Minha linguagem falada ainda era composta de ruídos animais, e eu não sabia como sorrir ou fazer expressões faciais que correspondessem àquelas que eu via ao meu redor. Eu escalava de forma constante. Era preciso força de vontade para não subir nas coisas: na casa, no começo, onde eu subia nos móveis, e depois do lado de fora, onde subia nas árvores do jardim.

Eu não podia ficar em pé de maneira adequada. Ainda parecia irrequieta, antinatural e, se me deixavam fazer o que eu quisesse, eu me acocorava sempre que estivesse parada. Eu gostava particularmente de acocorar-me nos cantos. Estar em um canto era sentir-me segura. Minhas costas e minhas laterais estavam protegidas. E embora aquilo não me salvasse de uma surra, ainda assim era instintivo fazê-lo, especialmente naqueles cantos que possuíam grandes plantas postas em vasos, onde havia suficiente espaço para deslizar para atrás delas.

Se eu precisava ir para algum lado, ainda corria pelo pátio nas quatro patas. Eu sabia que os seres humanos caminhavam sobre duas pernas e tentava imitá-los com afinco, mas era constantemente impedida pela minha mente inconsciente, que me levava de volta à minha posição natural, a não ser que eu exercesse uma enorme força de vontade. Era tão difícil para mim como seria para um homem na selva que fosse obrigado a andar em quatro patas, em vez de dois pés. E a cada vez que eu era surpreendida fazendo qualquer daquelas coisas que me vinham de forma tão natural, Ana-Karmen, de modo igualmente natural, me disciplinava.

Talvez a matéria mais difícil de aprender, no entanto, tenha sido como se comportar nas refeições. Aprender a sentar e a comer à mesa foi muito difícil. Eu não sabia nada sobre mesas, talheres e louça de barro (e aquela última era tão frágil), e levava automaticamente a minha comida para o chão, num canto, e sentava-me logo para comer com as mãos. Era como as coisas funcionavam na selva. Você encontrava algo para comer, levava para um canto tranquilo, devorava com rapidez e vigiava as proximidades enquanto comia. Se isso não fosse feito, obviamente outro macaco roubaria sua comida. De modo que sentar-se com outros, para comer juntos, era impensável.

Minhas maneiras à mesa, consequentemente, eram horríveis. Eu agarrava a comida, metendo-a na boca em grandes pedaços, e com alguns tipos de comida isso inevitavelmente significa o caos. Davam a mim coisas que eu nunca havia visto, como almôndegas ao molho, que se derramava pelos meus antebraços e pingava de meus cotovelos, assim como no meu rosto e no meu cabelo. Isso era servido com outra comida desnorteante chamada espaguete — longos fios, como videiras, que pareciam impossíveis de comer, especialmente com todo aquele molho escorrendo deles.

Minhas colegas de refeição — as garotas, Ana-Karmen, as outras crianças — claramente achavam minhas maneiras repulsivas. Eu podia notar isso pela forma repugnante como olhavam para mim. Mas eu não sabia fazer outra coisa e achava aquilo muito difícil de aprender. O estilo de vida delas era tão incrivelmente complicado.

A maior parte do tempo eu me alimentava de pão e de uma bebida amarga chamada café, que me era servida em algo chamado xícara. Custou-me muito aprender o conceito de beber um líquido quente, para começar, mas servido em uma tigela oca com uma asa e com um anel de ouro em volta da borda superior parecia a coisa mais estranha que eu jamais havia visto. De modo que eu molhava o meu pão na caneca e "bebia" meu café quente daquela maneira.

Se "fervendo" era uma coisa nova para mim, "gelado" também era, e lembro muito bem da minha primeira experiência. Deram a mim um picolé — na verdade um suco de fruta congelado com um pequeno pedaço de madeira metido nele — que era tão frio que meus lábios ficaram feridos. Também achei que estava vivo, porque prendeu minha língua quando o lambi. Aterrorizada, eu o joguei no outro lado do quarto.

Os gostos constituíam tanta aventura como a temperatura. Assim como o amargor do café, havia a gordura da manteiga e a estranha e borrachuda textura das massas, que não parecia mesmo ser comida de verdade. Eu gostava principalmente da tigela de frutas e da familiaridade reconfortante de seu conteúdo, embora fosse dolorosamente raro que me permitissem comer algo dali. Assim, eu estava permanentemente com fome, de modo que aqueles detalhes tinham importância apenas passageira. Se me davam comida ou bebida, eu consumia com alegria.

*

Comer e beber não eram as únicas coisas que envolviam um intenso processo de aprendizagem na casa de Ana-Karmen. Eu era posta à prova igualmente pela forma com que os seres humanos lidavam com as outras principais funções corporais. Depois de alguns dias dormindo no tapete da cozinha ou no jardim, fui "promovida" e me permitiram dormir em uma cama. Mais uma vez, eu não sabia o que fazer com aquilo. Eu dormia no chão, debaixo da cama, e pensava que o estrado fosse um teto para proteger-me.

De modo similar, fiquei desconcertada com o banheiro. Não tinha ideia de para que servia o banheiro e estivera usando os arbustos do jardim até que, um dia, fui surpreendida. Um grito alto foi seguido por muito falatório e pela aparição de Ana-Karmen, que berrou seu descontentamento comigo, gesticulando com selvageria. Sofia então jogou um par de estranhos utensílios na minha direção, exigindo que eu pegasse meus excrementos com eles. Eu estava chocada: não só aterrorizada com a fúria intensa de Ana-Karmen, mas também enojada porque ela queria que eu fizesse uma coisa tão vil — pegar meu próprio excremento. Por que eu faria isso?

Afinal, joguei terra sobre eles e fugi para dentro de casa, seguida de perto por Ana-Karmen, Sofia e Lolita. Fui arrastada depois pelas últimas duas para uma pequena construção do lado de fora da casa. Suspensa pelas axilas sobre a coisa que chamavam de privada, ficou claro que era lá que meu negócio tinha que ser feito.

Eu fiquei tão assustada quando elas fizeram aquilo que mal podia respirar, pois abaixo de mim, cheio de moscas zumbindo, havia um buraco fundo e fedorento, com um cheiro tão forte que me deu ânsia de vômito.

Mas a velha privada não era nada se comparada com a "nova" que elas tinham dentro da casa, pois, apesar de não exalar mau cheiro como a outra, era um buraco cheio de água, no qual eu estava certa de que poderia cair e morrer. Fiquei ainda mais aterrorizada quando elas puxaram uma corrente acima da minha cabeça e um súbito jorro de água limpa surgiu debaixo de mim, acompanhado por um rugido alto. Outra vez fiquei travada e, apesar do meu medo de Ana-Karmen e de seu fio elétrico, continuei a sair furtivamente e usar o jardim em segredo.

*

Depois de alguns dias, me deram um novo conjunto de roupas. Não sei se entenderam que eu seria menos desajeitada se não tivesse que usar calças enormes, mas um dia Elisa veio e tomou as medidas do meu corpo. Eu lutei enquanto ela media, porque não tinha ideia do que ela estava fazendo, mas dois dias depois fui apresentada ao resultado de seus esforços. Fizeram-me outro par de calças, grossas e sem graça como o último, só que dessa vez estavam na medida certa e se sustentavam por si sós. Também me deram uma blusa branca de mangas curtas, decorada com pedaços de renda e que, depois de um dia ou dois, também estava decorada com manchas de comida.

Permaneci descalça, mas agora meus calcanhares, já endurecidos pelo chão da floresta, haviam começado a partir-se e se tornou muito doloroso o caminhar. Foi então que percebi o primeiro relance de compaixão. Sofia, ao vê-los, trouxe um tipo de unguento e o esfregou nos meus pés, o que ajudou muito.

Eu gostava da Sofia. E queria desesperadamente que as garotas gostassem de mim. Eu as ouvia conversar e tentava compreender o que estavam dizendo. Algumas palavras começaram a sobressair, e eu desenredava seu significado. Depois comecei a pegar sequências inteiras de palavras, fazendo conexões entre elas, e aqueles relances do mundo delas me faziam sentir menos sozinha. Finalmente descobri que havia uma palavra que usavam perto de mim com frequência e fiz a conexão entre o som e elas querendo a minha atenção. Elas diziam aquela palavra, e depois me tocavam, e depois a diziam outra vez, e comecei a entender que, assim como com "mesa" ou "cobertor", aquela era a palavra que usavam para mim. E assim aprendi o primeiro nome que lembro de ter tido. O que me deram. Glória.

*

As semanas passaram e, à medida que aprendia como fazer as coisas, minhas tarefas ficaram mais variadas. Eu passava grande parte do meu dia dedicada à preparação de comida. Eu não podia cozinhar — não tinha ideia de como fazer algo tão complexo —, mas era minha função preparar os ingredientes. Eu descascava batata, cenoura, aipim, batata-baroa, espiga de milho, banana e muitas coisas mais. Minhas mãos ficavam cortadas com frequência, pois eu ainda precisava aprender como usar a faca de maneira adequada. Parecia loucura fazer todos esses cortes e utilizar todas aquelas ferramentas quando eu tinha mãos, boca e dentes que a natureza me dera. Mas eu queria me adaptar, de modo que insisti e finalmente consegui dominar aquela arte.

Depois de algum tempo, também era mandada à aldeia para pequenas incumbências. Aquilo deu aos aldeãos algo novo e estranho para olhar, e a mim — intrigada demais para ser incomodada pelo escrutínio deles —, minha primeira impressão adequada do meu novo lar. Eu caminhava pelas ruas poeirentas, passando entre os carros igualmente empoeirados, meus ouvidos captando pedaços de conversação ininteligível vindos de portas intrigantemente abertas, o canto dos pássaros, os gritos de bebês, o ruído de música estranha. Ali eu também ficava mais consciente da sensação de calor constante: um calor que se metia pelo meu couro cabeludo, fazia minha pele formigar com a umidade e tornava intocável o metal dos carros e caminhões.

No começo, eu saía com uma ou duas das garotas de Ana-Karmen cuidando de mim, para mostrar-me aonde ir e conseguir o necessário, mas depois de algum tempo elas acharam que eu não ia fugir e eu era mandada sozinha, com uma cesta e uma lista de compras. E elas estavam certas em confiar que eu não iria escapar, pois minha ocupação principal era ser alimentada. Eu vivia para comer: era a única parte agradável do meu dia. E como poderia fazê-lo se fugisse? Por certo passaria fome. Aquilo era tão diferente da selva, onde havia comida a ser coletada das árvores e arbustos em qualquer lugar. Nesse mundo cinza de concreto, cercas e carros, não havia comida para ser encontrada em lugar nenhum.

E nenhum amigo tampouco. Depois de estar vivendo ali havia algumas semanas ou meses — não tenho certeza —, comecei a escapulir quando Ana-Karmen estava distraída. Não para fugir, mas apenas para seguir meu instinto infantil normal, sempre que eu ouvia o som de outras crianças brincando.

Eu não tinha nenhum relacionamento com as crianças da casa. Na verdade, eu as odiava. Havia várias, principalmente bebês e crianças pequenas, que gritavam, se mexiam muito e me irritavam. Eram os filhos das garotas que viviam e trabalhavam na casa. Meu único contato com elas era quando me diziam para alimentá-las, o que me dava muita raiva. Eu tinha que entupir de comida suas bocas ingratas enquanto eu mesma não recebia quase nenhuma comida e sentia tanta fome.

Longe da casa, porém, tudo parecia diferente. Tão sedutor. Eu ouvia crianças que se pareciam muito mais comigo, que brincavam e riam. Mas ninguém queria fazer amizade comigo. Eu estava começando a compreender o conceito de amizade, mas a ausência de carinho era algo que eu sentia de modo agudo. A forma afetuosa com que os macacos da selva haviam interagido comigo era algo em que eu não havia pensado antes. Mas era uma coisa tão natural para mim como as disputas e as brigas de brincadeira, e o isolamento que eu sentia agora me chateava.

Mas por que as outras crianças na rua iriam querer brincar comigo? Eu não tinha uma linguagem humana, fazia ruídos estranhos e tinha uma aparência diferente. Eu estava aprendendo a me mover como elas e ainda tinha muitos comportamentos de macaco, tais como agarrar comida, me coçar constantemente e fazer caretas para expressar minhas emoções.

Eu as observava com seus brinquedos e, por não ter nenhum, tentava demonstrar meu desejo de unir-me a elas. Mas se me fossem concedidos alguns momentos com algum precioso brinquedo, elas logo o arrancavam de mim, ou riam por eu segurar as coisas de forma estranha, me tirando cada grama do prazer que eu pudesse ter obtido com ele.

As outras crianças podiam fazer muitas coisas que eu ainda não podia. Correr com suas pernas confiáveis, até mesmo chutar bolas enquanto corriam. Podiam brincar e fazer lindos desenhos. Eu não podia fazer nada daquilo, de modo que cada momento que tivesse, eu me retirava para meu mundo de plantas e animais, decorava os ramos das árvores do jardim com flores e cascas de banana e mamão, como no meu antigo lar. Meus amigos eram os animais — eles pareciam aceitar minha presença sem questionamentos, permitiam que eu ficasse perto deles e até me entretinham, particularmente os bodes, que me faziam rir com suas palhaçadas, tais como mordiscar a roupa lavada que secava na corda.

Também descobri uma nova fonte de prazer: fazer travessuras. E numa aldeia que havia me evitado, era divertido pegar frutas, subir nos galhos de alguma árvore do jardim e jogá-las em outros jardins, apontando diretamente para as mulheres que estavam pendurando sua roupa na corda.

Talvez tenha sido isso, ou talvez apenas a forma estranha com que eu lidava com as coisas, mas logo me tornei um objeto não só do ridículo, mas do medo. Ana-Karmen claramente notou o sentimento de mal-estar que os aldeãos tinham com a minha presença — e talvez ela mesma sentisse o mesmo, pois outra viva lembrança daquela época foi a chegada de dois padres católicos na casa. Eu fiquei espantada com seus cantos e seus salpicos de água benta, com o agitar de ramos de incenso em chamas, mas agora entendo que eles deveriam estar realizando algum tipo de exorcismo. Como a maior parte dos aldeãos era formada por católicos supersticiosos, não é difícil imaginar que eles possam ter acreditado que aquela garota estranha, semelhante a um animal, que subitamente aparecera na presença deles, estivesse possuída por algum tipo de demônio.

Embora claramente isso não fosse assim, "mal" foi uma palavra que teria grande significado para mim. E no lugar de um par de padres cantores trazendo incenso, eu necessitava apenas de olhos e ouvidos para ver o mal ao meu redor.

19

Sem ter muito com que comparar, não questionei a configuração na casa de Ana-Karmen. Só mantinha minha cabeça baixa e fazia o melhor de mim para não irritá-la. Mas à medida que as semanas se transformaram em meses e me adaptei ao meu novo ambiente, meu vocabulário em expansão significava que eu me tornara mais capaz de entender melhor o que acontecia à minha volta.

A casa estava sempre cheia. Parecia haver garotas que viviam ali o tempo todo, como Sofia, Imelda, Elisa e Lolita, e outras que ficavam por algumas noites e depois pareciam desaparecer por semanas. Eu me esforçava para entender por que aquelas garotas viviam naquele lar tão perverso e hostil. Não tinham escolha?

La Bobita, a criança acovardada que eu encontrara ao chegar, tremendo no canto da cozinha, era mais parecida comigo — ela não tinha escolha a não ser ficar ali. Mas desde que comecei a dominar a linguagem humana e podia tanto compreender como ser compreendida, nunca escutei uma palavra adequada sair da boca da menina. Algo me dizia que ela era diferente em outras coisas também. Ela se movia devagar e de modo estranho, com uma marcha trôpega, e se encolhia a cada vez que Ana-Karmen se aproximava dela. O que não era de surpreender, pois

Ana-Karmen batia nela com muita força e com muita frequência, e quando não batia, gritava com ela constantemente.

Hoje em dia, olho para trás e me pergunto — seria ela a filha de Ana-Karmen? Não consigo pensar em nenhuma outra razão pela qual Ana-Karmen continuasse a tomar conta dela — embora "tomar conta" fosse uma expressão totalmente equivocada.

Também havia homens. Eles visitavam a casa todos os dias. Uma corrente contínua deles entrava e saía. E havia um que algumas vezes vivia ali, como algumas das garotas, por vários dias de cada vez, embora eu nunca o visse muito. Ele se chamava Rufino, e quando o via, estava sentado no pátio, bebendo cerveja, bisbilhotando sobre sua barriga gigante e fumando um cigarro depois do outro. Quando estava na casa de noite, Rufino às vezes dormia na mesma cama que Ana-Karmen, mas em outras vezes na cama do pátio — perto de onde eu dormia — e seu ronco naquelas noites, presumivelmente devido ao álcool, era tão alto e tão constante que me deixava louca.

Naqueles tempos, eu ainda era um macaco pequeno. Como o atrevimento ainda não tinha sido arrancado de mim a golpes por Ana-Karmen, eu fazia travessuras em muitas ocasiões, com uma completa falta de preocupação com as consequências. Certa noite, tendo ouvido o suficiente dos terríveis ruídos daquele homem, decidi dar-lhe uma lição, pegando alguns cubos de gelo do congelador e jogando-os nele — qualquer coisa para acabar com aquele barulho.

Isso seria um choque para ambos. Para mim, porque quando rastejei até o pátio, encontrei-o completamente nu. E para ele, porque que outra resposta poderia haver quando você está em sono profundo e alguém joga uma tigela de gelo em você?

O rugido de Rufino foi tão alto que as próprias paredes pareciam tremer, o frio congelante atingindo-o como um choque elétrico. Mas eu era rápida e achei que tivesse escapado. Estava escuro e voltei para a minha cama num instante, mas ele compreendeu acertadamente que mais ninguém na casa seria tão imprudente e estúpido para fazer tal coisa. Minutos mais tarde levei uma surra com o cinto dele.

*

No entanto, eu aprendia todo o tempo. Os meses passavam e eu continuava a absorver os costumes dos seres humanos. Tanto ao observar e imitar, como ao cometer erros — pelos quais era golpeada, mas com os quais também aprendia. Ainda não tinha pensamentos de fuga. O mundo exterior, onde, se isso fosse possível, as pessoas pareciam odiar-me ainda mais que Ana-Karmen, não oferecia nenhum tipo de promessa ou atração. Em geral — que algumas vezes era uma maldição, e outras uma bênção — quando eu não estava trabalhando, quando não gritavam comigo ou me batiam por alguma coisa, eu geralmente era deixada sozinha e ignorada.

E então, em um instante indefinível, a situação mudou. Eu não lembro quando pela primeira vez ficou evidente o que estava acontecendo, mas eu deixei de ser tratada como os bodes no quintal e passei a ser uma criatura que precisava ser ensinada. Em suma, eu estava me transformando em um objeto que começava a ter valor. Tanto Ana-Karmen como as garotas começaram a interessar-se pelos meus modos, ensinando-me a fazer coisas "de forma mais agradável" e a comportar-me mais calmamente à mesa. Também pareciam determinadas a me deixar limpa e cuidada. E talvez eu devesse ter gostado daquilo.

Eu com certeza sentia falta do cuidado comunitário diário da minha antiga vida. Eu sentia falta dos macacos: da proximidade física de estar com eles, de suas peles sedosas, de seu toque gentil, de seu carinho e de seus abraços. Mas aquela nova atenção não era daquele tipo. As garotas eram sempre tão duras comigo, tão irritáveis e inamistosas. Os macacos gentilmente tiravam os insetos do meu cabelo, e as garotas de Ana-Karmen puxavam e arrancavam, passando suas terríveis escovas nele e queixando-se de toda a comida que ficava presa nele quando eu constantemente coçava o couro cabeludo com dedos pegajosos e sujos. Acontecia o mesmo com meus piolhos, que eram apenas um fato da vida na selva. Onde mais iriam viver os piolhos? Era normal. Mas aqui eles eram desprezados, e ao vê-los as garotas sempre gritavam comigo, chamando-me de velha rata suja, o que eu achava incompreensível.

Era muito difícil me acostumar a ser puxada e empurrada daquela forma. Eu havia passado meus anos de formação descobrindo meu próprio caminho para fazer as coisas, e assim resistia a todos os esforços para "me civilizar". Naturalmente, isso me levava a mais surras. Mas lentamente cheguei a aceitar que, se eu pudesse modificar a forma como fazia as coisas, minha vida seria mais prazerosa.

Eu também estava abrindo os olhos para as pessoas à minha volta. Eu havia descoberto que vivia em uma casa cheia de mulheres que levavam uma vida muito diferente daquela das mulheres do acampamento indígena. Algumas delas tinham filhos — sempre havia bebês e crianças pequenas indo e vindo — mas era como se vivêssemos em mundos diferentes. Eles decerto pareciam estranhos para mim, particularmente os menores, e o que mais lembro — os detalhes são bastante vagos — é que eu invejava neles o amor e o cuidado que não tive, sem mencionar todos os brinquedos que ganhavam. Não havia nenhuma conexão — estou segura que as mães deles queriam que fosse assim —, de modo que eu os via apenas como uma presença irritante (particularmente quando choravam) e continuava a sentir muita raiva quando eles não queriam comer.

Mas aquela não era uma casa que alimentava crianças pequenas, não mesmo. Sem importar se tivessem filhos ou não, as garotas de Ana-Karmen, ao que me parecia, passavam a maior parte do seu tempo "embonecando-se", como dizia Elisa, pintando seus olhos e lábios e penteando sem cessar seus cabelos. Havia muitas camas, e muitos homens que desapareciam nos quartos das garotas, passavam uma hora ou duas ali, e depois desapareciam outra vez.

Eu não tinha ideia, na época, do que aquilo significava. Eu era uma criança, ainda ingênua sobre os modos de ser do mundo adulto. Talvez, mesmo que eu não tivesse passado aqueles anos na selva, eu não teria me dado conta de nada. E enquanto aquilo acontecia, de qualquer maneira eu ainda era escrava de Ana-Karmen. Embora eu estivesse a ponto de me graduar — de ser treinada para uma nova tarefa.

*

Cada vez mais, sair — ter uma chance de escapar da atmosfera fétida e opressiva da casa — era o ponto alto do meu dia. Embora o homem da loja local ainda não compreendesse minhas truncadas tentativas de falar, pelo menos não me batiam nem gritavam mais comigo. E o fato de sair também me deu oportunidade de roubar comida.

Roubar comida era uma coisa totalmente natural para mim, e eu ainda não tinha compreendido o conceito de que fazer isso era um crime. Às vezes eu era surpreendida roubando pequenas coisas — uma fruta, um pão —, mas nunca me proibiram de entrar nas lojas porque eu também era uma cliente que pagava. Comida ainda era o maior tesouro da minha vida.

Aquelas excursões me abriram uma janela para o mundo humano que eu não tinha ao ficar presa dentro da casa de Ana-

-Karmen. Eu não tinha educação, obviamente — enquanto as outras crianças da casa iam à escola, eu fazia a limpeza e cozinhava —, e embora as garotas às vezes dissessem o nome de algumas coisas e tentassem fazer com que eu as imitasse, o estudo formal, como aprender a ler, escrever e contar, era algo ao qual eu não tinha acesso. Assim, eu tinha aprendido o que sabia ao sair e observar, captando o que podia dos lugares por onde andava.

Embora algumas fossem pintadas de branco, a maior parte das casas de Loma de Bolívar era cinza. Estavam amontoadas em estreitas fundações de concreto, e as calçadas do lado de fora eram sujas e poeirentas, o cinza quebrado apenas pelos carros estacionados e pela sombra verde das árvores.

A aldeia era um lugar sociável. Por volta das seis da tarde, todos os dias, a maior parte das pessoas levava cadeiras para a rua, para sentar-se e conversar, trocando o calor do sombrio interior de suas casas pelo frescor relativo do ar livre do entardecer. Só Ana-Karmen, ao que me parecia, era diferente nesse aspecto, embora eu ainda tivesse que aprender muito para entender por que ela mantinha-se à parte.

Eu costumava descer a colina, pois a casa de Ana-Karmen estava localizada no alto de um suave aclive. Passava pelo edifício alto e assustador que me haviam dito ser um hospital, e, se eu descia mais tarde, com minha cesta e minha lista de compras, passava pelos grupos de pessoas sentadas, a maior parte me ignorava completamente.

A loja — *la tienda* — era a única do lugar, pois a aldeia, apesar do amontoado de moradias, era pequena. Uma tarde, chegando na loja, vi uma mulher que eu já conhecia. Era mãe de três crianças, e eu gostava dela. De todas as pessoas que eu encontrava sempre que saía da casa de Ana-Karmen, ela era uma das poucas que me tratava com delicadeza, e não como se eu fosse uma espécie de animal sujo.

Ela estava em frente à própria casa, que ficava logo depois da loja, e estava limpando as janelas, mas, quando me viu, parou e me chamou:

— Glória, venha aqui um instante.

Sem pressa de voltar para casa, eu imediatamente me dirigi para lá. Embora eu não gostasse de receber ordens na casa de Ana-Karmen, aquilo era diferente. Eu sabia que ela não queria me fazer mal. Eu confiava nela. Não sei por que — seria o fato de ela ter filhos? Com certeza, com minha noção persistente de que maternidade significava bondade...

Fui até perto dela e coloquei minha cesta vazia no chão.

— Muito bem — disse ela, falando lentamente, porque sabia que minhas habilidades linguísticas eram ruins. — Fique aqui um instante. Tenho algo para falar com você.

Ela desapareceu no interior da casa e voltou com um pequeno prato, no qual havia *longanizas*, um tipo de salsicha.

— Você decerto notou — disse ela, indicando que me sentasse junto a ela na soleira da porta — que muitos homens vão à sua casa, para ver as mulheres.

Assenti. Aquilo era verdade.

— Sim, notei — respondi.

— Bem, deixe que eu lhe diga uma coisa — continuou ela. — Antes que passe muito tempo, você pode descobrir que um desses homens vai querer ver você.

Aquilo nunca me havia ocorrido. Ninguém queria me ver. Eu era invisível para as mulheres, exceto quando o trabalho tinha que ser feito ou quando queriam me limpar esfregando. Para os homens, eu era sempre invisível.

— Por que eles fariam isso? — perguntei.

— Porque eles estão averiguando — respondeu ela. — Estão averiguando se você é o tipo certo de carne.

Eu estava confusa. Não tinha ideia do que ela queria dizer com aquilo. E ela obviamente percebeu isso, porque então olhou para o prato de salsichas no seu colo, que havia trazido, mas ainda não tinha me oferecido para comer. Além disso, as salsichas estavam cruas, o que me parecia estranho. Os homens não as comiam cruas, não é? E então ela espremeu uma salsicha com a mão. Eu fiquei mais confusa ainda.

— É como se você fosse um pedaço de carne crua — disse ela outra vez, lentamente, e apertando outra vez a salsicha. — Como isso. E você não quer ser isso. Isso é o que as garotas são lá na casa de Ana-Karmen. Você entende? Elas são carne crua. Para os homens.

Aquilo soava horrível.

— Para comer? — perguntei, com os olhos arregalados, imaginando que a salsicha fosse feita de garotas humanas. Não podia ser, não é? Eu retrocedi.

A senhora pensou de novo.

— Algo assim — disse ela. Colocou a mão no meu braço. — Isto não é importante. A única coisa que você precisa saber é que se eles entrarem no seu quarto ou tentarem tirá-la de Ana-Karmen, isso e o que você se tornará: um pedaço de carne.

Olhei para a salsicha no prato dela, que parecia com o braço de um bebê gorducho. Como eu iria me transformar naquilo? Eu não sabia. Mas pude notar pela expressão dela que com certeza seria algo ruim.

— Não deixe que ela faça isso com você — alertou-me. — Não deixe que nenhum dos homens te toque. Ana-Karmen está treinando você para ser um pedaço de carne para aqueles homens ruins. Não confie nela — não confie neles. Você precisa sair dali. Fugir. Você entende o que estou dizendo?

Assenti com tristeza. Não compreendi todas as palavras, mas entendi que era um aviso. O problema é que eu ainda tinha muito medo da cidade. Se eu fugisse, para onde iria, e como sobreviveria?

— Você compreende? — disse ela outra vez.

— Sim — disse eu. — Eu compreendo — o que pareceu satisfazê-la, porque ela pediu que eu continuasse meu caminho.

Não dormi naquela noite, tentando entender como iria me transformar em salsicha. Ou carne. O tipo de carne que os homens maus queriam. Mas uma coisa que compreendi foi um novo sentimento — medo. Um medo diferente daquele que eu vivi quando cheguei ali, e diferente do medo simples de receber uma surra por algo tonto que eu tivesse feito.

Esse era um medo diferente. Um medo que chegou bem dentro de mim, e não pude dormir por dias a fio. Fiquei com medo de todos os homens da aldeia — particularmente de um homem velho que sempre cochilava do lado de fora da loja, balbuciando enquanto dormia e fazendo estranhos movimentos com as mãos. Olhando para trás, entendo que ele talvez fosse doente mental ou incapacitado, mas tudo que eu podia pensar na época era que talvez ele fosse um daqueles homens — daqueles homens maus que transformavam crianças em salsichas.

Embora lutasse para entender os detalhes, acreditei no que a velha senhora me disse, porque, de todas as pessoas que eu tinha conhecido, era nela que eu mais confiava. Os homens, por outro lado, agora se transformaram em demônios. Entrei no modo de proteção. Agora eu precisava mesmo estar de guarda.

*

Até hoje, não tenho um bom entendimento do Natal. Nenhuma lembrança dele antes de ser abandonada na selva e, hoje em dia, nenhuma noção sobre o porquê de tanto alvoroço. Não que houvesse muito alvoroço em Loma de Bolívar, pois o povo era tão pobre que as extravagâncias eram poucas, e a lembrança mais natalina que tenho daquele período é a de ver árvores decoradas com "neve" feita de algodão. Por certo não havia festividades na casa de Ana-Karmen — sem comidas especiais, sem sentimento de celebração, sem cantorias. Minha mais forte lembrança era apenas ver outras crianças com brinquedos novos e sentir aquela mesma sensação torturante de abandono.

Mas houve um acontecimento que se deu dois dias depois do Natal que ficará comigo para sempre. Lembro que começou com uma comoção — uma enorme comoção fora da casa. Houve o som forte de uma buzina de carro entre muitos gritos e risadas. Corri para a rua para ver o que era todo aquele ruído, e o que vi me deixou sem fôlego. Eu já tinha visto muitos carros e caminhões – eles eram apenas mais uma parte do ambiente agora. Mas estacionada em frente da casa de Ana-Karmen estava a máquina mais bonita que eu jamais vira. Um carro conversível cor de leite cremoso. Nunca tinha visto nada tão bonito ou que parecesse tão caro. Naquela época eu já havia desenvolvido uma ideia de para que servia o dinheiro, e o que ele podia ou não comprar, e eu sabia que aquilo era algo bem além da minha experiência.

O carro me encantou quando me aproximei dele, a luz dançando sobre ele e fazendo diamantes no ar. O sol o acariciou também, pulando alegremente das hipnotizadoras curvas cromadas e fazendo com que seus painéis cremosos brilhassem como se fossem líquidos. Seu acabamento era uma pintura detalhada verde-oliva e era a coisa mais linda que eu já havia visto.

Pertencia a um homem da Venezuela que havia chegado com dois amigos para ver algumas de nossas garotas de dia. Eu pude ver que era dele pela confiança com que ele o "exibia". O modo como balançava as chaves, demonstrando como o teto de tecido era subido e abaixado, e pela forma como ele o golpeava — como se fosse uma das mulheres de Ana-Karmen. Os homens eram de alguma coisa que acho que chamavam de "máfia". Não tinha nada que ver com a Itália, descobri desde então, mas estou quase certa de que era como eram conhecidos localmente. Em qualquer caso, eram potencialmente perigosos, poderosos, homens da "guerrilha" criminal.

Tudo levava a pensar que eram homens maus. Não sabia nada de suas atividades, é óbvio, mas meus instintos eram fortes, e eles tinham aquela aura indicando que se alguém cruzasse com eles correria perigo. Mas sem importar o que tivessem feito ou não, era claro que eles eram ricos. Fosse bom ou ruim, o que eles faziam lhes trazia coisas bonitas. Havia tanta coisa sobre o mundo que ainda faltava entender.

Não havia dúvidas que as garotas aprovavam aqueles homens jovens. Quando cheguei lá fora, havia várias agrupadas em volta do carro, todas rindo, arrumando o cabelo para trás e estufando os seios, todas tentando atrair a atenção do jovem homem venezuelano. E ele estava adorando tudo aquilo.

Pela primeira vez na minha vida, senti uma pontada de ciúmes. Eu não queria nada mais além de ser uma daquelas garotas naquele instante, só para que eu pudesse dar uma volta no carro do homem. E com sorte, tudo indicava que eu poderia ter uma chance.

Logo o falatório de fêmeas adoráveis seguiu os homens até a casa de Ana-Karmen, para dar lugar aos negócios necessários para liberar as garotas para o passeio. Para mim, aquilo me proporcionou uma oportunidade irresistível. Eu era pequenina — ainda sou — e estava acostumada a meter-me em espaços pequenos. Foi coisa de momentos subir no carro pela mala, quente e escorregadia, e com rapidez meter-me no espaço para os pés, debaixo do banco dianteiro, e tapar-me com o cobertor que havia sido lançado sobre o banco traseiro.

Eu estava certa de que seria descoberta logo, mas não me importei. Sempre havia uma chance de que isso não acontecesse e era suficiente para mim. Ouvi a multidão regressando, e em instantes duas das garotas tinham passado suas pernas sobre a traseira, seus pés calçados plantados no banco traseiro, centímetros acima de mim. Arrisquei uma olhada e pude ver o suficiente para entender que elas iriam passear sentadas na mala do carro, desfilando rua abaixo para que todos as pudessem ver. O motor roncou, espantosamente alto devido a minha posição debaixo do cobertor, e com um arranco fomos embora rugindo.

Não ser capaz de ver nada do que estava acontecendo era frustrante, mas eu estava tão energizada e excitada pelo que tinha feito que nem me importei e estava bastante feliz com os sentidos que podia utilizar. Pude sentir cheiro de álcool — um odor que conhecia bem por viver na casa de Ana-Karmen — e também sabia o bastante para entender que um dos homens estava bêbado. Talvez todos eles estivessem, pensei, ouvindo suas vozes altas, embora um deles em especial estivesse arrastando muito a língua. As garotas também estavam muito barulhentas, ainda mais excitadas que eu. E enquanto o carro trovejava para cima e para baixo por estradas que eu não podia ver, senti o calor do sol no cobertor, o assobio do vento que passava por nós, e um surto de pura alegria ante aquela súbita liberdade. Se essa era a vida que aquelas garotas viviam, seria uma coisa tão ruim assim? Para mim, elas pareciam delirar de alegria.

Depois de algum tempo, decidi que podia arriscar outra olhadela. Quais eram as chances, na verdade, de que as garotas estivessem olhando para baixo? Seus olhos seguramente estariam na estrada e na paisagem. Deslizei o cobertor dos meus olhos e olhei direto para o céu. Era um azul profundo, sem nenhuma nuvem, impressionante. Mais impressionante ainda para os meus olhos, no entanto, era o que passava correndo ao nosso lado. Era uma parede de pedra tão alta que excedia minha linha de visão — de modo que estávamos subindo uma serra, ao longo de um alto desfiladeiro, talvez o mesmo que me trouxera pela primeira vez a Cúcuta. Instintivamente estiquei o pescoço para enxergar melhor.

— Ei!! — ouvi Elisa gritar. — Olha, Lolita, é a Glória! Ei, Glória — disse com voz de bêbada. — O que você está fazendo aqui?

Desmascarada, tirei o cobertor da cara e sorri para ela.

— Elisa — perguntei com boas maneiras —, posso sentar aí em cima com você?

— Não, sua idiota! — retrucou ela com violência. — Fique abaixada ou eles a verão!

Mas eu continuei me esgueirando para cima — estava demasiadamente excitada para permanecer escondida. E Elisa perdeu a paciência.

— Muito bem, chega! Você vai ter que sair! Marco, pare o carro, por favor!

Levantei-me para sentar no banco traseiro, perto das pernas de cobre de Lolita.

— Por favor — eu disse. — Deixem-me ficar aqui. Eu quero ir com vocês!

Marco olhou para trás, o que me alarmou, pois ele estava dirigindo.

— Ha, ha! — riu ele. — Rapazes, parece que temos uma oferta especial! Três pelo preço de duas!

Todos eles começaram a rir.

O rosto de Elisa, no entanto, mostrava que ela não compartilhava a alegria deles.

— Glória, sua idiota! — ela gritou comigo. — Volte para o chão do carro. Você não deveria ter vindo, sua idiota! Sua garota estúpida!

Deslizei de novo para o piso do carro, embora dessa vez permanecesse sentada e não deitada. O tom dela tinha sido duro, e eu bufei, sentindo-me muito repreendida, mas pude notar que ela estava tão preocupada comigo como por ter sua diversão atrapalhada. Estaria pensando em quanto Ana-Karmen ia bater em mim? E o que eles queriam significar quando disseram três pelo preço de duas?

Continuamos a viajar por alguns minutos, a atmosfera agora dominada pela minha presença, embora eu não sentisse a menor gota de remorso por ter estragado o dia da Elisa. Eu estava tão emocionada por estar saindo com eles. Que aventura! Nunca tinha feito nada como aquilo em toda a minha vida.

O cenário havia mudado. Agora estávamos em uma estrada de montanha bem mais larga. Ainda íamos para o alto. A estrada dirigia-se a um platô e, depois de algum tempo mais, o carro parou. Mas não foi uma parada para fazer um piquenique ou para colher flores da montanha. Logo o carro saltou para trás, quando os pneus derraparam e os homens começaram a brincar com seu brinquedo tão caro, dirigindo tão rápido como podiam e depois pisando no freio. Algumas vezes puxavam o freio de mão e o carro girava com selvageria. Eu não tinha ideia de por que eles faziam aquilo e estava petrificada.

Mas acho que eu era a única, porque as garotas pareciam adorar aquilo, gritando e aplaudindo e pedindo que Marco dirigisse mais rápido, mesmo que tivessem que se agarrar ao banco traseiro. Se não o fizessem, era claro que seriam lançadas para fora do carro. Fechei os olhos e me encolhi como uma bola apertada no chão do carro. O ar estava cheio de poeira, que ficou na minha garganta. Aquilo era loucura, e eu queria que parasse.

E logo iria parar. Comecei a escutar um ruído distante. Um ruído que cresceu e logo foi reconhecido como a sirene da polícia. Arrisquei uma olhada e vi luzes piscando que se dirigiam direto para nós. Senti-me aliviada. A polícia obviamente também queria que Marco parasse com suas brincadeiras malucas. Mas saber disso levou sua mente bêbada à loucura. Em vez de parar, Marco ficou de pé enquanto dava voltas com o carro, até mesmo agitando um braço, como se zombasse de um time rival.

Mas o carro agora tinha ideia própria de onde queria ir. Nuvens de poeira seca nos envolveram, de modo que era difícil ver, mas, estirando-me para cima, pude descobrir para onde nos dirigíamos. Fiquei paralisada pelo medo. Íamos direto para a borda do platô, que estava agora a poucos metros de distância e ficando mais perto a cada segundo.

Finalmente Marco pareceu ficar um pouco mais sóbrio e sentou-se de novo no assento do condutor para tentar controlar o carro que girava. Ouvi as garotas gritarem e senti o chão desaparecer debaixo de nós. Isso poderia realmente ter acontecido? O carro estaria no espaço agora? Íamos mesmo despencar até a morte?

Senti o som da sirene diminuir, ouvi os gritos das garotas arrancados de seus lábios, escutei o ruído do vento enquanto o carro cortava o ar em seu movimento descendente, para alcançar o chão que se achava quem sabe quantos quilômetros abaixo. Não tinha ideia de quão longe iríamos cair. De onde estava eu não podia ver bem. Mas lembro que, naquele instante, minha mente estava bastante calma. Aquilo ia acontecer: minha vida ia terminar. Todas as nossas vidas, com certeza. Isso aconteceu em uma época antes dos cintos e das normas de segurança — quais as chances de qualquer um de nós sobreviver àquilo?

Mas a minha filosofia barata foi cortada por uma parada abrupta, quando de repente fomos esmagados contra algo que eu não podia ver e bati minha cabeça com tanta força que achei que ela fosse explodir. E então tive uma visão que iria permanecer comigo para sempre: quatro dos outros passageiros, dois dos homens e ambas as mulheres, sendo lançados de seus assentos como se fosse uma mão gigante e invisível — voando tão longe e tão rápido como os frutos caíam das altas castanheiras e tão certos como elas de quebrar-se quando atingissem o solo.

Agarrei-me com desespero ao mecanismo do banco, presa debaixo do assento dianteiro, ouvindo os gritos de Elisa e Lolita, que as acompanhavam enquanto elas eram arremessadas.

E então, por fim, os gritos cessaram. Silêncio. Agucei meus ouvidos, mas não as ouvi tocar o solo.

Tudo que podia ouvir agora eram os rangidos e chiados do carro. Eu não sabia o que nos havia parado ou se o carro iria cair também, mas tive consciência de um farfalhar e pude ver uma rede de galhos. Tentei me mover para enxergar melhor, mas sem me mexer demais. Estávamos presos nos ramos de uma árvore de aparência robusta, que havia crescido até ficar enorme apesar de seu lar inóspito e incrivelmente íngreme.

Não fui muito longe. Presa no carro, o balançar da árvore era uma sensação aterradora, mas sair de lá e confiar no meu corpo para levar-me para a segurança era impossível. Obviamente eu estava ferida — o menor dos movimentos me causava dores excruciantes no pescoço. Mas, de todo modo, pude ver o suficiente. Pude ver Marco, o motorista. Ele estava esmagado contra o para-brisa, e o capô do carro estava pendurado verticalmente atrás dele. Eu olhei para ele, horrorizada e ainda assim fascinada pelo que havia acontecido. Ele estava completamente quebrado e obviamente bem morto.

Mas eu não. Lembro de ter feito um inventário mental antes de desmaiar. Eu estava presa. Em agonia. Meu corpo todo ferido. Eu ainda estava viva, lembrei maravilhada. Mas por quanto tempo?

20

Podem ter sido horas, ou dias. Só sei que em certo instante devo ter perdido e depois recuperado a consciência, porque num minuto eu estava presa no carro, contemplando o corpo de um homem morto, tentando clarear minha visão nublada, e no seguinte havia a sensação de dor rachando e cintilando pelo meu corpo, e uma voz no meu ouvido dizendo: "Olá?"

Tentei mover-me, mas a dor era como eletricidade dentro de mim. Algum instinto profundo me disse para parar de tentar fazer aquilo. E onde eu estava? Ainda no carro? Tentei juntar meus pensamentos e entender o que tinha acontecido. Entender o que estava acontecendo agora. Mas não pude. Abri os olhos, mas o que via era branco e desfocado. Pisquei ante uma luz brilhante e a visão começou a clarear um pouco. Mas a luz ainda estava acima de mim. Seria o sol? E quem falava comigo? Um fantasma?

"Olá", a voz disse outra vez. Soava aguda. Uma mulher. "Olá, mocinha. Está acordada agora? Você sabe que tem muita sorte? Muita sorte de estar viva."

Tentei focalizar. Era uma mulher. Vestida de branco. Vestindo algo sobre a cabeça. Seria um anjo? Eu tinha ouvido falar sobre os anjos. Viviam no céu e eram bons. Eu estava no céu? Estava confusa. Ela estava dizendo que eu estava viva, não é? O que significava que não tinha ido para o céu. Então, onde eu estava?

Ela parecia saber a resposta, embora eu ainda não tivesse feito a pergunta. Ela aproximou-se.

— Você está em um hospital — contou-me. — Como está se sentindo?

— Dói — disse eu. — Tudo dói. Onde estão os outros? Eles morreram?

A expressão dela mudou.

— Temo que sim — disse. — Você é a única sobrevivente. Como eu disse, você realmente tem muita sorte em estar viva. Sorte de haver despertado, também. Você sofreu graves ferimentos na cabeça.

Olhei para ela. Eu estava em um hospital? Se eu estava em um hospital, ela deveria ser uma médica. Eu tinha ouvido falar que os médicos trabalhavam em hospitais e que melhoravam as pessoas. Não sabia nada sobre enfermeiras. Só sabia que ela tinha uma voz gentil. Talvez fosse um anjo na terra.

Tentei mover-me e doeu da mesma forma que da última vez.

— Eu também vou morrer? — perguntei. A julgar pela dor que sentia, parecia que eu poderia morrer.

Ela balançou a cabeça imediatamente.

— Não — disse. — Você não vai morrer. — Seu tom era claro. — Você vai ficar bem. Tem muitos cortes e contusões, mas fizeram uma coisa chamada raios X e não há nada quebrado. Você apenas precisa de tempo para que seu corpo se recupere.

Ela pegou uma prancheta do pé da minha cama e depois veio para o meu lado. Meu rosto estava próximo de um armário feito de metal brilhante. Podia ver minha cara refletida nele. Não parecia mais a minha cara. Era muito grande. Como um balão. Toda vermelha e manchada, com faixas enroladas em torno dela. Descobri que também havia faixas em meus braços e no meu traseiro.

A mulher sorriu.

— Você teve sorte — disse ela outra vez — que a polícia já estava lá.

Lembrei-me da polícia de repente, mas não respondi. Falar doía.

— E quando viram o motorista — continuou ela — eles pediram ajuda, e tiraram o carro lá de cima do barranco usando um helicóptero. E ali estava você! — Ela sorriu outra vez, e imediatamente decidi que gostava dela. — Você estava enfiada na parte traseira do carro, metida debaixo do banco, e isso a salvou. Foi uma surpresa completa para todos, jovenzinha! — Ela parecia satisfeita. — E esteve dormindo desde que chegou aqui: ninguém sabe de onde você vem. Mas agora acordou. E podemos descobrir quem você é. Precisamos avisar seus pais, é claro. Onde nós podemos encontrá-los?

Foi quando entendi que a senhora não estava sozinha. Girei a cabeça e vi que havia dois homens de uniforme verde de pé ao lado da minha cama. Ambos tinham armas na cintura, um deles segurava um bloco e uma caneta, e estava escrevendo. Eu não tinha ideia de quem eram ou por que estavam ali. A única coisa clara era que, ao contrário da mulher, eles não estavam sorrindo. Na verdade, tudo indicava que estavam chateados. Não gostei deles.

— Jovenzinha? — disse a mulher outra vez. — Para quem podemos ligar? Com quem podemos entrar em contato para avisar que você está bem?

Minha cabeça foi tomada por pensamentos sobre as garotas mortas que haviam estado comigo. Eu ainda não podia aceitar aquilo. Eu era a única que sobrevivera. Depois pensei em Ana-Karmen. Suas garotas. Suas garotas estavam mortas. Ela já sabia? Alguém lhe contara o que acontecera? Pensei no que ela poderia fazer comigo. Eu nem deveria ter estado ali. Eu me havia metido em um problema. Um grande problema. Balancei a cabeça tanto quanto pude suportar, o que não foi muito.

— Não — murmurei pelos lábios cortados. — Não. Ninguém para entrar em contato.

Um dos homens então falou. O que segurava o bloco. Ele ainda parecia zangado.

— Como aconteceu? — ele queria saber. — E quem eram os outros?

— Onde você mora? — perguntou o outro. — Você é daqui?

Eles nem me davam tempo para pensar em como responder.

— Loma de Bolívar — consegui dizer. E imediatamente me arrependi. Agora eles iriam me levar de volta para Ana-Karmen?

A mulher gentil inclinou-se sobre mim.

— Não fique chateada — disse ela suavemente. — Esses dois homens estão aqui para ajudá-la. Quando você estiver um pouco melhor, em alguns dias, eles a levarão para casa, está bem?

*

Desses dias eu não lembro quase nada, fora as paredes brancas do hospital. A enfermeira (porque era uma enfermeira, como entendi depois) cuidava de mim. Outras enfermeiras também iam e vinham. Acho que comi um pouco, bebi um pouco, e minhas dores diminuíram. O que recordo melhor é uma sensação de resignação. Eu não queria voltar para a casa de Ana-Karmen, mas o que mais poderia fazer? Eu não tinha ninguém nem nenhum lugar para onde ir.

E assim, certo dia, uma semana ou duas depois, os homens de uniforme vieram me pegar e me levaram em um jipe. Obviamente eu havia estado em um hospital na cidade, porque lembro deles dizendo isso na nossa volta à aldeia. E ali, depois de muitas perguntas — e depois que eu finalmente expeli a palavra "Karmen" — os homens me devolveram ao buraco do inferno de onde eu havia saído.

Ver a casa outra vez cobriu-me de medo. Eu olhei com lentidão para fora do jipe, vendo a cerca de cana desvencilhada, a casa em ruínas, o vigor das ervas daninhas que surgiam desafiadoras de cada rachadura do caminho de entrada. Relutantemente, apontei para ela.

— É aqui? — perguntou um dos homens, virando-se para trás.

— Sim — sussurrei. — É aqui.

Fui escoltada até o pátio, minha chegada anunciada pelo balir dos bodes. A porta se abriu antes que chegássemos nela.

Observei a cara da Ana-Karmen enquanto nos aproximávamos. Sua expressão foi, primeiramente, de surpresa e depois, de raiva.

— Olá, madame — disse o mais baixo e menos comunicativo dos dois homens. — Acreditamos que esta jovenzinha lhe pertence.

Ana-Karmen pareceu ficar sem fala momentaneamente. Tudo que conseguiu exclamar foi: "Pensei que essa cachorra estivesse morta!"

Os homens pareciam chocados, o que era compreensível, porque ela se inclinou na minha direção e me agarrou.

— Vá para dentro! — sibilou, batendo dolorosamente com a mão nas minhas costas.

— Ela não é sua filha? — perguntou o outro homem. — Pensávamos que era sua filha.

— Minha filha? — cuspiu Ana-Karmen. — Como poderia esse animal ser minha filha? Nem em um milhão de anos eu teria uma filha como essa coisa!

Ela me empurrou para dentro da casa, o que deve tê-los confundido. Mas não tanto a ponto de parecerem preocupados que eu ficasse com ela, porque tal tratamento rude era comum na Colômbia. Eles falaram por algum tempo, mas não ouvi a maior parte do que disseram. Lembro, no entanto, que Ana-Karmen parecia chateada. Era evidente que ela já sabia sobre Elisa e Lolita, e os homens lhe disseram que lamentavam a perda que ela havia sofrido. Também lembro que eles disseram que eu ainda não me havia recuperado de meus ferimentos. Mas estou segura de que ela não deu a mínima para isso.

Quando a porta se fechou atrás dos homens e levou a uz do sol, eu me encolhi na escuridão, antecipando a tormenta que viria.

— O que você disse àqueles homens? — Ana-Karmen berrou para mim. — Você contou a eles qual é o meu negócio?

Balancei a cabeça e lhe assegurei que não tinha dito nada.

— Não se atreva a abrir a boca sobre o que acontece aqui! — gritou ela assim mesmo. — Você está me ouvindo? Esse negócio é um segredo!

Continuei a assegurar-lhe que não dissera nada a ninguém. Como poderia ter feito aquilo? Não tinha ideia de qual era o negócio dela. Olhando para trás, parece tão evidente. Os homens juntaram as peças, entenderam que as garotas que morreram não eram filhas de Ana-Karmen. E agora estava claro que nem eu. Eu não compreendi porque ela estava tão ansiosa em saber se eu dissera alguma coisa aos homens de uniforme. Eles não haviam vindo acusá-la de nenhum crime, apenas me devolveram ao meu "lar". Isso era tudo, e eles tinham ido embora. Mas não fez nenhuma diferença. Ana-Karmen queria castigar-me de qualquer maneira. Ela agarrou uma frigideira e bateu com ela nas minhas costas, duramente, acho eu, apenas por eu ainda estar viva.

Lembro daquele golpe muito bem. Foi o mais forte que jamais recebi dela. Lembro que a minha visão ficou nublada e da sensação de estar doente. Porém mais não lembro daquela grande sensação de desespero. Eu havia voltado para ela. O que eu estivera pensando?

*

Voltar para aquela casa depois do acidente pareceu ter despertado algo em mim. Não sei o que, mas sei que comecei a notar as coisas com novos olhos. Pouco a pouco, comecei a construir uma imagem mais clara dos seres humanos — como faziam coisas, como atuavam, como gostavam de viver suas vidas. Não era a mais linda das imagens.

Comecei a compreender sobre o que me havia alertado aquela mãe que eu encontrara — a que me disse que eu ia ser transformada em "um pedaço de carne". Comecei a entender o que se requeria que aquela "carne" fizesse, para compreender que o que Ana-Karmen realmente dirigia era um bordel. Eu não conhecia a palavra, é claro — não era uma palavra que eu teria encontrado —, mas o significado foi ficando mais claro a cada dia. Eu vivia em uma casa de mulheres cujo trabalho era "entreter" visitas masculinas. Homens jovens e velhos, homens anônimos e bem conhecidos. Descobri que entre os "clientes" havia inclusive um par de famosos jogadores de futebol — ou assim diziam as garotas — homens que jogaram pelos melhores times da Colômbia.

Aprendi que só era permitido que as garotas trabalhassem em certas partes do mês. Em outras partes elas deviam massagear as barrigas e tomar infusões. Também entendi que algumas vezes as garotas inchavam e desapareciam. E descobri também a razão pela qual elas saíam para terem seus bebês. Como a mulher na selva, elas tinham seus filhos em segredo, mas de forma diferente da dela, elas depois davam seus filhos a outras pessoas. Havia um cartaz na loja da aldeia que eu vi mais de uma vez que dizia "Vendemos bebês". Nunca esquecerei aquilo. Elas vendiam seus próprios bebês e as pessoas os compravam. Não era à toa, talvez, que eu estivesse desenvolvendo a ideia de que os seres humanos eram uma espécie incomum.

Ana-Karmen, não obstante, era muito simples de entender. Depois do acidente de carro, ela parecia odiar-me ainda mais, e comecei a nutrir o pavor de que seu único propósito na vida era pensar em um modo de se livrar de mim. Eu havia pensado que não era possível que ela me tratasse mais cruelmente do que já fazia, mas eu logo seria desenganada dessa noção. Na maior parte do tempo ela me ignorava — um estado de coisas que convinha a ambas —, mas se eu cometesse o menor erro, ela era acometida pela fúria. Se antes ela sempre fora franca e cruel com seus castigos, agora, quando eu a fazia enraivecer, ela perdia todo o controle, e realmente comecei a temer pela minha vida.

No entanto, no dia em que ela quase me matou, eu não tinha percebido nada, e talvez por isso o incidente ainda esteja tão claro na minha mente.

Aconteceu algumas semanas depois da minha volta ao bordel, e a atmosfera, depois da perda de ambas as garotas e de um grande cliente, permanecia sombria e incerta. Lembro de estar esfregando, removendo alguma mancha do chão do pátio. Talvez de seiva de árvore, talvez de cerveja, mas definitivamente restos de alguma coisa pegajosa porque, ainda fraca pelos ferimentos, eu estava lutando para removê-la.

Estávamos sozinhas na casa, e senti os olhos de Ana-Karmen sobre mim. Isso já era incomum por si só, porque ela mal tomava conhecimento de mim, e quando disse meu nome e olhei para ela, foi para observar um raro sorriso no seu rosto. Ela tinha uma das mãos nas costas — escondendo o quê? Eu me perguntei. Acostumada à sua crueldade como eu estava, eu ainda tinha a mente esperançosa de uma criança. Quem sabe ela tivesse um doce para me dar?

Ela me chamou com o dedo e indicou que eu me sentasse no chão. E então, antes que eu pudesse começar a compreender o que estava acontecendo, ela mostrou um pedaço de corda que levava escondido atrás dela e rapidamente amarrou meus tornozelos juntos.

Ela era uma mulher grande, forte e, agora, subitamente furiosa. Apesar de minhas contorções, era impossível escapar dela. Com uma manobra astuta ela logo conseguiu amarrar meus pulsos também e arrastou-me meio metro, até onde uma calha subia pela casa, e conseguiu amarrar-me nele. Então ela agarrou um pedaço de couro velho no seu bolso e o meteu com firmeza na minha boca, fazendo com que meu estômago gemesse. Eu não estava ganhando um doce de Ana-Karmen; eu ia morrer. Estava tão certa disso como nunca havia estado certa de nada antes.

Ana-Karmen virou-se, abriu uma das gavetas da cozinha e puxou o que tudo indicava ser uma longa bolsa de pano. Estava amarrada com arame e só quando ela a abriu eu pude descobrir o que havia nela. Era uma coleção de facas e de outras armas. Senti que me afogava. De repente, não pude respirar. Eu ia morrer. E logo ia saber o porquê.

Ana-Karmen escolheu uma faca — nem a maior nem a menor delas — e começou a agitá-la frente à minha cara enquanto latia minha lista de crimes.

— Ninguém quer você! — cuspiu. — Nenhum de meus clientes quer você, e você não tem serventia para mim. Por sua causa, duas das minhas melhores garotas MORRERAM! Você só causa problemas — problemas em casa, problemas na aldeia. E todos querem que você vá embora — você me ouviu? Pois agora você VAI!

Observei horrorizada enquanto a faca agitada refletia o sol sobre mim. Tudo indicava que Ana-Karmen, sempre agressiva, havia perdido a razão.

— Eu vou! — tentei suplicar. Mas o couro metido na minha boca não deixava sair as palavras.

Ela olhou para mim com olhos desfocados e sem ver, balbuciando como se estivesse fora de si.

— Ai! — disse ela, mais para si mesma que para mim. — Você não tem pais. Você não tem ninguém. Ninguém nunca saberá que você foi embora. Ninguém perguntará, também. Será tão fácil matá-la.

Meu corpo, mergulhado em terror, tomou as coisas nas próprias mãos. Enquanto me sentava e tremia debaixo dela, senti um calor se espalhar ao meu redor e compreendi que havia urinado no chão. Mas Ana-Karmen não notou. Seus olhos ainda estavam desfocados. Eles tinham uma aparência estranha, quase um olhar ganancioso.

Como se ela estivesse presa naquele momento, perdendo toda sanidade e todo controle. Toda a sua atenção estava na faca em sua mão e em que melhor lugar colocá-la para acabar comigo.

Preparei meu corpo para a facada iminente, sacudindo minha cabeça freneticamente de um lado para o outro, tentando suplicar-lhe que não me matasse. Mas com o couro na minha boca, tudo que saiu foram grunhidos estrangulados. Ela ainda estava gritando comigo, agitando a faca, mas eu não tinha ideia do que ela dizia. O que eu tinha feito? Por que merecia aquele destino? Eu não sabia, mas de qualquer maneira tentava dizer que sentia muito, lançando as palavras da melhor forma que podia, através da mordaça, enquanto meus calcanhares se arrastavam no chão ensopado de urina atrás de mim.

Ana-Karmen estava abstraída. Eu podia ver que ela estava se preparando para me apunhalar. Levantou seu braço, toda a sua atenção focalizada no meu rosto. Mas então houve um ruído — a porta que se abria — seguido de perto por um alto rugido masculino. Era Rufino — o homem dela. O mesmo homem que eu tinha torturado com cubos de gelo e que me odiava quase tanto como ela. No entanto, agora ele parecia ser meu salvador. Ele rugiu outra vez para Ana-Karmen que, claramente enfurecida com a intrusão dele, jogou a faca no chão.

Então, parecia que afinal de contas não era o meu dia de morrer. Logo os dois estavam envolvidos em uma furiosa discussão, aos gritos, enquanto Rufino se inclinava, libertava-me da corda com rudeza e me colocava de pé. Não precisei de muito incentivo para fazer o que ele me pedia. Comecei a andar, derrapando na poça de urina debaixo de mim, e corri para buscar refúgio no jardim com os bodes.

Mas ele não havia terminado comigo.

— Volte para cá imediatamente! — ordenou ele. — Volte para cá e limpe sua bagunça fedorenta e imunda!

Tremendo toda, mas com medo dele mudar de ideia e deixar Ana-Karmen me matar, corri para dentro para buscar o esfregão e comecei a fazer o que ele disse, mas eu tremia tão incontrolavelmente que o cabo do esfregão escorregava das minhas mãos.

— Você não consegue fazer nem isso?! — rugiu ele, as vibrações de seus gritos reverberando nos meus ossos. — Sua idiota! Pegue o esfregão e acabe com isso! Nem pense em parar até que o último vestígio tenha desaparecido!

E com isso, ele pegou o braço de Ana-Karmen, que ainda balbuciava, e a empurrou com rudeza pela porta, enquanto eu continuava a passar o esfregão. Minha garganta queimava e sufocava com soluços que não iriam sair. Levou horas para que os tremores passassem.

Ainda não estou muito segura do que passou naquele dia. Eu me pergunto agora se Ana-Karmen podia ter algum tipo de doença mental e naquele dia tenha tido uma crise. Que ela queria me matar — e a sangue-frio, não em um momento de paixão —, disso estou segura. Mas talvez eu esteja sendo gentil. Talvez ela sempre tenha querido me matar, mas como a casa nunca estava vazia, ela nunca teve a chance. E talvez o desejo do homem não tenha sido resgatar-me para me poupar. Mais que isso, foi para evitar que os dois cometessem um crime que podia ser descoberto facilmente — pelo menos até que eles tivessem pensado no que fazer com o meu corpo.

Isso foi o que pensei então, embora nunca tenha me ocorrido analisá-lo. Apenas hoje questiono minha própria sanidade naquela noite. Por que eu não corri? Seja o que for que houvesse lá fora, por que eu não corri? Mas eu não o fiz. Eu estava aterrorizada, mas, ao mesmo tempo, paralisada. Eu estava em perigo, sabia disso. Estava vivendo de tempo emprestado. E, no entanto, eu deixei as coisas ao sabor do destino. Não sei por quê.

Ana-Karmen, depois daquele dia, pelo menos, manteve distância. E notei como o homem ficava mais por ali, vigiando aquele brilho de loucura nos olhos dela. Era reconfortante tê-lo por ali, mas eu ainda vivia aterrorizada. Eu me mantinha fora do caminho dela o máximo que podia e, uma vez que meu pânico diminuiu, tentei desesperadamente pensar no que fazer. Eu queria tanto fugir, mas meu temor ainda era muito grande. Claramente um temor maior do que eu tinha das intenções assassinas de Ana-Karmen, apesar de meus anos na selva. Medo de para onde ir e como sobreviver.

Mas tudo indicava que os acontecimentos estavam a ponto de passar por cima de mim. Foi perto do final de um dia quente. Ainda estava pegajoso e úmido, mas o sol estava baixo no céu, quando ouvi uma forte batida na porta. A porta da frente com frequência ficava aberta nesse tipo de clima, mas agora o umbral estava escurecido pelo vulto de um homem grande que havia batido seus dedos na madeira.

Ouvi a voz de Ana-Karmen.

— Entre, Sérgio — ela saudou. — Entre, seja bem-vindo.

— Obrigado, Ana-Karmen — disse ele polidamente. — Como você está?

Olhei de relance, de onde eu estava, limpando uma porta na cozinha. Eu podia ver o homem, que vestia um terno e uma gravata, e atrás dele, estacionado lá fora, um táxi.

Fiquei quieta enquanto limpava e escutava a conversa deles. "Então, quem é a sua garota mais jovem?" Eu o escutei perguntar a ela. "Você tem alguma aqui hoje?"

Olhei outra vez rapidamente para a sala e o vi tirar do bolso primeiro um grande canivete, que passou para a outra mão e, depois disso, um grosso maço de notas. Agora eu entendia exatamente o que ele quis dizer com "mais jovem". As garotas mais jovens de Ana-Karmen tinham em torno de 14 anos. Era um fato que me consolava. Eu tinha apenas cerca de 11 anos — com certeza pequena e jovem demais para ser o tipo certo de carne para os clientes dela. E ela já me tinha dito isso, não é? Nenhum deles me queria, de jeito nenhum.

Houve um silêncio, e então Ana-Karmen murmurou algo que não entendi e levantou um braço para apontar na minha direção.

Horrorizada, vi o homem voltar-se para mim. Eu me meti outra vez atrás da porta, mortificada, mas tarde demais. Ele me vira, e sua boca formou um sorriso.

Então ouvi a voz de Ana-Karmen outra vez. "Não se preocupe", respondeu ela a uma pergunta dele que não consegui ouvir. "Ela o seguirá até o carro se você lhe der um punhado de *patatas fritas*."

Fiquei congelada, minha mão agarrada na maçaneta que, se supunha, eu devia estar polindo. Era eu. Era a minha vez. Finalmente tinha virado o tipo certo de carne. Tinha passado tanto tempo colocando todo o terror daquilo fora da minha mente que não podia acreditar no que estava escutando. Mas o sorriso do homem me dissera tudo. Eu ia ser sua carne e ele ia me transformar em salsichas.

Abri a porta, atravessei o corredor e corri para um dos outros quartos — aquele com três camas em fileira. Ali eu me meti, aterrorizada, debaixo da primeira e depois debaixo da segunda cama. Debaixo da terceira — que teria sido a melhor — havia demasiadas caixas. Eu ainda podia ouvir Ana-Karmen balbuciando para ele como eu gostava de salgadinhos — ela teria ido à cozinha pegar alguns? Presumo que sim. Ela tinha dado os salgadinhos ao homem e ele os ofereceria a mim. E então, na cabeça da Ana-Karmen, obviamente, eu iria segui-lo humildemente até o carro dele.

Observei os dois pares de pernas desaparecerem na cozinha e dei graças pelo encontro que tivera com a mulher que me alertara que esse dia terrível chegaria. "Corra, Glória", ela me disse. "Corra tão rápido quanto puder."

Aquela, entendi agora, poderia ser minha única chance de correr. Para onde, eu não tinha a menor ideia, mas isso não importava. Só "para longe". Era tudo que eu podia pensar. Correr para longe. Fugir.

Contorci meu corpo para sair do espaço cheio de teias de aranha debaixo da cama. Então, descalça, lancei-me porta afora.

21

Corri como nunca tinha corrido antes, com o medo mordendo meus calcanhares descalços. Estavam me seguindo? Não tinha ideia, mas não ousava me virar para olhar. Estava com muito medo de tropeçar e ser pega. De modo que continuei correndo sem outro pensamento que não fosse manter minhas pernas em movimento.

Corri pelo que pareceram horas. O céu ficou escuro e minhas pernas começaram a tremer de cansaço. Eu tinha percorrido tanto e não tinha ideia de para onde estava indo. Tinha passado pelas silenciosas casas de Loma de Bolívar, onde os sonolentos habitantes estavam dentro de casa fazendo suas *siestas*, passado por fileiras de lojas, por crianças brincando, por animais. E enquanto eu corria, o ruído do tráfego havia crescido, os carros ficaram mais numerosos, as esquinas das ruas mais cheias. As luzes das lojas tinham ficado mais brilhantes, reluzindo seu brilho sintético bem alto no céu noturno. Embora nunca tivesse estado ali, compreendi que estava indo para o centro de Cúcuta.

Em certo instante, diminuí o ritmo e arrisquei uma olhada para trás. Se tivesse visto uma Ana-Karmen enraivecida correndo atrás de mim, na certa eu teria ficado paralisada pelo choque. Mas não havia ninguém ali, e enquanto olhava em volta, meus olhos notaram um trecho de árvores e arbustos. Eu mais tarde iria saber que era o Parque San Antonio, o violento coração da cidade, mas naquele instante, pelo menos para mim, era apenas um grande espaço aberto com um chafariz para o qual corri e onde bebi agradecida, jogando água na minha cabeça para me esfriar.

A visão do trecho acolhedor de verde enviou uma onda de alívio por todo o meu ser. Corri para os arbustos que rodeavam o parque e, vendo que não havia nenhum lugar no dossel baixo onde eu pudesse dormir e permanecer escondida, me encolhi debaixo de uma velha mangueira.

Por alguns minutos, fiquei encolhida ali, totalmente concentrada no meu interior. Assim como meus pés cansados, os músculos das pernas estavam queimando, e por algum tempo não pude me concentrar em mais nada. Mas logo o barulho da cidade começou a infiltrar-se no meu pensamento, e depois eu notei sons diferentes, mais próximos. Olhei para cima e em volta, meus olhos agora ajustados à escuridão relativa, e o que vi me fez prender o fôlego. Eu não estava sozinha. Longe disso. Eu estava cercada. Debaixo de quase todas as árvores e arbustos jaziam as formas encolhidas e sussurrantes de outras crianças exatamente como eu.

Meu cérebro ferveu com perguntas sobre quem elas seriam e como haviam chegado ali, aparentando não terem um lar. Eu me perguntava se haviam atravessado uma situação semelhante à minha na casa de Ana-Karmen. Eu não sabia, mas prontamente tive a sensação de que estávamos todas no mesmo barco. Meus olhos se encontraram com outros olhos — olhos grandes que estavam cheios de histórias tristes. Nada foi dito, mas pareceu haver uma compreensão imediata, um simpático voto de boas-vindas ao seu mundo.

Apesar do meu terror de ter saído de casa e do meu medo do futuro, ver aquelas crianças me fez sentir muito melhor. Eu me sentira sozinha na casa de Ana-Karmen. Eu me sentira sozinha ao fugir dela. Agora eu não estava tão sozinha. Esse era o começo de uma nova vida para mim. Eu ainda não sabia, mas eu estava prestes a me transformar em uma menina de rua da Colômbia, como todas as crianças ao meu redor. Caí no sono em segundos, e dormi muito bem.

*

Quando o sol saiu na manhã seguinte e contemplei meu novo "lar", entendi que estava de volta na selva, embora fosse uma espécie muito diferente de selva e talvez ainda mais mortal que a que eu conhecera antes. Eu logo aprenderia que as ruas da cidade estavam cheias de gangues criminosas violentas, e se antes eu tivera que aprender a fugir de predadores, como encontrar comida e como progredir, agora eu teria que adquirir um novo conjunto de aptidões para evitar ser estuprada ou surrada pelas gangues, para evitar ser baleada ou presa pela polícia.

Cúcuta era uma típica cidade colombiana. As casas tinham tetos de telhas e geralmente um único andar — em regiões de terremotos não se constrói muito alto. Os ônibus eram amarelos e pareciam velhos, e a maior parte dos outros tipos de transporte também era antiga, como se tivessem sido comprados em um ferro-velho. Havia poucos sinais visíveis de riqueza na cidade.

As lojas vendiam todo tipo de frutas, vegetais e carnes. E grande parte da carne ainda estava viva. Lembro de ver fileiras de galinhas de cabeça para baixo com as pernas atadas, e bodes, porcos e outros animais amarrados a estacas no chão. Os clientes levavam os animais para suas casas e os matavam para alimentar suas famílias. Também havia comida grátis — as mangas cresciam nas árvores dos parques — o que era bom, pois muita gente vivia em grande pobreza.

Os mais pobres não viviam na cidade. Incapazes de pagar aluguéis ou comprar comida, eles moravam nas montanhas circundantes, onde podiam ao menos subsistir plantando vegetais, criando animais e construindo seus próprios abrigos. Uma das minhas lembranças mais claras era aquela gente das montanhas subindo e descendo para Cúcuta, viajando muitos quilômetros para pegar água no rio da cidade. Eu achei aquilo estranho — não havia água nas montanhas? Obviamente não, pois eles também ficavam no rio da cidade, tomando banho e lavando seus trapos. Eu os via subir de volta com enormes latas de metal cheias de água penduradas nos ombros, suspensas por cangas e pedaços de corda.

O clima equatorial não mudava. Sem estações, a Colômbia sempre era quente e abafada, e na atmosfera cálida e úmida, as doenças se espalhavam com facilidade. Também havia pouca higiene e água pura, e as enfermidades aumentavam. A taxa de mortalidade infantil era muito alta.

Para aqueles que sobreviviam, a vida com frequência era muito difícil. Ao ser o trabalho a prioridade primordial de todos os homens e mulheres, havia pouco tempo para criar os filhos. As mães de recém-nascidos tinham que voltar direto para o trabalho e deixavam seus bebês sozinhos em casa ou os levavam com elas e trabalhavam com eles amarrados às costas ou colocados em uma caixa de papelão ao lado delas. Não havia salário-família nem assistência à infância por parte do Estado. Somente no sábado — porque a Colômbia era um país católico devoto — as crianças passavam algum tempo com os pais durante o dia.

As crianças mais velhas iam para a escola, mas não havia um controle real de frequência, de modo que, enquanto os pais trabalhavam, seus filhos faltavam às aulas, aprendendo coisas das ruas, em lugar de letras e números. A educação deles — como roubar comida, roupas e bolsas — era muito diferente daquela que seus pais decerto queriam. Enquanto os filhos roubavam, seus futuros também eram roubados.

Havia muitas crianças sem lar. Sem medidas de contracepção nesse país católico devoto, as famílias ficavam grandes e caras, e com a moradia e a comida escassas, as crianças mais velhas muitas vezes eram expulsas de seus lares. As meninas, especialmente, eram muito vulneráveis. Muitas eram estupradas ou caíam na prostituição para ganhar dinheiro, e como resultado disso a cidade estava cheia de bebês nascidos em uma pobreza inimaginável, que algumas vezes viviam nas ruas desde o nascimento.

Senti uma raiva poderosa por causa daquelas crianças. Eu era tão jovem, e pouco sabia sobre as circunstâncias daquelas mães, mas minha raiva em defesa de seus filhos era intensa. Eu me queixava em voz alta ao mundo desgraçado para o qual aquelas jovens mães irresponsáveis haviam trazido seus bebês e me sentia furiosa com o egoísmo delas ao fazerem aquilo.

Eu podia estar errada, é claro — e quem era eu para julgar aquelas garotas? O que eu sabia das circunstâncias nas quais seus filhos foram concebidos? Mas minha mente adolescente, com sua visão de mundo preto no branco, talvez me tenha feito um grande favor naquele aspecto. Minha experiência na casa de Ana-Karmen me ensinara uma lição valiosa — que o sexo, para muitos homens, pelo menos, era uma coisa diferente do amor. No mundo dos bordéis, a prostituta era vista como uma mercadoria —, algo a ser comprado e vendido por dinheiro. E as consequências estavam ali para serem vistas. O homem prometendo tudo, a garota acreditando em tudo e, nove meses mais tarde, outro bebê de rua nascia sem que se conhecesse a cara do pai.

Eu não queria aquilo. Eu queria um lar, um marido e filhos. Assim, por mais difícil que fosse, mais tarde, quando algum garoto tentava me namorar, ou alguém tentava me atrair com algum plano que envolvesse drogas, bebidas ou crime, eu ouvia a voz na minha cabeça que dizia: "Não faça isso — algum dia você será alguém."

Eu olho para trás agora com certo espanto pela minha jovem figura adolescente e como eu parecia ser forte e segura. E, se não for uma coisa imodesta demais para refletir, como eu era perspicaz. Eu não tinha ideia de onde isso tinha vindo, mas estava em mim essa percepção do futuro, dos filhos e netos que eu poderia ter. Eu queria "ser alguém" tanto pelo bem deles como pelo meu próprio, porque não queria que eles tivessem que sofrer como eu tinha sofrido. Sobretudo basicamente penso que eu tinha aprendido a compreender as escolhas, e como o escolher podia alterar a vida de maneira tão drástica.

Meus anos na selva me haviam ensinado tantas coisas úteis: como me defender, como me alimentar, como evitar o perigo — como sobreviver a todas as coisas que poderiam ter me matado. E meu tempo na casa de Ana-Karmen me ensinou ainda mais. Eu agora sabia sobre sexo, sobre como os homens podem ser — que as mulheres podiam até mesmo vender seus próprios bebês. Eu sabia o suficiente para compreender que o sexo podia ser o caminho para a ruína de uma garota.

*

Mas naquela primeira manhã na cidade, tudo em que eu pensava era conseguir algo para comer. Levantei-me e comecei a me dar conta de onde estava. Como eu tinha encontrado um lugar para deitar ao pé de uma mangueira, isso significava comida grátis em abundância. O ar estava cheio do cheiro de manga, o chão sujo com as frutas caídas. Aquilo me pareceu muito bom: saber que eu podia cuidar de mim outra vez. E ninguém estava gritando comigo. Eu estava no controle. Isso também era bom.

Enquanto comia, a cidade proporcionava um festim para todos os meus sentidos. Os muitos cheiros — do escapamento dos carros, da comida frita, do asfalto quente —, o ruído das outras crianças ao meu redor, com suas maneiras atrevidas e suas roupas rasgadas; os gritos e as buzinas dos carros, o som de garrafas que se quebravam, de música tocando — a própria abundância de coisas para ver, cheirar e ouvir fazia com que o mundo tivesse cor outra vez.

Mas eu não podia ficar sentada numa árvore comendo mangas para sempre. Precisava sair e explorar meu novo ambiente. Ao que tudo indicava, as coisas aconteciam de maneira rápida nessa nova vida de pura intensidade. Embora todos fossem estranhos para mim, logo experimentei um sentimento de solidariedade. Se as crianças que eu tinha encontrado em Loma de Bolívar queriam me evitar, as que eu via agora não sentiam repulsa por mim. Embora estivéssemos todos alertas uns com os outros, tive essa sensação de que tínhamos um inimigo maior — os adultos, como Ana-Karmen, de quem eu só tinha escapado agora. E apesar desse sentimento estar fundamentado em nada mais sólido do que o instinto, tudo indicava que eu havia me tornado parte de uma nova tropa, parte de uma equipe.

Ganhei fama bem rápido. Meu tempo junto com os macacos me ensinou a arte de misturar-me com o ambiente. Eu era pequena e magra, mas tinha um talento extra — a invisibilidade. Assim, embora eu passasse tanto tempo como os outros procurando comida nas latas de lixo, também me tornei hábil na delicada arte do roubo. No começo, eu roubava comida para sobreviver, mas depois de algum tempo aquilo se tornou parte de mim e eu roubava só por prazer. Fiquei orgulhosa, e enquanto alguns garotos jantavam os restos das latas de lixo, eu conseguia roubar comida de restaurantes elegantes.

Mais uma vez, minha pequena estatura me ajudou muito. Eu podia esconder-me atrás de algumas cadeiras externas e vigiar o *chef.* Então, logo que ele punha algum prato de comida no mostrador, eu corria para dentro e o roubava. Algumas vezes eles se incomodavam e me perseguiam por algum tempo. Outras vezes não. Em um dia bom, eles nem notavam.

Se eu entrava em uma loja, ficava sempre perto de um cliente adulto, para que o dono do comércio não me visse, e isso me permitia pegar salsichas, pães e frutas. Não que eu não fosse notada nunca — isso frequentemente acontecia. Mas eu podia correr rápido, o que era uma grande coisa quando era perseguida por lojistas zangados, e era também bastante ágil para subir em cercas e árvores.

Eu aprendia rápido e bem. Uma das mais importantes lições era que, dormindo, eu era tão vulnerável como qualquer outro menino de rua. Logo depois de ter chegado na cidade, fui acordada de uma soneca no começo da noite. Eu estava em um banco no parque, exausta depois de um dia ocupado procurando coisas no lixo, e fui acordada por uma luz brilhante e uma mão firme no meu ombro. Abri meus olhos e vi dois policiais olhando para mim.

Imediatamente entrei em pânico, temendo a influência de Ana-Karmen. Teria ela enviado os policiais para que me encontrassem?

"Me deixa!", gritei. "Me solta! Me deixa!"

Eu me contorcia e lutava com eles, fruto da minha automática agressividade herdada dos macacos.

"Fique quieta, *gamina*!", latiu um deles para mim. *Gamina* era gíria para menina de rua. "Pare de resistir! Você não vai a lugar nenhum!"

Eu ainda estava sonolenta e parecia que eu dava socos debaixo d'água, mas continuei com aquilo. Tinha muito a perder para parar. Eu sabia que a melhor defesa era acertar o ponto fraco de seus atacantes, de modo que tentei furar os olhos do policial mais próximo com meus dedos.

No entanto, ele era rápido demais para mim.

"Boa tentativa, *gamina*", dizia com sarcasmo. "Desista, está bem? Você vem conosco."

Fui conduzida até um carro que tinha luzes piscando no teto e jogada com rudeza na parte traseira por um dos policiais. Depois fui levada ao que obviamente era uma delegacia. Muitos homens com uniforme se aglomeravam lá dentro, e havia uma mesa muito alta, atrás da qual estava sentado um homem robusto e de aspecto sisudo. Tinha uma caneta na mão, e a usou para apontar para mim.

— Qual o seu nome, garota? — perguntou ele.

Eu não sabia como responder. Não queria dizer Glória, porque era o nome que Ana-Karmen tinha posto em mim. Eu não queria manter aquela conexão e definitivamente não queria que ela me encontrasse.

— Hum... — disse, em meu espanhol arranhado. — Na verdade, não tenho um nome.

— É claro que tem — retrucou o homem. — Todo mundo tem um nome. Como o Ricardo aqui, ou o Manuel. Como seus pequenos amigos de rua a chamam?

Hesitei outra vez. Os outros meninos tinham um nome para mim, agora. Mas eu também não queria dizer isso ao policial.

— Você entende o que estou dizendo? — disse ele. — O que as outras *gaminas* gritam para você quando querem chamar sua atenção?

Pensei. Eu estaria a salvo. Meu novo nome não significaria nada para Ana-Karmen.

— Pony Malta — eu disse para ele.

— Quê? Você quer uma bebida? É isso?

Balancei a cabeça.

— Não. É como me chamam. Pony Malta. Sério.

— O quê? Como a bebida? — O homem revirou os olhos, mas anotou assim mesmo. — Bem — resmungou. — Tenho que escrever alguma coisa, suponho.

Pony Malta é uma bebida doce, de malte, que vem em uma garrafa pequena, fina e escura. A garrafa faz lembrar algum menino de rua como eu era. Magrinha, pequena e escura. Tal qual a garrafa de Pony Malta. O apelido pegou logo. Era outro nome que eu não havia escolhido, mas pelo menos era algo para dizer ao homem gordo atrás da mesa.

Depois de anotar meu nome, os dois policiais me escoltaram para uma sala. Era quadrada, sem janelas e tinha uma mesa no meio. Um dos agentes sentou à mesa e indicou-me que sentasse na outra ponta. O outro policial sentou-se em um canto.

— Quem são seus pais? — quis saber o homem sentado à minha frente.

Eu perguntei a mim mesma se eles podiam saber que eu era recém-chegada. E temi, uma vez mais, pelo que Ana-Karmen pudesse ter feito. Fiquei em silêncio.

— Seu sobrenome, seu nome de família — insistiu ele. — Qual é?

Permaneci em silêncio. O homem à minha frente olhou de esguelha para o outro e revirou os olhos outra vez.

— Temos uma lenta aqui, Ricardo. OK — continuou ele, falando comigo —, de onde você é? Onde você nasceu?

Eu ainda não tinha resposta — nessa época, não tinha mesmo.

— Você não pode falar, garota? — gritou o policial, que agora parecia zangado. — Qual é o seu problema? Não pode responder a uma pergunta simples? Está escondendo algo que devemos saber? Estamos ficando desconfiados, você sabe? E se você não cooperar, acredite, vai se meter em um grande problema!

Por onde começar? Eu ainda tinha uma compreensão apenas parcial da linguagem. Mas estava assustada. Tinha que lhes dizer alguma coisa.

— Vou lhe dar uma última chance — disse ele, seu rosto vermelho e banhado em suor. Fazia calor na sala, e eu estava fazendo com que ambos se sentissem pior. Tinha visto a mesma coisa na casa de Ana-Karmen, e sabia que tinha que dizer alguma coisa. Mesmo assim vacilei.

— Quem são seus pais? — gritou ele, obviamente cansado de esperar.

— Ma...a...caco — tentei falar. Havia começado a tremer agora. — Os ma...c...cacos são meus pais. Não tenho casa aqui. Venho dos macacos — tentei explicar. — As árvores são meu lar...

— Quê? — gritou o homem. Houve um silêncio e ele soltou um suspiro. E então, para minha surpresa, o suspiro transformou-se em riso. O outro policial também riu. Como podiam eles subitamente achar-me engraçada? Eu já não me sentia tão aterrorizada. Apenas ridicularizada e humilhada. Não tinha contado a ninguém sobre minha família na selva antes disso, e agora que finalmente o fizera, desejei não tê-lo feito.

O homem à minha frente finalmente deixou de rir.

— Sua criança estúpida — disse ele, em tom menos agressivo. — Você acha que vem dos macacos? Você é apenas um pouco louca, não é? — Ele olhou de relance para o outro homem. — Estamos com uma retardada nas mãos.

Foi então que jurei que nunca mais falaria dos macacos outra vez. Na verdade, eu não disse nada, e assim tiveram que preencher uma papelada. Com uma atitude diferente agora, os policiais tentaram me explicar coisas, até mesmo desenhando uma casa e algumas pessoas estilizadas. Outro policial entrou na sala e tentou explicar o que queriam ouvir de mim, mas me mantive em silêncio. Eu já tinha dito a verdade a eles, não é? Assim, apesar de todos os seus desenhos, não havia uma casa para a qual eles me pudessem devolver. Afinal desistiram.

— Prendam-na — disse o último policial. — Ela é apenas uma *gamina* suja e louca, só isso. Prendam-na por essa noite.

E eles fizeram isso.

*

Apesar de ter sido trancada em um quarto muito pequeno e de sentir-me pequena e ridicularizada, dormi bem aquela noite. Melhor até que na primeira noite no parque. E enquanto o sol nascia e eu esperava para ver o que o novo dia iria trazer, pensei que, se eles me mantivessem presa ali, não seria tão ruim. Eu tinha ouvido rumores de coisas ruins que aconteciam com crianças nas prisões colombianas, mas não era tão ruim ali. Eu não passaria fome, estaria a salvo e teria um teto sobre a cabeça.

Mas eles não me queriam ali, e um pouco mais tarde outros dois policiais apareceram e me tiraram da delegacia. Saímos e dobramos a esquina. Eles não me disseram uma palavra enquanto faziam aquilo, e eu não podia imaginar o que poderia acontecer depois.

Mas eu iria descobrir logo. Chegamos na entrada de um pequeno restaurante, onde pediram uma refeição para mim. É claro que eu não tinha ideia de que podia parecer desnutrida. Eu me sentia forte. Mas para os policiais eu obviamente não aparentava estar bem alimentada, porque o prato de comida que a garçonete me trouxe parecia adequado a um dos clientes ricos de Ana-Karmen. Era uma espécie de sopa grossa, feita com leite e anéis de cebola, mais um ovo *pouché* e uma pilha de torradas.

A garota sorriu e me disse para provar, e não precisei que me dissesse duas vezes. Comecei a comer, usando as mãos — não tinha notado que estava tão faminta — o que agradou muito aos policiais.

— Caramba! — disse um ao outro, rindo. — Ela deve ser parte animal!

Apareceu mais comida — agora ovos fritos e *arepas*. Esses últimos eram deliciosos hambúrgueres de milho fritos: o pão da Colômbia. Foi um banquete — uma refeição que eu sabia que iria lembrar por toda a vida. E comi até não poder mais. Eu até terminei a comida que pediram para eles, e uma vez feito isso, olhei para eles interrogativamente, imaginando o que aconteceria depois. Iriam levar-me de volta? Parecia que não. Ambos sorriram para mim.

— Vai embora, *gamina* — disse um deles gentilmente. — Vai embora, e fique longe de problemas!

Eu corri, a comida balançando na minha barriga enorme e agradecida, e depois de ter me afastado um pouco — o parque não estava muito longe de onde havíamos comido — eu os vi um pouco atrás de mim. Entendi que me haviam seguido para ver para onde eu iria. Talvez tivessem a esperança de que eu os guiasse para o lar que estavam tão seguros que eu tinha. Talvez apenas estivessem curiosos. Talvez apenas felizes de me ver a salvo.

Eu olho para trás, hoje em dia, e ainda me pergunto sobre isso. E desejo poder agradecer-lhes. Meninos de rua são considerados criminosos e tratados como vermes na Colômbia. A maior parte dos policiais, eu saberia mais tarde, tratava-os (e ainda os trata) como escória — prendendo-os e lançando-os de volta para o lugar de onde tinham vindo, sem alimentá-los. Não tenho ideia de por que aqueles dois policiais agiram daquela forma. Nenhuma pista de por que foram tão gentis comigo. Mas estou contente de que o tenham feito, porque me mostraram que nem todos os homens são cruéis.

Mostraram até mais que isso. Que talvez os anjos existam.

22

Aqueles policiais me fizeram outro favor importante. Apresentaram-me ao restaurante e àquela amorosa garçonete sorridente. Eu voltei lá quase todos os dias depois daquele. Eu entrava pelos fundos e esperava ao lado das latas de lixo, esperando vê-la porque gostava dela e queria que fosse minha amiga.

Era um restaurante chique. Isso eu sabia. Servia algo chamado lagosta, que era delicioso. Nunca tinha visto aquilo antes, nunca tinha provado nada igual. Foi um dos rapazes que trabalhavam lá que me indicou e me disse para prová-la. Foi outro momento da minha vida que ficou comigo para sempre — o sabor da lagosta, com seu delicioso molho *rosé*, e o rosto sorridente do rapaz enquanto me observava.

Eu esperava pacientemente quando visitava o restaurante. Sabia que podia entrar com facilidade e roubar algo da cozinha, mas eu queria que me dessem a comida, como no dia que os policiais me levaram ali. E como eu era pequena e sempre pedia com gentileza, nunca se importaram de dar-me os restos. Nesse momento aprendi outra lição: a comida dada é mais gostosa que a comida roubada.

No primeiro dia que voltei lá, a garçonete me reconheceu imediatamente.

— Oi — disse ela. — Como você está? — mostrando-me um sorriso amigável. Não sei o que pensou de mim, voltando de pés no chão, no meu vestido marrom rasgado e sujo, mas foi gentil e me deu alguma comida que ia jogar fora.

Ela também perguntou meu nome, e eu falei que era Pony Malta. Ela riu, tal qual o policial, mas não de uma maneira ruim. Disse que o nome era adequado para mim. E contou-me que o seu era Ria.

Agora que eu tinha uma fonte de comida que não precisava roubar, meus dias melhoraram. Eu ainda roubava, é claro — não podia depender de Ria para tudo — mas ter algum lugar aonde ir a cada dia onde podia estar certa de ser bem recebida valia tanto para mim como ter pelo menos uma refeição garantida.

Mas aquilo não ia durar.

— Oi, Pony Malta — disse-me Ria certo dia. — Você sabe, não posso fazer isso todos os dias. Vou ter problemas. Você não pode ficar vindo aqui sempre. Lamento.

Foi um golpe amargo, mas tive uma ideia.

— Por favor — disse eu — deixe-me trabalhar. Eu limpo para você, eu lavo em troca dos restos. Qualquer coisa.

Ria balançou a cabeça. Depois olhou para mim e de novo para o restaurante.

— Como posso fazer isso — quis saber ela — se você é tão suja? Você não tem sapatos, e não está limpa o suficiente para ficar perto de uma cozinha. Seria nojento. Poderia ser uma razão para fecharem o restaurante.

Recebi o golpe. Nunca havia pensado em algo assim.

— Mas, Ria, você pode me ajudar. Por favor? Ajude-me a ficar limpa. Eu não sei como. Nas ruas, não há um lugar onde eu possa me limpar.

Ria pareceu duvidar, mas ao mesmo tempo eu podia ver que ela estava pensando em me ajudar. Era bom ter alguém olhando para mim daquela forma. Fazia tanto tempo. Só na selva eu sentira isso.

— Bem, veremos — disse ela. — Vou falar com a gerente. Vá embora, agora. Vá. E volte amanhã.

— Ah, obrigada, obrigada! — falei para ela.

Fui embora, mas quando estava virando a esquina, ela me chamou:

— Ei, Pony Malta! Não tenha muitas esperanças, tá?

Eu tentei não ter muitas esperanças, porque outra lição que eu aprendera durante minha estada na casa de Ana-Karmen era que a esperança é um sentimento inútil. Mas quando regressei no dia seguinte, parecia que eu devia ter mantido a esperança, porque Ria veio com uma senhora que eu reconheci. Era a gerente do restaurante, e ela também se lembrava de mim da primeira visita.

— Você era a menina pequena comendo com aqueles policiais simpáticos, não é?

— Sim, senhora — disse eu polidamente. — E eu poderia ajudá-la no seu restaurante. Não peço dinheiro. Só comida.

Ela olhou para mim com cuidado, do modo que Ria o fizera, como se estivesse me inspecionando minuciosamente.

— Bem — disse ela afinal —, não sei o que você fez para ter se envolvido com a polícia, mas eles disseram que você era uma menininha agradável, e é mesmo. — Ela parou para pensar um momento, esfregando o queixo enquanto o fazia. — Hum. Você parece ser do mesmo tamanho que minha Belinda, muito magrinha, muito pequena, não saiu à mãe, como você pode ver!

Era bom escutar seu riso. Ela ria com vontade. Ninguém ria muito na casa de Ana-Karmen. Só os bêbados.

— Tenho algumas roupas velhas que posso emprestar. Só para o restaurante, não para usar nas ruas, está bem?

Assenti vigorosamente. Eu não podia acreditar. Ela ia mesmo me contratar! A inútil da Glória, que sempre fazia tudo errado. Mas eu não era mais Glória, eu era Pony Malta, e era esperta.

— Muito obrigada, senhora. Serei uma trabalhadora muito boa.

— Bem — disse a alegre mulher. — Ria, mostre a ela onde fica a mangueira e ajude-a a lavar-se. Ache a Belinda e diga a ela para procurar algumas roupas velhas.

Ela voltou para o restaurante e Ria piscou para mim.

— Ei, Pony — disse ela sorrindo. — Você conseguiu!

Eu não tinha ideia de quantos anos tinha. Meu cabelo estava ficando longo outra vez, isso eu sabia. E eu gostava dele. Mas eu nunca ficava mais alta. Ainda sou baixinha hoje em dia — não mais de 1,5 metro — de modo que eu devia ter sido uma garota de doze anos franzina, bem pequena e magrinha. Porém, apesar disso, eu ainda estava me transformando em uma adolescente.

Eu havia tido a melhor sorte possível. Algumas pessoas — várias delas — demonstraram interesse por mim. Trataram-me muito bem — o melhor desde que deixei minha preciosa família de macacos. Elas confiaram em mim e me deram uma oportunidade. Eu era uma menina de rua suja — uma entre milhares — e, no entanto, Ria foi gentil comigo. Foi um milagre. Mas logo me cansei desse novo estilo de vida, mais honesto.

No começo, eu estava muito animada. Lembro de ir com Ria para o chuveiro e de lavar-me. Eu ainda tinha muito medo de água, mas eu não deixei que o medo tirasse o melhor de mim. Fiquei debaixo do chuveiro e me esfreguei até que a água corresse preta pelo ralo. Depois vesti as roupas limpas e macias de Belinda. Elas não se ajustaram bem; as calcinhas eram grandes demais, de modo que as atei com o elástico que Ria me deu. Mas eram melhores do que qualquer coisa que já tivera, e eu estava agradecida.

Agora que era uma garota respeitável, comecei a trabalhar como lavadora de louça na cozinha do restaurante. As regras eram claras. Eu não podia ser vista pelos donos do restaurante, nem pelos clientes ricos. Eu devia lavar a louça e limpar o chão e qualquer outra coisa que fosse necessária. Em troca, eu seria alimentada todos os dias e uma vez por semana eu receberia um tratamento especial: poderia escolher um prato do menu do restaurante.

Quase imediatamente comecei a engordar e a sentir-me melhor. Estava cheia de energia e trabalhava o máximo que podia todos os dias. Trabalhava de seis a sete horas direto e ia de volta para o Parque San Antonio com a barriga cheia. Também tinha uma sensação completa — um cansaço delicioso, que significava que eu dormia bem e acordava querendo trabalhar.

Mas à medida que os dias passavam, a novidade do meu novo emprego gradualmente desapareceu. Embora não fosse como na casa de Ana-Karmen — onde fui escrava e prisioneira — comecei a desejar que não tivesse que me arrastar para o trabalho todos os dias. Afinal de contas, alguma parte conspiradora do meu cérebro continuava a me lembrar de que eu era boa para roubar coisas. Eu era uma especialista — tinha sido ensinada pelos macacos. Então porque eu iria trabalhar o dia inteiro — o que seria igual a estar na casa de Ana-Karmen — quando podia conseguir o que quisesse sem trabalhar?

E assim meu ressentimento por não ser igual aos outros meninos de rua começou a crescer e ficou ainda mais forte pelo fato de que, na hora em que eu voltava do trabalho, todos os melhores lugares para dormir do parque já estavam ocupados. Eu também me sentia diferente dos meus colegas — separada deles, isolada. Eu tinha sido um deles, mas agora não era mais. O que parecia totalmente errado.

E assim, poucas semanas depois de receber a chance de encontrar um futuro, dei as costas a ele. Terminei meu turno certo dia e abandonei o emprego. Senti-me agradecida pela oportunidade, agradecida pela confiança que depuseram em mim, mas eu simplesmente não queria trabalhar mais ali. Deixei meu pequeno uniforme e os sapatos de Belinda em uma pilha arrumada no umbral da porta e fui embora. Eu queria me tornar uma menina de rua profissional outra vez.

23

Meu dia começava cedo. O cheiro das padarias das proximidades despertava todos os *gaminas* que dormiam, e o barulho de mecânicos e construtores, coisa constante na cidade, sempre nos impedia de voltar a dormir.

A primeira coisa que eu fazia era examinar cuidadosamente meus sapatos. Eram adorados pelos escorpiões e cobras. E, como répteis que habitavam a cidade, se você os perturbava, eles retaliavam. Eles eram bem menos tímidos que seus primos da selva.

Com os sapatos prontos para enfiar meus pés, eu saía para conseguir o café da manhã. O começo das manhãs também testemunhava a armação das barracas de rua, que vendiam todo tipo de coisas, de brinquedos e artefatos a aparelhos domésticos e comida fria e quente. O café da manhã quase sempre era algo roubado de uma barraca: algumas vezes pão, algumas vezes um delicioso cordão de salsichas assadas, embora com as últimas sempre havia a possibilidade de queimar os dedos — eu tinha que lançá-las de uma das mãos para a outra enquanto corria para longe.

Ser um menino de rua significa que você essencialmente está dirigindo seu próprio negócio. Explorando meios para fazer dinheiro para sobreviver. A maneira mais comum de fazer isso, de longe, era vender drogas, mas para mim aquilo nunca foi uma opção. Não fazia sentido: os meninos que vendiam drogas eram todos viciados. Quão estúpido se precisa ser para tomar algo que faz você ficar pior do que já está? Já era bastante difícil alimentar-se e sobreviver, sem ter que manter um vício também.

Para todo lado que olhava, eu via os efeitos de usar drogas: os órfãos que se haviam deteriorado diante dos meus olhos — de garotos gentis em gente feia, personagens patéticos obcecados apenas em conseguir sua próxima dose.

Com tempo livre, agora que eu havia abandonado o emprego no restaurante, eu passava parte do dia apenas observando o mundo. Eu adorava ficar sentada nos bancos e nos meios-fios, apenas vendo as pessoas em seus afazeres. Cheguei a conhecer algumas delas. Havia Guillermo, o dono da loja de bicicletas do outro lado do parque. Ele andava pelos 40 anos e estava sempre sorrindo. Ele acenava para mim. Consuela, que trabalhava com as costureiras ali perto, aparentemente era a namorada dele, muito mais jovem. Consuela me fascinava; parecia ser tão esperta. Ela podia pegar um trapo e transformá-lo em algo útil, como uma linda blusa. Eu sempre achava que estava assistindo a um show de mágica quando ela fazia aquilo. Eu não podia imaginar ser tão habilidosa.

Consuela sempre era amigável — uma das poucas pessoas que eram assim. E algumas vezes ela me chamava para sentar ao lado dela no banco e conversar. Eu amava nossas conversas. Quando eu estava com ela, esquecia que era uma menina de rua.

Mas nunca por muito tempo. O parque também trazia a promessa de alvos ricos. Homens de negócio também se sentavam nos bancos do parque na hora do almoço, sem seus paletós, e eu sempre podia ser tentada, arrancada de meus sonhos silenciosos ou de meus surtos de conversa pelo encanto irresistível de uma carteira sem vigilância.

Eu era inescrupulosa. Adorava coisas doces, sempre fora assim, de modo que a comida das crianças me atraía particularmente.

Agarrar um sorvete de uma criança no parque era, literalmente, uma brincadeira de criança. Era tão fácil como arrancar uma fruta de uma árvore. Eu tinha muita confiança em mim mesma — bem mais que meus colegas meninos de rua — porque os macacos me tinham criado para ser assim. Enquanto os outros meninos, em sua maioria, se davam bem pedindo esmolas e remexendo latas de lixo, eu nunca pensei duas vezes antes de me aproximar de qualquer um que estivesse jantando em uma mesinha ao ar livre e arrancar-lhe a comida diretamente do prato. Sem importar o quão violenta a cidade era, e quão numerosos éramos nós, os meninos de rua, as pessoas simplesmente não esperavam que isso acontecesse com elas. Minha criação não ortodoxa havia treinado minha imaginação, e meus modos selvagens me davam uma vantagem.

Eu vagava pela área do Parque San Antonio, pegando carona nas traseiras dos ônibus. Em certas ocasiões, eu também trepava na traseira de algum caminhão. Nós, os *gaminas*, com frequência fazíamos isso — era a marca do menino de rua. Mas vagar em toda parte era uma tática acertada, também. Diminuía o risco de ser pego.

Uma loja cheia era sempre uma boa fonte de renda e, à medida que me tornei mais confiante, comecei a aperfeiçoar minha arte, seguindo minhas próprias regras de menina de rua para o sucesso. Você não deve correr; você não deve, de nenhum modo, deixar transparecer o pânico; e você deve primeiro lavar o rosto, pentear o cabelo, escovar os dentes e parecer esperta. Também falar de forma lenta, adequada e estar segura de já ter roubado algumas roupas boas para usar.

Feito isso, a execução era fácil. Eu entrava em uma loja e saudava o dono com polidez. "Um pouco de pão, um pote de geleia e uma escova, por favor."

O dono da loja buscava os itens e os colocava no balcão. Nessa altura eu o mandava pegar mais alguma coisa. "Ah", diria eu, meus olhos abertos e inocentes. "E uma lata de Coca-Cola."

No instante em que ele se virava, eu pegava os outros itens e, antes que ele me pudesse impedir, eu estava fora da loja e desaparecia na multidão.

Se roubar me dava um barato, eu obtive um maior ainda quando me uni a uma gangue. Em poucos meses, cheguei a conhecer muitos outros meninos de rua, e quando me convidaram para entrar em sua gangue, foi como se eu tivesse passado em alguma espécie de teste. Inclusive eu, éramos seis — três garotos e três meninas — e éramos bastante misturados, até na estranha distribuição de nomes.

Havia Sincabow, o menino negro, e depois Daggo. Daggo com certeza era o mais velho — comportava-se como tal — e também o mais zangado. Ele havia fugido de um pai cruel e violento que batia nele e nos seus irmãos diariamente, enquanto sua mãe olhava e não dizia nada. Depois estava Hugo — que queria ser assaltante de bancos. As meninas eram eu — Pony Malta —, depois Mimi, talvez a mais jovem (ela era menor que eu) e finalmente Bayena, que significa "baleia". Pobre Bayena. Ela ganhou esse apelido por razões óbvias — ela era a menina de rua mais gorda da cidade.

Bayena era muito fraca, e não gostava de roubar. Ela era uma dessas novatas que tinham sido expulsas de casa há pouco tempo — bocas demais para alimentar — e não sabia nada sobre sobrevivência. Mais endurecida naquela época, algumas vezes eu me chateava por ela ser tão atarantada e chorona, mas apesar de nossas diferenças, éramos uma boa equipe.

A coisa mais inteligente sobre nossa gangue é que cada um tinha suas qualidades — nossos próprios talentos registrados para roubar. Mas eu podia ensinar-lhes muitas coisas, porque vinha aprendendo meu trabalho cuidadosamente. Eu tinha todos os truques do ramo na minha manga. Sabia, por exemplo, quais eram os melhores alvos nas ruas, e um dos meus favoritos eram mulheres que usassem saias e carregassem sacolas de papel pardo.

Uma mulher de minissaia era a melhor coisa para ver. Quando ela também estivesse agarrando um par de sacolas de papel pardo, significava a possibilidade de algum ganho fácil. Eu vigiava meu alvo por algum tempo, apenas para estar segura de um êxito decente, e depois me aproximava até que ele ficasse ao meu alcance. Eu passava despercebida, o que não era difícil, e também ficava silenciosa. Então atacava, puxando a calcinha delas para expor seu traseiro nu, desfrutando do som de seus gritos mortificados, enquanto deixava cair as sacolas e lutava para subir a calcinha outra vez.

Eu sempre me divertia com a dificuldade que tinham para executar essa tarefa tão simples, o que me ensinou outra lição: a vergonha faz você ficar descontrolada. Funcionava sempre. Havia ampla oportunidade para que eu pudesse juntar tudo que coubesse nas mãos antes de fugir para aproveitar o meu butim. Na verdade, uma das melhores lembranças de ser uma menina de rua foi meu primeiro Natal. Senhoras de saias carregando sacolas de papel que continham suas compras de Natal eram, para mim, quase o Papai Noel.

Eu constantemente adicionava novas estratégias ao nosso repertório. Durante a temporada de futebol, eu sempre me dava muito bem. Roubava entradas das pessoas enquanto faziam a fila para entrar no estádio e depois as vendia pelo dobro do preço no portão. Também roubava cones de trânsito e fazia uma área de estacionamento própria — sempre no terreno de outra pessoa, claro. Às vezes eu até cobrava por um espaço de estacionamento grátis, e as pessoas — principalmente se estivessem atrasadas e desesperadas por conseguir um lugar para estacionar antes de o jogo começar — pagavam sem protestar. Com o passar do tempo juntei meu próprio estoque de cones, que guardava em um lugar secreto, para maximizar meus lucros.

Por certo tempo também fiz dinheiro como engraxate. Porém, aquilo não durou muito, pois alguns meses depois de eu ter roubado uma caixa de engraxate, alguém a roubou de mim. Que coisa feia.

Apesar do contratempo, tive mais e mais sucesso, e tornei-me uma das melhores ladras e fazedoras de dinheiro das ruas de Cúcuta. Afinal, meu sucesso e minha bravura significavam que eu era muito respeitada, e me pediram para tornar-me líder de nossa gangue. Até hoje, lembro como me senti orgulhosa por ser admirada pelos meus pares.

E como nos divertíamos. Lembro disso também. Ainda éramos crianças, afinal de contas, e quando não estávamos ocupados procurando comida ou roubando, brincávamos de esconde-esconde, de caça, algumas vezes de jogos de bola (se encontrávamos uma) e de "galinha", um jogo que as crianças de todo o mundo conhecem. Em nosso caso, envolvia correr na frente dos carros nas ruas repletas da cidade. É impressionante que nunca tenha visto ninguém ser atingido.

*

Vivi nas ruas de Cúcuta por dois ou três anos. Luto para lembrar desse tempo em termos de anos, primeiro porque, para começar, eu realmente não sabia minha idade e segundo porque, quando se vive da maneira que vivíamos, o conceito de tempo — dias úteis e dias de descanso, períodos de trabalho e de férias — não tinha nenhum significado. Nunca teve para mim, pois não havia "semanas" ou "meses" na selva.

Apenas agora, tendo observado minhas próprias filhas crescerem, posso reconhecer, ao notar seus estágios de desenvolvimento, que idade eu tinha a cada estágio da minha vida. Agora acredito que devia ter 12 ou 13 anos de idade quando algo aconteceu comigo que me fez querer dar as costas à vida que estava vivendo.

Olhando para trás, as vidas passavam de forma bastante desoladora. Quase todas as noites, nosso sono era interrompido. As pessoas urinavam em nós, atiravam pedras e nos chutavam sem motivo algum. Homens bêbados batiam nas pernas das garotas, rindo sordidamente. Os únicos lugares seguros para dormir eram naturalmente os mais imundos, onde o ar tinha cheiro de esgoto. Não podíamos pedir um copo d'água se tivéssemos sede, pois éramos desprezados por todos — o que não é de admirar, já que roubávamos deles diariamente para sobreviver. Pessoas que passavam zombavam de nós, nos estendendo a mão possivelmente para oferecer um hambúrguer, mas quando estendíamos nossa mão, eles a afastavam, rindo. As pessoas nos olhavam com repulsa, pois para elas éramos repugnantes.

Embora houvesse momentos bons no meu dia — como minhas refeições em restaurantes chiques — a vida nas ruas, apesar da estranha emoção e do sucesso, era difícil, assustadora e incômoda. Nunca sabíamos realmente de onde viria nossa próxima refeição, ou se naquele dia seríamos capturados pela lei. Nossa gangue cresceu, mas também, de tempos em tempos, diminuía outra vez, quando as crianças eram presas e nunca voltavam para nós. Lembro particularmente de Daggo, que desapareceu um dia. Ele costumava atacar bêbados e roubar suas carteiras, mas tinha um lado obscuro e violento. Eu me pergunto onde possa estar agora, se ainda está vivo. Eu me pergunto onde estão todos, o que foi feito deles.

Estávamos sempre preparados, mantendo-nos alerta todo o tempo, para o caso de sermos vítima de um assalto, de uma violação ou de uma prisão. E apesar de estarmos todos no mesmo barco e de termos uma intensa e leal amizade, nenhum de nós podia cuidar do outro da maneira que um pai poderia. No meu interior, eu ainda procurava um amor de mãe. Era sobre isso que eu pensava com frequência quando tentava dormir.

De noite, era difícil encontrar um lugar seguro e confortável para descansar. Mais velha e mais sábia, eu não me arriscava mais nas árvores do parque. O melhor lugar que eu conhecia era o lugar secreto das crianças. Se alguma vez forem a Cúcuta, ou talvez a outras cidades similares no mundo, verão lugares secretos debaixo de pontes nos quais as crianças podem se meter. Não sei como se chamam, mas ficam debaixo da estrutura principal. Talvez sejam parte integrante do projeto, para suportar a estrutura metálica e a estrada acima deles. De qualquer modo, eles parecem difíceis de alcançar e bem seguros. É ali que os meninos de rua gostam de dormir.

Naquela época, era o lugar mais seguro, porque a polícia não parecia saber deles, e mesmo que soubesse — e estou certa de que isso é verdade no mundo inteiro —, os espaços eram do tamanho de crianças, e nenhum policial caberia neles. No entanto, eram terrivelmente fedorentos. Eram áreas fechadas, sem escoamento, e os meninos urinavam, bebiam álcool, comiam e usavam drogas ali. O cheiro de corpos sem lavar — o meu inclusive — permeava tudo. Era um odor acre que parecia chamuscar nossas narinas. Era um fedor com o qual nunca se podia acostumar.

Mas era possível adaptar-se a estar sujo e viver nos esgotos. Algumas noites, quando eu estava muito cansada para chegar a um suporte de ponte, eu simplesmente me encolhia em qualquer dreno fedorento que pudesse encontrar. Vida insalubre era a minha norma. Eu vasculhava latas de lixo, bebia água de calhas e a ideia de lavar-me nem passava mais pela minha cabeça. Eu fazia apenas o mínimo necessário para levar a cabo meus pequenos golpes, e meus padrões mínimos caíam dia a dia.

E havia outro lado nebuloso: o que a vida nas ruas fazia com a sua psique. Havia tantas crianças golpeadas, abandonadas. Tanta dor e tanta raiva. Quando as pessoas não o respeitam, você quer atacá-las, e pouco a pouco você também perde todo o respeito por si mesmo. Finalmente, você começa a se perguntar para que nasceu. De modo gradual, eu estava me transformando em um tipo diferente de pessoa, minha mente focada mais e mais nos meus golpes e planos criminais, e minha parte ruim, a parte que existe em todos os seres humanos, estava ganhando da parte boa.

A razão daquilo provavelmente era a raiva. De todas as emoções que descrevi durante meu tempo nas ruas, a raiva era, de longe, a mais forte. E não era só eu, cada criança naquela situação sentia isso. Claro que sentia — tínhamos tantas coisas de que sentir raiva. Nenhuma criança pede para nascer para uma vida tão dura. Nenhuma criança merece ser tratada como escória por completos estranhos — que provavelmente têm o luxo de terem sido criados por pessoas que as amaram e cuidaram. Não podíamos recorrer a ninguém. Claro que tínhamos raiva.

Então, um dia, dei de cara com uma menina de rua que eu conhecia. Só que ela não era mais uma menina de rua. Vestia roupas lindas, estava limpa e havia perdido aquele olhar tenso, de presa. Tanto assim que foi ela que me reconheceu. Eu nem saberia que era a mesma menina.

— Pony Malta! — chamou-me. Era perto de meio-dia. O sol estava alto e eu estava suando, a caminho de um restaurante, esperando roubar alguma coisa para o almoço. Ela estava fazendo compras. Levava uma bolsa, embora não de papel. Devia ter 14 anos, mais ou menos, não muito mais que eu. Mas em qualquer outro sentido, anos-luz de diferença.

— Millie? — disse eu, chocada. — Onde você esteve. Para onde você foi?

— Eu tenho um emprego — disse ela, sorrindo. — E um lar. E sou alimentada.

Ela explicou que, farta de tudo, foi de porta em porta pedindo trabalho em troca de comida e abrigo.

— E te aceitaram?

Eu estava chocada. As pessoas tinham mesmo aceitado? Eu estava tão longe daqueles primeiros dias quando tinha sido tratada de modo similar por uma garçonete amorosa que a ideia agora parecia impensável.

Ela aquiesceu com alegria.

— Sim! E você deveria ver. A casa deles é tão linda, e eu tenho uma cama confortável. E não fui só eu. Vários meninos de rua como nós fizeram o mesmo.

Aquilo era novidade para mim, mas talvez eu tivesse estado tão cega que não podia ver. Eu vivia e respirava a minha gangue, e excluía todo o resto. Havia gente lá fora que dava trabalho a endurecidos meninos de rua?

— Não é permanente — disse Millie. — Eles apenas a usam e depois você deve seguir adiante. Antes dessa família eu trabalhava e era alimentada e talvez tivesse uma noite ou duas de tranquilidade. E você deve estar preparada para fazer o que eles pedirem. Mas é tão melhor. Você deveria tentar.

Minha mente agora estava zumbindo. Eu poderia fazer como ela? E ter uma cama e receber comida outra vez? Mas eu era uma pessoa diferente. Uma criminosa. Quem iria confiar em mim?

— Não bateriam a porta na minha cara? — perguntei a ela.

— Alguns farão isso — disse ela. — Mas se você tiver sorte, outros não. Mas você deve ir sozinha. Ninguém falará com você se você aparecer com a sua gangue. Tem que ser apenas você, ou eles terão medo que a gangue queira roubá-los.

Enquanto ponderava o que ela havia me contado, senti que estava sendo desleal, particularmente com a fraca Bayena e com a pequena Mimi, que teriam que se defender por si mesmas. Mas não era um sentimento tão forte que me impedisse de querer tentar. Afinal de contas, eu não tinha nada a perder.

24

Levou algum tempo para que aquilo que parecia uma ideia viável se transformasse em um verdadeiro plano de ação. Apesar de todas as minhas bravatas nas ruas e da minha coragem como ladra, na verdade eu estava nervosa com o fato de bater nas portas para pedir trabalho. E talvez eu estivesse certa de estar nervosa. Afinal de contas, roubar é um ato privado. Você o comete sozinha, você o comete por você, não busca a aprovação de ninguém. Falar com estranhos quando você quer algo legítimo deles é pedir-lhes que julguem você, e talvez eu não estivesse pronta para tornar-me tão vulnerável.

Mas finalmente meu desejo de encontrar uma vida melhor venceu meu medo, e uma vez que estive tão limpa e apresentável como poderia estar, comecei minha missão.

Escolhi o distrito de El Callejón porque, baseado no que dissera Millie, parecia a opção mais plausível. Era o lugar onde vivia gente com dinheiro. Sugeri à minha gangue que talvez quisessem vir comigo, e no começo fomos juntos e tentamos várias casas promissoras. Mas, como Millie me havia alertado, logo se tornou evidente que, como gangue, éramos intimidantes. As pessoas naturalmente desconfiavam de grupos de meninos de rua magricelos, e decidimos que teríamos melhores resultados se batêssemos às portas separadamente. Assim, foi isso o que fizemos — apenas com uma rápida despedida na rua. Nada demais. Eu não sabia se iria ver qualquer um deles outra vez.

Era uma missão solitária, ingrata, miserável, destruidora de almas. Eu percorri ruas e mais ruas, para cima e para baixo, com dor nos pés e com sede por caminhar no calor. E todos, sem exceção, me diziam para ir embora. Desencorajada, decidi que ia desistir — parecia tão inútil —, mas então uma lembrança emergiu e me tomou por surpresa. Lembrei da primeira vez que observei um macaco tirar uma noz da sua casca — quanto tempo levou e quão duramente ele tinha trabalhado. Como ele procurara pela rocha certa, com um buraco para colocar a noz nele — só isso já levou um bom tempo — e como teve que encontrar outra rocha e como tinha trabalhado por tanto tempo, batendo com ela repetitivamente até que foi recompensado por aquele pequeno e encorajador craque. Mesmo então, levou um bom tempo para conseguir abri-la. As nozes mais saborosas não entregavam seus tesouros com facilidade. Você devia merecê-los. Assim como eu teria que merecer este.

De modo que continuei. Fiquei naquilo dia após dia. Houve muitas ruas e muitas casas, e com frequência não havia ninguém em casa. Levaria um bom tempo antes que eu esgotasse as possibilidades, e jurei que não abandonaria minha missão até então.

E assim como o macaco que faz o esforço é recompensado com uma dieta mais rica, assim minha persistência, ao que parece, estava a ponto de recompensar-me. Eu estava no final de uma rua que já havia percorrido várias vezes, batendo à porta de uma casa que já havia tentado pelo menos uma vez. E dessa vez, quando a porta se abriu, revelou um rosto amável.

À minha frente estava Consuela, a garota que eu costumava ver no Parque San Antonio. Uma das poucas pessoas comuns que tinha sorrido e dito alô para mim. Ela disse alô nesse momento.

— Nossa, eu jamais... Pony Malta!

Fiz uma oração agradecendo o fato de nunca ter pensado em roubá-la quando se sentava no banco do parque, costurando roupas.

Exibi meu melhor sorriso, o que não foi difícil, porque eu estava contente que fosse ela a pessoa a atender à porta.

— Consuela — disse eu. — Oi!

— O que você está fazendo por esses lados? O que você está procurando?

— Bem, eu esperava que talvez você me pudesse ajudar.

Ela pareceu um pouco menos satisfeita de ver-me que um segundo atrás.

— Está bem... — disse ela devagar. — Desde que você não esteja aqui para pedir dinheiro.

— Ah, não, Consuela. Eu estou aqui porque quero ajudá-la. Como sua criada. Como empregada doméstica. Mas de graça.

Ela pareceu surpresa.

— Por que você ia querer fazer isso? Decerto você quer alguma coisa...

— Tudo o que eu quero é não ser mais uma menina de rua. Não viver mais nas ruas. Se me deixar trabalhar para você e morar na sua casa, é tudo que eu quero.

Eu não sabia o que mais dizer. Mas ela pôde ver que eu era sincera.

— Prometo que não vou atrapalhar — completei. — E sou muito trabalhadora.

Consuela sorriu.

— Estou certa que sim — disse — mas esta é a casa dos meus pais, Pony. Terei que perguntar a eles... — Ela fez uma pausa, como se estivesse pensando se devia fazê-lo, e por um instante achei que ela ia me mandar embora. Talvez eu tivesse que voltar no dia seguinte. Mas então ela pareceu decidir-se. — Espere aqui — disse com firmeza, e fechou a porta.

Fiquei parada nos degraus da frente por alguns minutos. Era uma casa nobre, com uma porta pesada e antiga. Parecia grande, sólida e substancial — bem diferente do gasto bordel de Ana-Karmen. Via-se que aquelas pessoas eram muito respeitáveis.

A porta abriu-se outra vez, e um homem e uma mulher de meia-idade estavam parados na entrada. O homem parecia muito nobre — alto e elegante como a sua casa. Estava bem-vestido, com elegantes cabelos branco-acinzentados, bigode e um rosto que alguma vez fora muito bonito. A mulher era menos impressionante, pequena e um pouco gorda. Tinha um rosto que me lembrava um hamster, e um vestido cor de ameixa. Ela usava muitas joias.

— Esses são meus pais — explicou Consuela.

— Nossa, ela parece suja — disse a mulher mais velha. Ambos me examinaram, inspecionando-me como se eu fosse uma fruta ou um carro novo.

— Eu posso fazer um vestido para ela — sugeriu Consuela. — E eu a conheço há muito tempo. Se chama Pony Malta. É muito ágil, e sei que trabalha duro. E ela não está tão suja. Não se vocês considerarem como ela é obrigada a viver.

Eu podia ter abraçado Consuela naquele dia. Ela me defendeu tão bem. Continuava a ter respostas para todas as objeções deles, convencendo-os de que eu seria a empregada perfeita para a família e, melhor que tudo, eles nem precisariam me pagar.

— Está bem — disse o homem, afinal. — Mas apenas uma experiência. — Ele fixou seus olhos escuros em mim, e as sobrancelhas acima deles se juntaram. — Não roube nada. Promete?

— Eu prometo — disse eu alegremente. — Prometo não roubar. Ah, muito obrigada, muito obrigada.

Quer dizer, pensei enquanto Consuela me guiava para dentro da casa, que afinal de contas, existem boas pessoas nessa cidade. E agora eu tinha um emprego e um lar. Eu não podia estar mais feliz.

— Qual o seu nome mesmo? — perguntou a mulher.

— Pony Malta — respondi.

— Eu te expliquei — disse Consuela. — Porque ela é tão pequena! — Orgulhosamente ela colocou sua mão sobre a minha cabeça, como se eu fosse seu novo animal de estimação, para indicar quão pequena eu era.

— Isso não é um nome — disse o homem. Ele me examinou outra vez. — Hum. Acho que chamaremos você de Rosalba. Consuela, leve Rosalba para tomar banho. — Seu nariz se enrugou. — Eu poderia sentir o cheiro dela do outro quarto!

*

Outro nome, outra mudança de vida. No final daquele dia, eu tinha um corpo recém-limpo e me havia estabelecido no que pensava ser um estilo de vida melhor. E era, pois pelo menos tinha roupas limpas e uma cama, e não precisava mais roubar para comer. Também era a nova empregada de limpeza de uma família chamada Santos, que me havia prestado um grande serviço, permitindo que eu tivesse um lugar em seu nobre lar.

Era uma casa grande, que abrigava uma família grande. Além do sr. e da sra. Santos, havia seus cinco filhos: Juan, o mais velho, que tinha cerca de 45 anos e era muito assustador; Alfonso, que tinha cerca de 30 anos, e Pedro, um pouco menor que as duas meninas; Estella, apenas um pouco mais velha que Pedro, e finalmente minha salvadora, Consuela, que acho que deveria ter entre 30 e 32 anos de idade.

Comecei a trabalhar imediatamente, e minha primeira tarefa foi espanar. Disseram-me para escovar os degraus e tirar a poeira do grande pátio de lajotas quadradas no fundo da casa. Era um lugar lindo, cheio de vasos de plantas e lar de um casal de pássaros domesticados. Mas, aberto ao relento, ficava muito empoeirado.

Cúcuta é uma cidade muito poeirenta, de modo que era um problema constante para os que viviam ali, mas Consuela me deu pistas de como lidar com o excesso de poeira. Antes de varrer o chão eu tinha que jogar um pouco de água, para impedir que a poeira escapasse pelo ar. Foi uma ideia tão boa que a adotei desde aquele dia e ainda faço assim na minha própria casa.

Ela ensinou-me a usar um jornal como pá, outra vez molhando a borda para que grudasse no chão, tornando mais fácil coletar cada partícula.

Meus outros deveres eram exatamente aqueles que se pode imaginar. Eu lavava, cozinhava, limpava e recolhia o lixo, como tinha sido acordado. Em troca, eu tinha uma cama — bem, um colchão debaixo da mesa da varanda, na entrada dos fundos, onde dormiam os cachorros. Eu não tinha travesseiro, a não ser a pilha de jornais que eu juntava, mas tinha a companhia dos cachorros, o que era bom, e era alimentada tão bem quanto eles.

No entanto, uma vez mais, em poucas semanas eu me sentia miserável. Apesar de todas as vantagens que havia conseguido, havia perdido algo muito importante: a amizade e a companhia da minha gangue de rua. Eu havia me transformado outra vez em um fantasma — ninguém falava comigo, ninguém me reconhecia, ninguém parecia querer ter nada comigo. Eles me alimentavam e me davam um teto, mas eu era tão invisível quanto tinha sido na casa de Ana-Karmen.

Também era, uma vez mais, uma prisioneira. A porta da rua estava sempre trancada e com a trava posta. Havia uma viga, apoiada em dois ganchos, que descansava horizontalmente contra a porta e que, pequena como eu era, jamais poderia mover, nem em um milhão de anos. Assim não havia forma de sair, exceto por uma pequena janela sem vidro acima de um pequeno lance de escadas que levava, se você fosse pequena e firme, até o galho de uma grande árvore de lima-espanhola.

A árvore de lima-espanhola produz um fruto que se parece com limas pelo lado de fora e com lichias no interior, e tem um hábito peculiar de espalhar folhas brilhantes em forma de espadas. A que estava no jardim da família Santos era enorme, e logo se tornou meu local favorito de refúgio. Eu subia lá sempre que possível e me sentava escondida nos galhos, aproveitando a companhia dos muitos pássaros e insetos. A natureza era o único lugar ao qual eu sentia que pertencia, e sempre voltava meus pensamentos para o passado, para minha amorosa família de macacos: como eles se sentavam, me limpavam e me provocavam — algumas vezes por distração, tanto que eu ficava zangada e os expulsava. Como sentia falta deles, agora que a minha vida era o contrário daquilo e eu vivia entre humanos que nem mesmo queriam conhecer-me.

Mas, apesar de tudo, minha determinação ainda estava forte. Eu estava agradecida aos Santos por terem me dado uma chance de começar novamente, e talvez, quando vissem minha dedicação como uma boa serviçal, talvez, pouco a pouco, as coisas fossem mudando. Talvez um dia eles me chamassem para me sentar com eles nas refeições, ou me saudariam pela manhã.

Ou talvez não. Talvez eu me arrependesse do dia em que bati à porta dos Santos, e mais ainda de mudar-me para a casa deles. Há muita gente boa na Colômbia, de modo que tive azar ao bater na porta em que bati. Pois os Santos eram uma das mais notórias famílias criminosas da cidade.

Como tal, eles eram compreensivelmente reservados. O que aprendi, aprendi lentamente, por observação e por sorte. Eu via regularmente homens de negócios luxuosamente vestidos entrando e saindo da casa, embora eu não tivesse ideia do tipo de negócios em que andavam metidos. Eles carregavam pastas que pareciam caras e fumavam grandes charutos enquanto entravam e saíam do escritório, uma parte da casa que estava estritamente fora dos limites.

Seja o que fosse que os Santos faziam para ganhar dinheiro, era uma atividade bem-sucedida. Evidências de sua riqueza pareciam estar em todas as partes — seu lar estava cheio delas — e algumas vezes, quando estava em silêncio limpando o corredor, eu podia ouvir pedaços da conversa deles. A família achava que eu tinha menos compreensão da linguagem do que realmente possuía, porque eu raramente falava. E quando o fazia, ainda era de maneira imperfeita, tendo aprendido a linguagem humana tão tarde. Mas eles me subestimaram. Eu podia entender muito mais do que eles imaginavam, e o que ouvia, quando escutava as conversas dos homens, com frequência era sobre dinheiro — grandes quantidades de dinheiro — e o que pareciam ser planos elaborados para tirá-lo de outras pessoas, inclusive tramando contra espectadores inocentes. Até mesmo os ouvi mencionar a palavra "matar".

Eu não estava chocada por nada daquilo. Eu tinha sido uma menina de rua por tempo suficiente para saber que muitos homens de negócios colombianos faziam coisas ruins para ganhar dinheiro — isso era normal na Colômbia naquela época Mas tinha medo do filho mais velho, Juan, pois fiquei sabendo que ele estava envolvido com um poderoso grupo "mafioso" do país. Ele parecia ser o membro mais importante da família: seus sócios da máfia eram tão perigosos que os pais de Juan o ajudavam em seus crimes — não tinham escolha.

Ao que parece, toda a família ganhava a vida com o crime. Alfonso era um ladrão profissional e Pedro sempre chegava em casa com muitas joias. Até as mulheres estavam envolvidas, ajudando como podiam com os despojos das atividades criminosas dos homens. Estes com frequência chegavam em casa às três da manhã e descarregavam coisas que haviam roubado — pedras preciosas, rifles, munição e relógios. E uma das minhas tarefas, quando eles chegavam, era esconder com rapidez as armas, que eram colocadas debaixo das latas de lixo do pátio.

Mesmo que comparada com a vida de um menino de rua, aquilo era assustador. Quanto mais eu aprendia sobre como eles dirigiam seus negócios, mais temerosa ficava pela minha própria segurança. Eles queimavam as casas dos rivais e matavam, sem pensar duas vezes, sempre planejando tudo com cuidado para assegurar que se safassem — eram mestres em fazer tudo parecer "um acidente".

De modo que foi provavelmente ingênuo da minha parte não considerar o fato de que homens ruins fazem coisas ruins em muitos aspectos da sua vida. E que, assim como tinha sido o caso no bordel de Ana-Karmen, eu era uma garota adolescente sem lar nem família, de modo que, quando e se eu fosse notada por qualquer daqueles homens, seria inteiramente pelas razões equivocadas.

25

Logo ficou evidente para mim que a vida na casa dos Santos não era diferente daquela na casa de Ana-Karmen. O que eu estava pensando? Era tratada como um dos cachorros da família, amarrada a uma árvore ou a um poste com frequência, sem nunca estar totalmente segura do motivo. Minhas refeições consistiam nos restos das refeições da família: ossos mastigados, pedaços de pão e cascas de vegetais. Eu brigava por isso com os cães, que eram mais fortes que eu.

Mas em um aspecto eu era diferente dos animais de estimação da família. Algumas semanas depois da minha chegada, vi um brilho no olhar do sr. Santos que me fez gelar até os ossos. Seu olhar parecia estar fixo em mim o tempo todo, como se me estivesse avaliando, o que me fez sentir incômoda e na defensiva. Era um olhar que eu já tinha visto muitas vezes antes.

O sr. Santos trabalhava principalmente à noite e dormia durante o dia. Assim, quando a sra. Santos e seus filhos estavam fora trabalhando — ou fazendo seja lá o que for que faziam — a casa ficava vazia, na maior parte dos dias, exceto por ele e por mim. Naquele dia, no final da tarde, eu estava na cozinha preparando o jantar quando me dei conta que ele havia entrado e se aproximado de mim.

Eu estava diante do fogão, fazendo *arepas*, e podia ver seu reflexo nos azulejos pretos. Ele estava parado no umbral da porta, e notei que só usava roupa de baixo. Senti um arrepio percorrer minha coluna, mas fingi que não o vi, apenas me enrijecendo enquanto ele se aproximava e se abaixava lentamente atrás de mim. A próxima coisa que senti foi o áspero e úmido toque de suas mãos deslizando para cima e para baixo nas minhas pernas nuas.

Logo o movimento mudou e pude ouvir sua respiração apressar--se. Suas mãos haviam começado a deslizar ainda mais ao longo das minhas coxas. Isso era o que queriam de mim agora? Que eu devia fazer cada coisa que a família quisesse, inclusive permitir que o sr. Santos me apalpasse — ou pior? Minha raiva de menina de rua nunca tinha sido enterrada de verdade e agora ressurgira, minha mente esforçando-se para considerar se e onde poderia haver uma rota de fuga. Ele era um homem grande e forte, mas eu tinha a vantagem da surpresa. Ele não me conhecia, e é claro que esperava que eu concordasse com tudo. Mas ninguém — nem mesmo o poderoso sr. Santos — ia me violar. Não enquanto eu ainda tivesse ar nos pulmões.

Olhei para a prateleira metálica de esfriar *arepas*, forçando-me para não recuar sob o seu toque. Logo que eu o fizesse, ele poderia compreender que eu planejava fugir. Eu precisava fazer com que ele acreditasse que eu o deixaria levar adiante seu plano.

Lentamente coloquei meus dedos na enegrecida grelha metálica de esfriar. Não era a melhor arma, mas era pesada, e se eu o atingisse com força suficiente...

Eu a girei e bati com ela nele. O sr. Santos estava ajoelhado atrás de mim, de modo que o golpeei na cabeça e nos ombros, enquanto as arepas quentes voavam por todos os lados, rolando pelo chão de pedra. Ele soltou um rugido de choque e, desequilibrando-se sobre os joelhos, caiu de lado no chão. Eu o golpeei outra vez, e então uma terceira vez, apenas por precaução. Não era a mais pesada das armas, mas eu compensei isso com fúria. Depois corri.

Não havia uma saída real para mim, é claro. As portas estavam trancadas, as janelas tinham grades, o muro alto tinha arame farpado e vidros quebrados na parte de cima. Só podia correr escada acima até a pequena janela sem vidro e depois subir para enterrar-me nos galhos da árvore de lima-espanhola. Escapei pela janela e aterrissei nos galhos dela, ouvindo sua voz gritando atrás de mim:

— Vou matar você, sua bastarda!

Eu sabia que ele viria atrás de mim, empunhando seu grosso cinto de couro. O que fazer depois? Eu me sentei na sombra verde e fragrante, respirando pesadamente, e a náusea ondulava por mim à medida que meu pulso começava a ficar mais lento. O que devia fazer? Como podia lidar com aquela situação? Deveria tentar escapar? Tentar levantar a enorme viga atrás da porta? Mas eu sabia que não podia. Eu mal podia alcançá-la sem subir em alguma coisa. E o sr. Santos estaria lá de qualquer maneira para impedir-me.

O pensamento me fez querer chorar de frustração. Mas então pensei um pouco mais. O que haveria lá fora para mim, de qualquer maneira? Eu seria apenas uma menina de rua outra vez. E aquela seria uma vida melhor que esta? Eu tinha muito pouco agora, mas pelo menos mais do que tivera como uma menina de rua. Como poderia voltar para aquilo? Aquele futuro sem saída. Pelo menos agora eu tinha esperança. Se pudesse trabalhar, teria uma chance de futuro. E o pensamento de perder isso me fez ainda mais zangada. Como se atrevia ele, com sua luxúria nojenta, tentar tirar-me aquilo? Se tentasse escapar, o que seria de mim? Os Santos iriam atrás de mim? Eles achavam que eu sabia tanto sobre seus negócios para matar-me? Parecia terrivelmente simples responder àquilo — é claro que sim.

E então encontrei uma resposta: a sra. Santos. Eu simplesmente ficaria sentada na minha árvore até vê-la voltar para casa. Só então eu apareceria e lhe diria a verdade sobre o que acontecera.

O sr. Santos mentiria para ela — isso eu sabia com certeza. Mas algo me disse que ela acreditaria em mim quando eu lhe dissesse a verdade. Minha intuição me dizia que ela conhecia seu marido e as coisas que ele fazia. E talvez ela pusesse um fim a tudo aquilo, e eu teria outra chance.

Quando ela chegou em casa, o sr. Santos começou a falar com ela antes de mim e pude ver, pela expressão dela, que ele já lhe havia contado histórias antes. Eu não ouvira o que disseram, mas não precisava. Podia dizer isso pela expressão amarga no rosto dela. Minhas esperanças de que ela me apoiaria foram imediatamente frustradas.

— Onde você esteve? — disse ela quando entrou na cozinha. — O sr. Santos me falou que você andou se escondendo e não fez seu trabalho!

Ela jogou um chinelo em mim, que não tentei evitar.

— Sra. Santos — disse eu. — Por favor, preciso falar com a senhora.

— Então fale, Rosalba! Fale. — Ela ficou parada olhando para mim, com as mãos na cintura.

— Sra. Santos — sussurrei, vacilando na medida em que as palavras saíam da minha boca. — Ele tentou fazer sexo comigo. Ele colocou as mãos nas minhas pernas — eu parei e fiz o gesto — assim. Mas eu o golpeei com a grelha e fugi.

A sra. Santos exibiu um olhar de rejeição no rosto.

— Quê? — disse ela. — Você acha que ele ia querer fazer sexo com um pequeno rato como você? Eu acho que não! Pare de tentar chamar a atenção e faça seu trabalho! — Ela apontou um dedo na minha direção. — É melhor tomar cuidado, Rosalba. Não se meta em nosso caminho. Não o faça ficar zangado, ou você pagará por isso, está me ouvindo?

Ela deu-me as costas então, mas antes de sair virou-se para mim outra vez.

— E não diga nada a ninguém sobre isso, você me ouviu? Ou eu a afogarei.

Fiquei parada por vários segundos, tentando absorver as palavras dela. Eu a havia julgado mal. Ela sabia. Eu estava certa de que ela sabia. Mas obviamente não queria saber. Não sobre o marido dela. Pensei outra vez no que me haviam dito e por que havia deixado a casa de Ana-Karmen. Agora eu ia ser carne, afinal de contas.

*

A crueldade da sra. Santos aumentou. E sem medo da ira de sua mulher, o sr. Santos manteve o poder. Ele nunca me estuprou, mas eu sabia que suas intenções eram sexuais. Cada vez que a sra. Santos ia trabalhar ou até mesmo fazer compras, eu me sentia aflita, sabendo que estávamos sozinhos na casa. Ele até mesmo me ofereceu dinheiro, que recusei, mas só tentou agarrar-me à força uma vez mais. Dessa vez eu avancei sobre os olhos dele com tal ferocidade que nunca mais tentou colocar as mãos em mim. Às vezes acho que fui beneficiada pelo fato de as pessoas ainda me considerarem um animal selvagem.

Tanto o marido como a mulher, no entanto, não tinham escrúpulos em bater em mim com regularidade. O sr. Santos, eu acho, porque era um sádico, um monstro, e a sra. Santos talvez porque soubesse que ele estava interessado em mim e me odiava por isso, além de desprezar-me em geral. Fosse qual fosse a razão, batiam em mim o tempo todo.

Olhando para trás, eu me pergunto se não estava no meio de um grande colapso conjugal. Ou talvez fosse apenas porque eu era uma escrava tão fraca e ineficiente. Eu ainda fazia mal a maior parte das coisas, era desajeitada e tosca. Eu lavava mal — sempre deixava sabão na roupa — e a limpeza não tinha jeito — nada ficava adequadamente limpo. Quando passava camisas, estava sempre colocando os vincos nos lugares errados. Quando varria o chão, escondia a sujeira debaixo dos armários, em vez de recolhê-la. Ah, eu era uma escrava bastante ruim. Eu sabia que era.

Comparados com Ana-Karmen, os Santos eram mais sofisticados. Ao ser parte de uma fraternidade criminosa, tinham experiência com a violência. Eles compreendiam como o cabo elétrico machucava mais. Também sabiam que, com uma tomada posta nele, causaria ainda mais dor, e assim era a ferramenta preferida deles para usar em mim. Algumas vezes a dor me fazia desmaiar, e eu me despertava em uma poça de sangue e urina. E, como Ana-Karmen, eles me batiam por causa da sujeira também. Meu único lugar seguro era o galho da árvore de lima-espanhola, para onde eu me arrastava depois que meu corpo tivesse sido descartado naquele dia, e permanecia esquecida até que começavam as tarefas do dia seguinte.

Eu me sentava ali e muitas vezes pensava em Consuela. Ela tinha sido tão boa comigo, amigável, e onde estava ela agora? Eu dificilmente a via, e quando o fazia, parecia que ela mal podia olhar-me nos olhos. Se o tivesse feito, talvez tivesse reparado em todos os meus machucados, mas parecia que ela não queria mais me encontrar. Será que ela realmente sabia o que eles faziam comigo? Talvez não. Eu também estava segura de que a sra. Santos a tinha envenenado contra mim com lendas de sabe-se lá que transgressões, quando eu necessitava tanto de uma amiga.

Eu pensava nos macacos, no Vovô, em Rudy, o careca, na pequena Mia — e na minha gangue de rua. Como estaria a Bayena agora? Estaria segura? Eu sentia saudades de todos. Tanto que era como uma dor física. Nesses momentos, eu me sentia tão só como era possível sentir.

Mas a árvore de lima-espanhola não oferecia apenas montões de frutas verdes e brilhantes. Ela me trouxe uma amiga.

*

A casa dos Santos estava situada em uma rua bem larga. As cercas eram altas, mas do meu galho na árvore eu podia ver facilmente o jardim ao lado. A dona daquela casa era de meia-idade, um pouco mais jovem que a sra. Santos, e havia algo em seu rosto e em suas maneiras que me fez gostar dela. Foi como aquele dia em que vi a mulher indígena procurando um lugar para ter o bebê. Havia algo que me levou a ela — um instinto visceral no qual aprendi a confiar. No entanto, eu não me mostrei; a vida em Cúcuta tinha tirado isso de mim. Mas eu a observava do meu ninho na árvore.

Tinha vários filhos: mais velhos, que ajudavam lavando pratos, e mais jovens — um pouco mais jovens do que eu — que brincavam e riam juntos de um jeito que me fazia lembrar da minha família de macacos. Aquela também era uma família. Era ali que eu queria estar. Eu a observava horas a fio, notando sempre como ela era amorosa com seus filhos. Como ela sorria para eles, mesmo quando não estavam olhando na direção dela, e como ela instintivamente acariciava os cabelos deles quando passavam perto dela nas brincadeiras. As crianças pareciam tão felizes, tão contentes, que eu não podia deixar de me perguntar: as crianças na cidade com frequência viviam assim? Felizes, livres do medo? Era eu a estranha?

Finalmente, minha necessidade de conhecê-la ficou forte demais para que eu pudesse resistir e, certo dia, mudei de posição. Fiquei um pouco mais baixo na árvore e um pouco mais perto do jardim dela, e o movimento que isso criou a fez olhar para cima. Nossos olhos se encontraram, e outra vez eu pude ver compaixão e simpatia. Eu me senti segura e arrisquei-me, expondo-me um pouco mais.

Ela sorriu para mim, e foi um sorriso de carinho e compreensão. Mas ela deve ter conhecido os Santos, pensei eu, e sabia o tipo de gente que eram, porque seu silêncio, junto com a maneira em que olhou em volta com nervosismo, tornou claro que ela sabia que eu podia estar em perigo. Então ela levantou um dedo e apontou para a casa deles, balançando a cabeça para indicar que estava entendendo a minha situação.

Depois, ela apontou para mim e colocou a outra mão sobre sua orelha. Eu não devia falar. Nem devia ser escutada, ou ambas poderíamos ter problemas. O que me fez ficar segura de que ela tinha ouvido — meus gritos, as surras, minha tristeza.

Ela colocou a mão em seu peito e murmurou seu nome: "Maruja". Eu fiz o mesmo, pois finalmente eu sabia que podia ter encontrado uma amiga.

"Rosalba", sussurrei com excitação para ela.

Saber que Maruja estava ali me deu esperança e coragem. Eu havia me tornado verdadeiramente isolada. Não me deixavam sair da casa, para que não falasse dos negócios da família. Assim, a única companhia que eu tinha eram os animais. E por que não seria assim? Para eles eu era um animal. E bastante machucado, o que poderia dar o que falar.

Mas agora, a cada dia, eu tinha o consolo do meu ninho no galho da árvore e minha nova amiga Maruja para aliviar minha dor. Nós nos encontrávamos regularmente e, se não a podia ver quando subia na árvore, eu balançava um pouco os galhos para atrair sua atenção. Ela sempre aparecia, e nós conversávamos — ela lá embaixo no jardim, eu lá em cima nos meus galhos, desenvolvendo uma forma de comunicação que não exigia que nenhuma das duas falasse.

Era uma linguagem totalmente nova, na verdade — uma mistura de linguagem de sinais e mímica — uma linguagem só nossa, que um dia seria minha salvadora. Eu amei Maruja desde o dia que a conheci. Ainda a amo hoje em dia. Descobrir Maruja foi como deparar-me com um fabuloso tesouro. Era como se houvesse outro anjo caminhando pela terra e eu tivesse tido a sorte de encontrá-lo. Eu queria gritar pelos tetos, mas é claro que não podia. Eu sabia que se a família Santos descobrisse que Maruja era minha amiga, toda a sua família poderia estar em perigo.

*

Logo eu mesma estaria em perigo. Eu já vivia com os Santos cerca de um ano quando, certo dia, dois homens foram à casa para ter uma reunião com Juan. Eu não tinha mais nenhum desejo de escutar as questões de negócio da família, mas naquela tarde eu estava trabalhando no quarto de baixo, limpando, e não pude deixar de ouvir por acaso o que soou como um bate-boca.

Os homens estavam na sala — não no escritório — e todos gritavam fortemente. E, apesar de não querer saber — o que eu não soubesse não poderia me ferir —, era impossível não escutar as palavras que me fizeram gelar o sangue nas veias. Sem poder resistir, deixei de polir e aproximei-me da sala, que tinha portas duplas. Havia uma lasca de rachadura no meio, pela qual eu podia ver um pouco de luz e movimento.

A voz de Juan era a mais alta, e estavam falando de algum plano. Um plano, ao que parece, para matar um casal abastado. Eu sabia que o casal devia ter dinheiro pelas palavras que os homens na sala usavam — roubar as posses desse casal aparentemente faria deles homens muito ricos.

— É perigoso demais, Rico — eu ouvi Juan dizer. — Não quero me meter nisso. Nós não sabemos. Eles podem estar tentando nos incriminar por matar aquelas pessoas. Eles podem ser da polícia, e então nunca veremos o dinheiro.

Tentei entender aquilo — então outras pessoas iriam pagar-lhes para que cometessem assassinato? Eu escutei mais, apertando meu trapo e a garrafa com o produto de limpeza contra o peito.

— Talvez você esteja certo, Juan — disse outro homem, presumivelmente o que se chamava Rico. — Mas pense nisso: é tanto dinheiro!

— Eu sei — disse Juan. — E estou muito tentado. Mas alguma coisa não parece bem. E sempre confio em meus instintos. Além disso, há outra coisa na qual devemos nos concentrar agora, vocês não acham?

Houve um curto silêncio, e depois um suspiro.

— Fábio? Sim, você está certo. Ele é um problema.

O terceiro homem falou.

— Está começando a ser um grande problema. Ele já não obedece às regras do grupo. Traindo sua família.

Alguém fez um som de grande desgosto ante aquela ideia.

— Ele pode ser um perigo também.

Outro silêncio.

— Não podemos deixar que isso fique pior.

— E ele se recusou a fazer seu último trabalho. — Juan suspirou outra vez. — Sim, acho que chegou a hora.

Contive o fôlego. Hora de quê? Eles iriam matá-lo também?

— Bem — eu ouvi o primeiro homem falar. — Qual a melhor maneira de eliminá-lo?

— Minha mãe, Maria — ouvi Juan dizer aos outros. — Ela é a nossa melhor chance.

A sra. Santos? Ela era uma assassina também? Aquilo realmente me chocou e, na minha surpresa, deixei cair a garrafa de fluido de limpeza da minha mão suada. *Crash!* Ela caiu no chão, embora felizmente não quebrasse. Eu a agarrei com dedos trêmulos e fugi para a cozinha.

Juan, que deve ter ouvido o barulho, chegou lá momentos depois. E quando viu que era eu, vi algo como alívio invadindo seu rosto.

— Era você? — disse ele. — Fazendo aquele ruído lá fora?

Assenti apressadamente.

— Animal estúpido — latiu ele. — Seja mais cuidadosa! — Então se virou para ir de volta para seus amigos, mas antes disso, teve mais um comentário a fazer. — Você — disse ele, sem nem se preocupar em olhar para mim —, você, sua pequena órfã, daremos um jeito em você.

26

Era verão, e talvez um feriado público em Cúcuta. Não sei bem qual, mas talvez fosse um dia santo de algum tipo. Tudo que sei é que definitivamente era hora de estar em família. Havia mais gente nas ruas do que o comum, e ninguém parecia estar trabalhando. Havia crianças, eu lembro, e membros da família fazendo visitas. Lembro de ser hora do almoço, e por causa do calor — dado que era uma casa cheia de gente — alguém tinha deixado a porta da frente aberta. Para eles era uma oportunidade de deixar entrar uma brisa bem-vinda. Mas para mim representou uma oportunidade muito diferente.

Era uma chance de sair.

Os Santos eram muito cuidadosos em conservar-me prisioneira. O que dificilmente era necessário, porque para mim já estava mais claro que nunca que tentar fugir não seria a solução para a minha miséria. Acho que tinha ficado tão acostumada a apanhar, a que me achassem inútil e sem valor, a ser ignorada, que uma parte de mim acreditava que eu devia merecer aquilo. Eu tinha sido tratada tão mal, por tanto tempo, por tanta gente, que não tinha razões para acreditar que não merecia aquilo. Se decidisse fugir, estava certa de que eles me achariam. E mesmo que falhassem, fugir apenas me devolveria à mesma ou pior miséria de viver a vida outra vez nas ruas da cidade.

E agora havia outra razão para ficar ali: Maruja. Pela primeira vez na minha vida, que eu pudesse lembrar, me haviam demonstrado amor e atenção, e nosso relacionamento incipiente era muito precioso para mim. Maruja era como um diamante — a única luz brilhante em um mundo de escuridão — e de nenhum modo eu iria desistir dela.

E não era apenas por que eu não quisesse perder seu companheirismo: eu genuinamente tinha esperança de que em algum instante ela pudesse me acolher. Eu não tinha ideia de quando isso pudesse acontecer, mas acreditava que era possível, de modo que estava preparada para esperar o tempo que fosse necessário.

Mas sair apenas por alguns instantes era uma ideia sedutora. Eu era uma ave enjaulada e queria voar só um pouquinho. Nem para muito longe nem por muito tempo — só um pouquinho. Queria ver outras crianças, talvez brincar. Não tinha propósitos determinados. No entanto, se eu tivesse a chance de vasculhar o lixo enquanto estivesse fora, eu o faria. Eu tinha tão poucos objetos, e havia coisas lá fora que eu queria e que sabia que podia conseguir por mim mesma. Um pente e uma escova de dentes. Talvez até um pouco de sabonete. Assim, com a família preocupada com o almoço, as conversas e as *siestas*, deslizei pela porta da frente e me dispersei no calor da rua.

A estrada em que os Santos viviam ia até o rio, e havia uma ponte perto da casa. Cheguei logo ali, minha direção governada pelo som de crianças que estavam zanzando perto de algumas latas de lixo próximas. Eu gostava de latas de lixo — lembrava bem dos tipos de tesouros que se pode encontrar nelas. Assim, vendo as crianças pegarem várias coisas, decidi que desceria e me reuniria a elas.

As latas de lixo de Cúcuta, que eram pequenos recipientes enferrujados, sempre me atraíram. Você podia encontrar qualquer tipo de coisa dentro delas. Além de comida, você podia pôr as mãos em peças de rifles, velhas ferramentas, todo tipo de roupa, brinquedos quebrados, panelas, frigideiras e presentes jogados fora. Naquele dia, no entanto, eu estava prestes a encontrar algo que nunca tinha visto e que nunca mais ia querer ver.

Uma vez na área das latas de lixo, como era pequena demais para alcançar a parte de dentro desde o chão, subi logo em uma delas e comecei minha inspeção. Eu sabia que não podia ficar muito tempo fora ou alguém iria notar minha ausência, de modo que verifiquei o conteúdo da primeira lata com rapidez. Ao ver que não havia nada de utilidade imediata, desci e fui para a próxima lata.

Foi lá que encontrei algo mais intrigante. Era uma caixa de metal retangular que se assemelhava a um cofre. Lembrei-me do cofre que vira no escritório dos Santos, embora fosse um pouco mais longo e mais fundo. Tinha a mesma abertura na tampa para moedas. Agora excitada, eu a coloquei ao lado do ouvido e a balancei, imaginando a grande riqueza que poderia estar lá dentro. Se tivesse dinheiro, tudo poderia mudar. Poderia até me trazer a liberdade. O dinheiro podia comprar coisas que eu só podia sonhar em ter, porém, e mais importante, poderia comprar-me uma saída da minha existência miserável. Eu não tinha ideia de como, mas instintivamente eu sabia que poderia fazê-lo.

O que havia na caixa fez um agudo ruído metálico. Moedas, pelo menos, pensei excitada, inspecionando a caixa com mais cuidado. Tudo que precisava fazer agora era achar um modo de abri-la. Procurei no lixo, tentando achar alguma coisa que pudesse ajudar. A caixa pesava em minhas mãos, claramente feita de metal grosso, e era muito forte, como eu esperava que fosse. Não havia forma de abri-la usando os dedos.

Agarrando a caixa debaixo do braço, desci do latão de lixo, com a intenção de encontrar uma pedra, ou talvez até um martelo jogado fora, com o qual pudesse abrir a tampa à força. Quando saí, vi dois rapazes, ambos da minha idade, que tinham a aparência inconfundível de jovens traficantes de drogas. Eu sabia que eles estavam prestando atenção em mim e no meu novo tesouro.

Eu tinha boas razões para estar nervosa com a atenção deles. Não há honra entre os meninos de rua além de suas gangues individuais, e roubar de outros meninos que acharam coisas úteis no lixo era obviamente menos esforço do que ter que encontrá-las você mesmo. Eu sabia disso porque em dias de descanso eu tinha feito o mesmo.

Mas agora eu tinha saído da área das latas de lixo e estava na ponte. Sobre o rio e sobre a cidade, o ar estava cheio de vistas e cheiros de uma tarde preguiçosa de verão. O aroma que vinha dos carrinhos de mão que vendiam limonada e empanadas normalmente teria feito meu estômago roncar e teria atraído minha atenção, mas eu estava preocupada demais. Tinha apenas uma coisa em mente: como abrir a caixa. E, até então, não tinha achado nada que pudesse usar.

— Ei, *gamina*! — Eu ouvi uma voz e virei para dar de cara com os dois meninos de rua malvestidos. Eles me haviam seguido até a ponte e agora estavam parados à minha frente. De perto, pude ver que eram um pouco mais jovens que eu. Um deles me empurrou.

— Ei, *gamina*! — disse ele outra vez.

— Quê? — respondi, erguendo-me em toda minha altura e fechando a cara.

Eu não era grande, mas ainda podia agir como a líder de uma gangue de rua, mesmo que agora eu estivesse com um simples vestido de empregada. Eu estava apenas pensando nas coisas — deveria economizar esforços, deixá-los roubar a caixa, abri-la e depois roubar de volta o conteúdo? — quando a decisão foi tirada de mim. O maior deles arrancou a caixa do meu braço e os dois saíram correndo, rindo.

— Diga adeus a ela, *gamina*! — gritaram eles.

Naturalmente, eu os segui. Injuriada por ter sido despojada tão facilmente de meu tesouro, esqueci o fato de que precisava voltar para casa. Tudo o que queria era manter-me perto deles e descobrir o que havia na caixa. Se resultasse ser inútil, então eu podia deixar para eles, obviamente, mas se contivesse algo de valor, então eu ia querer. Não havia forma de eu desistir — nenhuma. Eu era a especialista e de algum modo eu levaria de volta o que era meu — provavelmente correndo e pegando de volta enquanto eles se alegravam com o roubo.

Eu os segui rio abaixo, com a intenção ficar perto até que eles parassem e abrissem a caixa, mas fiquei desanimada ao vê-los pular a alta cerca da margem e desaparecer bem abaixo de mim no leito seco do rio. Eles eram mais altos que eu, e um deles fora capaz de ajudar o outro a subir, e sozinha eu não tinha chance de segui-los. Eu sabia para onde estavam indo: para debaixo dos arcos da ponte. Era um bom lugar para abrir a caixa longe de olhares curiosos. Um deles tinha algo com que abri-la. Estavam muito longe para que eu pudesse ver bem, mas parecia um prego grande e, do meu posto de observação, estavam tendo sucesso. E foi nesse momento que o mundo explodiu.

No interior da caixa havia uma bomba. Toda a ponte caiu, bem diante dos meus olhos. E, no meio daquilo tudo, eu pude ver ambos os corpos. Eles foram lançados para o céu e voltaram ao solo em partes separadas. Vi seus membros voarem pelo ar e seus estômagos abertos, seus intestinos que saíam quando tocaram o solo. Eu não podia acreditar no que estava testemunhando, não podia falar, não podia ouvir. Eu estava presa dentro da minha cabeça, gritando em silêncio. Eles não deviam ter morrido, minha mente continuava me dizendo, eles não deviam ter morrido. Podia ter sido eu deitada ali agora, morta. Deveria ter sido eu.

O som voltou lentamente, e depois recobrou ritmo e claridade.

— Você está bem? — alguém me perguntou. — Você está ferida? Você está bem?

— O que aconteceu? — outra pessoa dizia. — Você viu o que aconteceu?

Eu não podia responder-lhes. Estava entorpecida pelo choque. Eu só podia chorar.

Toda a rua, todo o bairro, toda a cidade estava ali agora. Em meio à fumaça, ao clamor e aos gritos de crianças assustadas, avistei Estella, que gesticulava.

— Volte para casa! — gritou ela. — Rápido! Você não devia estar aqui.

Obviamente ela presumira que eu tinha chegado recentemente à ponte, como ela, tendo ouvido a explosão.

Então, por certo ao ver minha falta de reação, ela chamou Consuela e me examinou mais de perto.

— Consuela — disse —, o que aconteceu com Rosalba?

— Ela parece sonolenta — sugeriu Consuela. — Talvez ela tenha acordado agora.

Estella me deu um tapa no rosto para tentar chamar minha atenção.

— Eca! — gritou ela. — Olhe: ela se urinou!

Então eu me senti meio carregada, meio arrastada, enquanto as duas me levavam para casa.

Na cozinha, elas me fizeram uma sopa para tentar reanimar-me, mas não pude comê-la. Havia carne flutuando nela, o que encheu minha cabeça com as horríveis imagens que eu presenciara. Meu estômago revirou com violência apenas ao vê-la. Mas se eu esperava simpatia, ia receber muito pouca. Em vez disso, os homens da casa, que estavam cada vez mais seguros de que eu deveria saber alguma coisa sobre o que havia acontecido, passaram o resto do dia me interrogando.

— Parem! — Consuela gritava sem parar, enquanto Juan repetidamente me balançava para tentar obter algo de mim. — Você não pode ver que ela está traumatizada com alguma coisa?

Ele a ignorou.

— O que você sabe? — continuou gritando comigo. — O que aconteceu? Foi uma bomba? Você viu alguém?

E aquilo continuou até o avançar da noite, e eu entendi que, como a bomba explodira tão perto de onde viviam, os Santos tinham decidido que estava dirigida a eles.

*

Fiquei em meio a uma névoa por dias e tinha apenas uma vaga lembrança do que acontecera como resultado imediato da explosão. Tenho certeza que a polícia deve ter participado e que houve algum tipo de investigação. Também deve ter sido manchete do jornal local, *El Diario*. Mas como as vítimas eram meninos de rua, sem família para lamentá-los, o interesse provavelmente diminuiria logo.

No entanto, suas mortes me assombraram noite e dia. Não podia tirar a imagem deles da minha cabeça e estava atormentada pelo pensamento de que quem deveria ter morrido era eu e não eles. Por que o destino conspirara para que aqueles meninos arrancassem a caixa das minhas mãos? Por que eu não consegui escalar aquela cerca alta? Por que eu fora poupada e a vida deles arrancada com tanta violência? Eu não tinha ideia, mas estava viva. Havia trapaceado com o que o destino havia planejado para mim e imaginei que deveria haver uma razão. Esse pensamento fez com que eu ficasse determinada a encontrar uma vida melhor para mim.

E minha querida e única amiga Maruja sentia a mesma coisa. Vivendo tão perto, ela me ouvia chorando, ouvia meus gritos enquanto batiam em mim com o fio elétrico, e me ouvia choramingando quando tentava dormir e não conseguia. Algumas manhãs, ansiosa por vê-la, eu subia nos galhos da minha árvore especial, e doía tanto fazer isso que ela ouvia esses gritos também. Mas, embora possa ser estranho, a raiva e a chateação em seus olhos imediatamente me faziam sentir um pouco melhor, pois significavam que ela se preocupava comigo. Nunca tinha sentido simpatia por ninguém antes, e era uma coisa maravilhosa para sentir. Significava tudo.

Mas havia outra emoção crescendo em Maruja: o medo. Agora nossa linguagem particular tinha se tornado mais sofisticada, e nos comunicávamos facilmente, embora em silêncio, quando nos encontrávamos. E cada vez mais Maruja falava sobre o perigo que eu corria. Desde a explosão na ponte, havia uma nova tensão na região e, certo dia, poucas semanas mais tarde, Maruja me contou que estava segura de que os Santos tinham ficado paranoicos a meu respeito, temendo que eu soubesse coisas sobre o negócio deles que pudessem prejudicá-los gravemente. E, portanto, queriam se livrar de mim com urgência.

Eu mesma já estava consciente desse sentimento, particularmente depois que fui pega ouvindo a acalorada discussão de Juan sobre livrar-se de um dos membros de seu grupo. Eu podia jurar que algo estava acontecendo, quando os filhos dos Santos começaram a atuar de forma estranha à minha volta. Eu estava certa de que apenas esperavam a oportunidade certa para livrar-se de mim, e eu estava mais aterrorizada que nunca. Mas eu sabia que fugir seria apenas prolongar a agonia. Com todas as suas conexões criminosas em Cúcuta, eles logo me achariam e, sozinha e sem dinheiro, para onde mais eu poderia ir?

Eu estava a ponto de obter uma resposta. Embora eu pudesse dar qualquer coisa para ir para a casa de Maruja, receber-me não era uma opção para ela. Eu só desejava ser cuidada por ela, como ela cuidava dos próprios filhos, mas eu sabia que era algo que eu nunca poderia lhe pedir. Ela mesma ficaria em perigo.

Mas um dia, quando expressei meu desespero com a minha situação, ela me disse que poderia me ajudar. Estivera pensando por algum tempo no que podia fazer e descobriu um lugar seguro onde os Santos não me encontrariam. Tudo que eu tinha que fazer era sair de casa de algum modo e encontrar-me com ela no Parque San Antonio ao meio-dia do dia seguinte.

— Você acha que pode fazer isso? — ela sinalizou para mim.

Eu assenti. Seria difícil escapar da casa outra vez. Poderia até mesmo ser impraticável, mas eu não queria pensar nessa possibilidade. Eu acharia um modo de fazê-lo. Eu teria que achar um modo. Preferia morrer, decidi, antes de deixar de fazer aquilo.

Aquela noite, enquanto estava deitada no meu capacho no pátio externo, tentei por horas criar um plano decente. O melhor cenário possível seria que a maior parte da família estivesse fora de casa, mas como isso era improvável, eu tinha que improvisar algo que funcionasse mesmo que estivessem em casa.

Por volta das 11 horas da manhã seguinte, as coisas não estavam boas para mim. O sr. Santos e Juan haviam estado no escritório desde o café da manhã e não davam sinais de ir a lugar algum. À medida que os minutos passavam, eu continuava imaginando Maruja esperando por mim no Parque San Antonio e a chance da minha fuga lentamente se dissolvendo. Agora que Maruja estava me ajudando, tudo de repente parecia urgente. Se ela estava tão temerosa pela minha vida como eu, quanto tempo eu tinha? Eu poderia ser morta no dia seguinte.

Fui interrompida em meu devaneio sombrio pela campainha do telefone. Eu pude ouvir o sr. Santos latindo para o aparelho, e em seguida o som de cadeiras empurradas para trás e o ruído de chaves sendo apanhadas. Sim!, pensei, sentindo alívio quando a porta do escritório abriu-se e o sr. Santos e Juan apareceram.

Consuela, que estava trabalhando com a máquina de costura e escutando rádio, mal olhou quando eles passaram.

— Consuela — disse o sr. Santos —, Juan e eu temos que sair para resolver alguns negócios. Diga à sua mãe que não sabemos quando vamos voltar.

Consuela, que não se interessava por suas idas e vindas, murmurou:

— Sim, está bem.

Eles nem notaram minha presença na porta da cozinha, o que provavelmente foi uma coisa boa, pois poderiam ter notado o alívio que me invadia refletido pelo sorriso no meu rosto. Finalmente, a minha chance. Agora tudo podia acontecer.

Fechei a porta da cozinha com cuidado, e Consuela nem notou, entretida com sua costura. Agora eu podia pôr meu plano em ação, que envolvia primeiro espalhar o produto de limpeza livremente em volta da cozinha, para disfarçar o cheiro do que viria depois.

Meu plano envolvia um pedido para ir até a loja comprar querosene, e somente com Consuela para lidar, achei que teria mais chance de que me deixasse ir. Mas primeiro eu precisava criar uma necessidade de querosene que, possuindo meia garrafa cheia, na verdade não tínhamos.

Eu não tinha muito tempo, de modo que não demorei em separar o fogareiro em que havia começado a cozinhar o almoço. O combustível era fornecido a partir de um conjunto de canos na parte de trás, que consistia em uma garrafa interna que ficava pendurada de cabeça para baixo no interior de outra garrafa de combustível maior, e o querosene era fornecido por meio de um pavio. À medida que o nível de combustível na garrafa maior caía, o ar podia entrar na garrafa menor e permitir que mais querosene entrasse. O combustível então iria passar, por um tubo, até anéis perfurados no próprio fogão e assim fornecer uma chama na qual cozinhar.

Tudo que eu tinha que fazer era desconectar a garrafa de suprimento de querosene e jogar o conteúdo com cuidado pelo ralo. E como eu já tinha desconectado e enchido a garrafa muitas vezes antes, era um trabalho que — se meus dedos não tremessem tanto — eu poderia fazer com os olhos fechados. Isso foi feito logo — com ou sem tremores, e quando a garrafa agora vazia foi conectada outra vez, tudo que precisei fazer foi reacender o fogão e esperar que a chama desaparecesse gradualmente.

— Consuela! — gritei, enquanto observava a chama crepitar e sumir. — Não há fogo. Acho que ficamos sem querosene!

Abri um pouco a porta da cozinha e fiz um grande escândalo, amaldiçoando, gemendo e me perguntando como eu poderia cozinhar o almoço de todos. Mas Consuela estava claramente mais interessada no que estava escutando pelo rádio do que em mim, pois nem tomou conhecimento de minhas exclamações.

Fui para a sala.

— Consuela — queixei-me outra vez. — Não temos combustível. Não há querosene. Preciso buscar um pouco para poder fazer o almoço.

Isso finalmente produziu uma resposta. E foi melhor ainda do que eu podia imaginar. Com um suspiro irritado, ela pegou sua bolsa e começou a procurar suas chaves.

— Está bem — disse ela, colocando dinheiro na minha mão enquanto se levantava. — Venha. Vou abrir a porta.

Eu não precisava de mais que isso. O tempo era curto. Talvez demasiadamente curto. Consuela destrancou a porta — a viga pesada estava colocada ao lado dela — e eu estava do lado de fora em segundos, agarrando o galão de combustível.

Era como se eu tivesse asas. Largando o galão, corri descalça todo o caminho até o parque. Meus pés poderiam ter sido cortados em fatias pelo caminho — eu não me importava. Eu estava correndo em direção à maior chance da minha vida, e eu estava aterrorizada pela possibilidade de desencontrar-me de Maruja. Nada poderia me parar naquele dia.

Entrei no parque minutos depois, meus pulmões quase explodindo pelo esforço de chegar ali e também pelo júbilo. Eu tinha conseguido! Tinha escapado dos Santos. Estava livre. Havia só um problema. Eu não conseguia ver Maruja.

Olhei para a direita e para a esquerda, examinando com ansiedade as pessoas à minha volta. Onde estava ela? Por que não estava ali? Ela havia prometido, e eu havia confiado nela. Eu ainda confiava completamente nela. O que fez surgir um pensamento horrível. Teria o sr. Santos chegado a ela? Foi por isso que ele e Juan tinham saído mais cedo? Sentei no meio-fio, abatida e agora assustada. Afinal de contas, eu tinha chegado ali tarde demais?

Momentos depois, um táxi parou ao meu lado e fiquei tensa enquanto a porta se abria, esperando o pior. Mas não era o Juan nem o sr. Santos. Era Maruja! E ela me fazia sinais para que eu me apressasse e subisse no veículo.

Uma vez mais, não precisei de um segundo convite. Fiquei de pé, passei pela porta e deslizei para o assento ao lado dela. E a conheci de verdade pela primeira vez.

— Muito bem feito — disse ela quietamente, indicando que eu devia abaixar minha cabeça para que ninguém pudesse me ver. — Muito bem feita a sua fuga.

— Olá — disse eu, agachando-me, meu coração saltando de felicidade. Isto era tudo, eu pensei. Enfim eu ia ter uma vida melhor. Aquele, na verdade, foi o melhor dia da minha vida.

Maruja sorriu.

— Olá, Rosalba — disse ela mais formalmente, sorrindo para mim. — Eu sou a Maruja. Você está a salvo agora.

27

Apesar de minhas preces terem sido atendidas naquele dia, nunca me senti atraída por Deus. Sim, eu tive o mesmo sentimento de maravilha que qualquer outra criança teria tido. Eu me perguntava, tanto como qualquer um, de onde eu tinha vindo e que coisa me tinha feito, e como surgira a beleza da natureza. Mas mesmo que um Criador Todo-Poderoso tivesse existido, eu estaria zangada com ele. Que tipo de deus dava às crianças pequenas vidas parecidas com aquela que ele tinha dado a mim?

Na Colômbia, um país católico, quase todos são católicos — não é normal afastar-se da religião como eu fiz naquela época. É tanto uma tradição como uma fé — se não mais. Mas, não obstante, eu jamais poderia ter imaginado para onde Maruja estava me levando. Com certeza, nunca esperei que a próxima etapa da minha vida fosse vivida entre pessoas para quem uma criatura como eu estaria tão longe de seus ideais como fosse possível. Mas logo ficou claro que esse era o caso. Maruja estava me levando para um convento.

Viajamos de táxi por volta de vinte minutos, para uma parte da cidade que não me era familiar, o Barrio Blanco. Era diferente das partes da cidade que eu conhecia: mais limpo, arrumado, talvez um lugar de classe alta. Afinal, paramos em frente a um edifício grande, branco e claro — talvez um indicativo das boas almas que viviam nele.

Os portões de metal da entrada também estavam livres de ferrugem e pintados de branco, embora quando subíamos para a entrada caminhamos sobre azulejos rachados cor de vinho. Maruja, talvez sentindo minha desconfiança inata com relação àquele belo lugar, tomou minha mão quando nos aproximamos da porta de carvalho.

Ela agarrou a aldrava — um pesado anel de ferro fundido — e a golpeou duas vezes sobre sua base. Ela também leu o cartaz para mim: "Barrio Blanco", "La Casita", que significam "distrito branco" e "casa pequena" em espanhol.

— Este é um lugar seguro — explicou ela para mim. — Você entende, Rosalba? Nada pode ferir você aqui. Você está a salvo.

Eu agradeci, com timidez, mas também com tristeza. Eu não queria que ela me deixasse ali. Mas ia ser assim, de todo modo. Eu estava com lágrimas nos olhos quando a enorme porta se abriu para revelar uma senhora com cabelo grisalho, vestindo um vestido negro folgado e um lenço na cabeça, que se apresentou como irmã Elvira.

Maruja explicou quem eu era e como ela me trouxe até ali.

— A vida dela está em perigo — acrescentou, quando terminou de contar à monja sobre os Santos. — Você pode cuidar dela, por favor, e mantê-la segura?

A irmã Elvira assegurou a Maruja que poderia fazer isso.

— Ninguém pode entrar aqui para fazer mal a ela — afirmou. — E ninguém — acrescentou ela, olhando para mim — pode escapar daqui também. Não se preocupe. Nós a educaremos e a alimentaremos.

Não pude evitar fechar a minha cara ao ouvir as palavras da irmã Elvira. Elas fizeram o convento parecer-se com uma prisão. Uma prisão amigável; mas prisão, enfim.

— Venha, criança — disse a freira, pois Maruja estava obvia mente ansiosa para ir embora. — Deixe-me mostrar-lhe onde você vai dormir.

A irmã Elvira me indicou que entrasse no edifício. Então era isso. Eu tinha encontrado Maruja, e ela já estava me abandonando. Ela tinha sido minha salvação, e o preço que eu tinha que pagar por isso era nossa separação. Eu não tinha ideia se ia vê-la outra vez. Lágrimas frescas começaram a deslizar pelo meu rosto.

— Não se preocupe, Rosalba — Maruja murmurou quando nos despedimos no portão do convento. — Eu virei cada sábado para ver como você está, eu prometo. — Ela fez uma pausa. — Por favor, seja boazinha. Por favor, comporte-se. Essa é a nossa chance, está bem? Sei que você não está acostumada a isso, mas tente. Por favor, tente por mim, está bem?

Eu lhe disse que iria tentar. Prometi. E era uma promessa que eu queria cumprir. Eu o faria pela Maruja.

*

Nunca tinha posto os pés num convento antes e era diferente de qualquer lugar no qual eu já tivesse estado. Não sabia nada de conventos, igrejas ou monjas. Tinha visto freiras na rua, mas não sabia o que eram, apenas que seus hábitos brancos e suas cruzes de metal eram uma espécie de uniforme. A chegada ao convento foi confusa e também assustadora, apesar de breve, pois a única conexão que pude fazer foi com os padres na casa de Ana-Karmen, que haviam tentado o exorcismo. Tive a súbita ideia de que as freiras podiam ser um tipo de bruxa.

O próprio convento era um lugar enorme, cheio de ecos. Era muito espaçoso, com pisos de azulejos de padrões intrincados. As palavras "La Casita" estavam pintadas com grandes letras em um arco sobre nossas cabeças, embora, como eu não soubesse ler, aquilo obviamente não significava nada. Um lance de escadas de pedra subia por uma parede até um grande patamar com galerias, que levava, como me disse a irmã Elvira, para os dormitórios acima, de onde eu podia ouvir os sons de crianças rindo. Eu me senti melhor.

O convento aparentemente era o lar de muitos órfãos, de meninos de rua e de menores abandonados — de qualquer um que precisasse de um lar, contou-me a irmã Elvira. Subimos a escada e caminhamos ao longo do corredor do terraço até o dormitório que abrigava as garotas.

— Boa tarde — disse ela depois que entramos no enorme quarto. — Atenção, por favor!

— Boa tarde, irmã Elvira — gritaram as meninas em uníssono.

— Esta é Rosalba — continuou ela — que acaba de juntar-se a nós hoje. Ela vai ficar conosco agora, de modo que, por favor, façam com que ela se sinta parte da nossa família e a ajudem sempre que puderem. Agora — disse ela, batendo suas mãos ossudas — vamos todas dar-lhe as boas-vindas, certo?

E com aquilo, todas as garotas do quarto começaram a aplaudir, o que me fez sentir estranha, exposta e um pouco ansiosa. Eu nunca tinha recebido boas-vindas em lugar nenhum, menos ainda tinha sido aplaudida e observada, e fiquei aliviada quando o barulho finalmente cessou.

— Muito bem — disse a irmã Elvira, sorrindo e colocando uma das mãos no meu ombro. — Bem-vinda. Agora, vamos conseguir algumas roupas para você.

*

Fomos mandadas para a cama às 21 horas naquela noite e em todas as noites a partir de então. Para a cama. Era estranho. Eu nunca tivera uma cama própria antes. Tratando-se de camas, era provavelmente um espécime bem pobre. Tinha um colchão manchado e estava coberta por um par de lençóis cinza finos, que faziam jogo com o cinza pálido das paredes do dormitório. Mas ainda assim era uma cama, melhor do que o capacho miserável ao que eu estava acostumada e muito, muito melhor do que dormir nos bueiros das ruas.

Na verdade, ninguém falou comigo naquela noite, mas fiquei contente de ser deixada sozinha. Da minha cama eu podia ver a pequena janela quadrada no final do dormitório. Era pequena demais para que nada além da menor das crianças pudesse passar por ela, mas mesmo assim tinha barras de ferro para protegê-la. Pensei nos Santos e na surra que não levaria naquela noite, e me perguntei se eles estariam em algum lugar lá fora, procurando por mim. Eu temia por Maruja e o que poderia acontecer com ela se descobrissem que tinha me ajudado a escapar. Eu me preocupava terrivelmente com a família dela também. O sábado não podia demorar a chegar.

Demorei muito tempo para adormecer, porque estava com medo de ter pesadelos, mas uma vez que o fiz, dormi bem e profundamente. Tão profundamente que quando o som de um apito me despertou na escuridão, levei alguns momentos para dar-me conta de onde estava, e de que horas eram também — era quatro da manhã, hora de levantar-se, pelo menos para o pessoal de La Casita.

— Hora de rezar — comandou a freira que levava o apito. — Meia hora — explicou ela para mim, como menina nova. — Você tem meia hora. Prepare-se, lave-se, vista-se e vá para a igreja.

Ainda confusa e com os olhos turvos, fiz o que me disseram e segui o resto das garotas. A igreja ficava no segundo andar e sua entrada eram portas duplas de madeira. Estava cheia de Bíblias e contas de rosário, grandes estátuas e cruzes extravagantes — para alguém como eu, uma grande agressão aos sentidos.

Sentamo-nos em bancos de madeira com respaldares altos colocados em fileiras, voltados para a frente e, algumas vezes, ao invés de sentar, nós nos ajoelhávamos em frente deles para rezar. Era tudo terrivelmente confuso e um pouco assustador.

Ao contrário do dormitório, as janelas da igreja eram altas e maciças, feitas de pedaços de vidro colorido que, com a chegada da luz do sol, criariam lindos padrões no piso de pedra. A igreja também abrigava uma grande máquina que fazia música e que, como uma das garotas me contou, era um órgão. Logo eu iria ouvi-la e ficaria espantada com o som ao meu redor, tão poderoso que parecia fazer brilhar o ar e o chão. Mas, por agora, tudo estava silencioso e ainda escuro, afora as fileiras de velas que bruxuleavam em altos castiçais e em um lustre central gigante que parecia derramar gotículas de cristal.

Eu não tinha ideia de como rezar, o que dizer ou como atuar, de modo que naquela manhã apenas observei o que as outras crianças faziam e tentei imitá-las o melhor que pude. Depois de rezarmos, um padre paramentado falou para nós. Não entendi o que ele disse, e sua voz era tão monótona que não me importei realmente com o que estava dizendo.

Os serviços continuaram pelo que pareceram várias horas, embora na realidade talvez fosse apenas uma hora e meia. Houve mais rezas, mais falas, alguns cânticos entoados com estranhas palavras e algo mais, chamado Santa Comunhão.

— Diga que a tomou — as meninas ao meu redor me urgiram quando começou a cerimônia. — Eles vão lhe perguntar: só diga que a tomou, e eles a alimentarão.

Eu não entendi o que era que devia tomar, mas quando fomos chamadas para ficar em linha, pude ver um pouco melhor o que estava acontecendo. O padre se inclinava, dava a cada criança algo para comer e beber, e eu definitivamente queria um pouco daquilo.

Então chegou a minha vez.

— Você colocou um vestido branco e tomou sua primeira Santa Comunhão? — perguntou ele.

Olhei para o pão e o vinho que ele e a freira ao seu lado estavam segurando.

— Sim — eu disse. — Sim, eu fiz isso.

Logo entendi que o serviço religioso era uma questão de seguir a multidão, como quase todos os aspectos da vida no convento. Em questão de dias, entendi que, embora não estivessem batendo em mim, grande parte da vida continuaria como antes. Depois do serviço religioso vinha o café da manhã — um pãozinho seco e um copo d'água — e depois do café da manhã vinha o inevitável trabalho. Primeiro me puseram para limpar os banheiros, o que era um começo particularmente ruim. Com o passar do tempo eu faria todo o trabalho de limpeza que precisasse ser feito ali. Mas agora eu estava nos banheiros, que esfreguei até a hora do almoço, quando o apito tocou para chamar-nos para a próxima refeição do dia: uma sopa aguada com alguma coisa verde flutuando nela.

Vi as freiras comendo porções de carne assada, e pensei que minha primeira impressão tinha sido certa. Eu tinha terminado em outro tipo de prisão. Éramos punidas — isso parecia — com refeições pobres, com trabalhos sem fim e, o mais importante, nenhuma de nós podia escapar. Mas podíamos roubar e, tendo fome, isso era o que muitas crianças faziam. A maior parte delas eram meninas de rua mesmo, de modo que aquilo já estava em sua natureza e logo, quando estivesse faminta, eu iria roubar também.

Era fácil. Eu me metia na cozinha e mergulhava debaixo da mesa, onde ficava escondida pela toalha. Depois, quando o pessoal da cozinha não estava olhando, eu agarrava alguns pães da cesta perto da janela e os metia nos bolsos, antes de correr de volta para o dormitório.

Somente uma vez eu roubei algo mais precioso: uma banana. Ela estava no meio de uma tigela de vidro cheia de frutas, quase como uma decoração, e parecia que me estava chamando. Não pude resistir.

Eu era com certeza uma das crianças mais velhas do convento. A maior parte delas era recuperada ou adotada, depois de certo tempo, e partiam para uma vida que não mais requeria barras de ferro. Mas eu não era a mais velha de todas. Esse título era de uma senhora chamada Francisca, que tinha 60 anos de idade e se sentava em um canto do convento e fofocava com qualquer uma que passasse por perto. Ela me disse que havia estado em La Casita por quase meio século, e nunca tinha sido recuperada ou adotada. Se não fosse por Maruja, eu poderia ser a próxima a assumir o título, porque ninguém mais sabia que eu existia. Eu pensava muito em Francisca quando fazia minhas tarefas. Ela era minha razão para continuar a fazê-las, na esperança de ser considerada uma boa garota e, de algum modo, sair dali.

Eu via cada dia daquela primeira semana no convento de La Casita como um período de tempo para ser marcado até que Maruja viesse me visitar e eu pudesse lhe mostrar que boa garota eu tinha sido. Mas era difícil. Apesar de todas as surras e misérias da minha vida com a família Santos, o convento era muito pouco melhor. A vida que eu sonhara não era para ser assim: levantar às quatro da manhã para rezar para um Deus que eu ainda achava que tinha me abandonado.

Onde estava esse Deus generoso que todos os demais pareciam adorar? Pois se eu havia entendido alguma coisa, desde que saí da selva, foi que cada ser humano que encontrei parecia adorar Deus. E pareciam querer que eu fizesse o mesmo. Como meninos de rua, muitas vezes nos ofereciam queijo e limonada como um suborno para visitar as igrejas da cidade e assistir a um curto serviço religioso lá dentro. Eu sempre gostei do queijo, mas odiava os tediosos sermões, de modo que quando os pedaços de queijo ficaram menores e a limonada se transformou em água, parei de me importar — podia-se viver melhor nas ruas.

Eu não gostava de Deus. Eu observava as infindáveis procissões de rua dos católicos, mas não podia conciliar aquilo com o que eu sabia dele. Para mim era um Deus punitivo — até deixou que seu próprio filho fosse crucificado! — e se era tão bom, porque não encontrara minha mamãe ou me dera uma vida melhor? A que ele escolheu para mim, até então, parecia tão injusta. Passar fome o tempo todo, ter cada minuto ocupado pelo trabalho, que lhe digam o que fazer, quando fazer, como fazer, esperar que eu visse a "obediência" como a mais importante das coisas.

Eu deveria ser grata. Estava a salvo do mal, estava cuidada, estava com outras crianças, mas minha principal lembrança daquele tempo é de um tédio enlouquecedor, junto ao que era — provavelmente, olhando para trás — uma mente adolescente típica. Eu me zangava com tudo, quase que por instinto.

Havia uma luz brilhante na minha vida, Maruja, e o conhecimento de que, ao contrário de muitas crianças à minha volta, eu pelo menos tinha alguém que se preocupava em visitar-me. Eu tinha alguém a quem pertencer. Eu não estava sozinha. E quando Maruja veio naquele primeiro sábado, eu estava quase louca de felicidade. Fui capaz de fazer um bom relato sobre mim, para deixá-la saber que eu fizera o que ela pedira e dera o melhor de mim. E que o melhor de mim, em geral, tinha sido suficiente.

E foi suficiente para mim vê-la — saber que estava a salvo e bem e que a família Santos não a descobrira e a matara por ter me ajudado. Por mais que minha vida "melhor" estivesse triste, aquele conhecimento — e a crença de que algum dia eu cresceria e seria capaz de sair do convento — me dava forças.

Mas então, no sábado seguinte, Maruja não apareceu.

28

Como as crianças fazem em todos os cantos, tentei me adaptar. Quando o domingo se sucedeu ao sábado e Maruja não veio, tentei racionalizar o que poderia ter acontecido. A princípio, eu estava aterrorizada. Teria a família Santos descoberto o que ela tinha feito? E se fosse assim, o que haviam feito para puni-la? Ou talvez ela estivesse escondida, ou tivesse sido obrigada a abandonar a cidade? Meus pensamentos davam voltas e mais voltas. Por que ela tinha me abandonado?

Eu continuava me dizendo que ela estava a salvo e bem, e que devia haver uma boa razão para que ela ficasse longe. Eu não podia acreditar que os Santos a fossem ferir — não realmente. Ela era mãe de várias crianças e era conhecida por muita gente. Assim, mesmo que eles pudessem matar-me e ninguém saberia ou se importaria, com certeza eles não poderiam fazer aquilo com Maruja.

Mas pensar nisso — acreditar nisso — na verdade era ainda pior, porque significava que ela simplesmente tinha desistido de mim. Talvez eu não tivesse agradado às freiras e elas tivessem falado com Maruja, e não vir me visitar era sua forma de me punir. De modo que me tornei mais amarga. Tinha sido sempre bom demais para ser verdade. Eu sabia como os seres humanos funcionavam, não é? Como tratavam mal uns aos outros.

Depois de tantos anos de indelicadeza e abuso, certamente eu devia ter aprendido a lição.

Mas ainda sentia saudades dela e me recusava a abandonar a esperança. Ainda acreditava que, algum dia, eu iria achar aquela figura imaginária que me amaria e cuidaria de mim e me criaria. E enquanto isso, eu teria que continuar.

E eu me adaptei à vida no convento, e encontrei formas para o tempo passar um pouco mais rápido. Pode ser difícil de imaginar, se você nunca foi uma prisioneira, como é terrivelmente entediante estar trancada o dia inteiro. Sim, eu era alimentada e cuidada, e ninguém batia em mim, e eu era grata por isso, realmente grata. Mas eu ainda não tinha liberdade. Via a mesma paisagem todos os dias, comia a mesma comida, observava os mesmos rostos... Era uma rotina previsível sem um fim em vista, e estava começando a achá-la intolerável.

Eu ainda estava tentando fazer o máximo daquilo nas primeiras semanas de esperança, porque era o que Maruja me havia pedido, mas, à medida que o tempo passava, eu sentia que minha força de vontade diminuía dentro de mim. Qual era o sentido em viver se aquela ia ser minha existência: uma menina a mais entre um enorme número de crianças invisíveis — nada mais que números — que eram tão indesejadas e tão odiadas que tinham sido trancafiadas?

Lembro ter pensado que já tinha visto mais vida em apenas um dia nas ruas. Eu comera lagosta e filé, vira mais cenas, cheirara mais cheiros, vivera mais vida. Tinha sido criada na selva, vivido cada dia com a emoção do desconhecido, visto animais e plantas que poderei nunca mais ver de novo, e sobrevivi. Ali, eu achava que estava morrendo.

Talvez de forma previsível, encontrava refúgio em ser travessa. No começo, insolente — era tão bom fazer as pessoas rirem, para que se dessem conta que eu existia — e depois, gradualmente, apenas má. Com a vida que tinha levado até então, não tinha tolerância por regras ou regulamentos, e não conseguia entender por que tais restrições eram necessárias. Mas quebrar as regras — o que eu fazia pelo bem da minha sanidade — tinha consequências. Eu não me importava de ser pega e repreendida pelas freiras. Para mim aquilo significava atenção. Significava que eu existia. O que, em uma forma perversa, significava que eu tinha importância.

E definitivamente me tornei uma espécie de comediante, adotando de forma rápida o papel de cabeça da bagunça e palhaço da sala, o que me deu um grau de notoriedade. Era também uma infindável fonte de ideias de mau comportamento. Nós, as garotas, ficávamos com frequência na cama, sussurrando uma para a outra. Sempre tivemos curiosidade sobre as velhas freiras e um dos tópicos perenes de nossas conversas à noite era o que elas usavam debaixo do hábito. Certa noite, decidi que deveríamos descobrir isso.

Somente as mais valentes das garotas concordaram com a "operação roupa de baixo", cujo propósito era saber o que acontecia por trás das portas fechadas — descobrir onde as freiras tomavam banho e lavavam suas roupas. Esse era um dos grandes mistérios de La Casita que precisava ser resolvido, e estávamos determinadas a ser aquelas que o fariam.

De modo que fizemos um plano. Enchemos as camas com nossos travesseiros, para enganar alguma patrulha noturna, e saímos em uma onda de risos reprimidos. Eu era parcialmente responsável. Quando saímos do dormitório, anunciei que "a irmã Ramona devia ter os calções maiores e mais feios de todo o mundo! E nem passemos pelo quarto da irmã Dolores — nossa!"

Reviramos o convento por toda parte durante uma hora, subindo para olhar pelas janelas e esquadrinhando pelos espaços debaixo das portas. Era divertido, mas não exatamente frutífero. Mas então notei uma janela alta que parecia estar fora de alcance — um estreito painel de vidro acima de uma alta porta de madeira.

Parecia lógico — aquele era o lugar de moradia delas, de modo que aquele deveria por certo ser o lugar, e nesse instante todas elas estariam ocupadas rezando.

Minhas aptidões de macaco agora iam ser úteis. Nenhuma outra garota conseguia subir nas coisas como eu, e para admiração de todas as garotas abaixo de mim, tirei a sorte grande. Aquele era mesmo o lugar. Além da janela havia uma sala de estar, e no meio dela existia uma fileira de idênticos calções bege, enormes, todos pendurados em um secador. Mas eles não eram todos idênticos. Alguns tinham babados, uma coisa muito pouco *freira* para meu gosto.

— Ahá! — disse eu. — Ahá! Vocês deviam ver isso! — gritei.

— Rosalba! — sibilou Janette. — Nós não conseguimos!

De modo que, uma a uma, ajudei cada garota a subir e bisbilhotar o quarto, e finalmente nossa curiosidade foi satisfeita.

Mas como havia muitas garotas que ainda não tinham visto os calções gigantescos, programamos outra incursão, que foi ainda mais audaciosa. Havia algumas vezes, a cada dia, em que a costa ficava clara e a porta, destravada. Com essa informação, Janette e eu saímos alguns dias mais tarde e, desta vez, conseguimos tirar vários pares das enormes calças do secador em que estavam penduradas.

Talvez fosse um indicador de quão chatas e rotineiras eram nossas vidas que dançar pelo convento com as enormes calças da irmã Ramona sobre minhas roupas foi o maior divertimento que tive por muito tempo. E isso era verdade para todas nós: rimos até perder o fôlego, e nossas costelas doíam tanto que realmente sofremos com aquilo.

Mas não era nada comparado com a dor que estava por vir. Naturalmente a irmã Ramona relatou o fato das suas calças perdidas à irmã Elvira, e esta, certa de quem devia ter sido a chefa do pelotão, acusou-me do crime. Minha mente adolescente achou aquilo extremamente irritante, é claro. Ela não tinha provas de que tinha sido eu. Somente supôs e agiu de acordo.

— Rosalba! — latiu ela, seus olhos em chamas com a fúria reprimida. — Sei que apenas você poderia ser tão ímpia a ponto de roubar a roupa de baixo de uma freira!

Ela estava certa naquela ocasião, mas eu não estava disposta a entregar-me, especialmente quando ouvi as outras garotas tentando reprimir o riso.

— Você não pode provar — argumentei. — E eu estive aqui o tempo todo!

Minha rebeldia levou ao extremo a raiva da irmã Elvira. Ela até engasgou.

— Você mente na presença de Deus! — gritou dramaticamente. — Criança, muita coisa vai lhe acontecer!

Ela olhou com raiva para mim.

— Quando você vai aprender? Fique de pé ali, ao lado daquela parede, e vire-se para ela. E apague esse sorriso estúpido do seu rosto!

Então ela saiu do dormitório, apenas para voltar momentos depois com um par de tijolos, um em cada mão. Ela os passou para as minhas mãos, depois de latir suas instruções. Eu deveria ficar parada com os braços acima da cabeça — não podia dobrá-los — e devia ficar assim, como castigo, por trinta minutos.

— Se os tijolos caírem, eles baterão na sua cabeça — explicou ela, em tom irascível. — E isso, Rosalba, lhe ensinará uma lição!

Fácil, pensei eu desafiadoramente. Consigo fazer isso. Será fácil. Mas não era. Depois de cinco minutos, todo o sangue havia drenado de meus braços, e depois de dez minutos meus cotovelos começaram a tremer. Mas eu consegui. Eu aguentei. Não deixei cair aqueles tijolos, o que devia ter feito daquele episódio uma vitória. Mas, é claro, não foi nada disso. Era apenas uma evidência de que eu estava me transformando em alguém que não queria ser.

Uma garota ruim. Uma garota rude. Uma garota que não se importava com as coisas. Eu estava escorregando de volta para a mentalidade de uma menina de rua cínica e amarga. A única solução? Sair dali, e rápido.

*

As semanas no convento logo passaram a ser meses e, como prisioneira, cada dia parecia algo que eu precisava assinalar com uma cruz. Era isso ou transformar-me na pobre Francisca. Estava desesperada por ver Maruja e descobrir o que havia acontecido. Pensava nela o tempo todo e não podia permitir-me acreditar que ela me havia abandonado por livre e espontânea vontade. Ela não podia ter feito isso.

Porém, uma vez mais, eu teria que pensar com cuidado. O convento funcionava sob um único princípio: estava sempre trancado. (Trancado para que as freiras ficassem seguras em sua vocação, e trancado para conservar longe o mundo externo.) Em meio a tudo isso, estávamos todas nós — as órfãs —, uma responsabilidade que as freiras levavam muito a sério. Encarregadas do nosso cuidado — que na verdade era parte da vocação delas —, elas não nos podiam deixar passear, pois poderíamos fugir, e então todo seu trabalho de conservar-nos a salvo teria sido inútil.

Portanto, primeiro seria necessário fazer uma minuciosa inspeção do lugar, para ver onde poderia haver uma brecha na armadura do convento — alguma falha de segurança que eu pudesse aproveitar. Foi numa dessas inspeções dos muros internos, depois de sair do refeitório, que topei com Imelda, que estava lavando roupa. Era uma mulher velha e gorda que vivia no convento. Não era uma freira, mas apenas alguém que encontrara refúgio entre elas. Ela era inválida, usava duas muletas e precisava passar muito tempo sentada.

— Você quer fugir, não é? — perguntou-me, vendo o pão que eu tinha na mão e que estivera mordiscando.

Pisquei para ela, chocada.

— Como você sabe?

— Santo Antônio me disse — explicou ela, como se os santos regularmente compartilhassem mexericos com ela. — Posso rezar para ele, se você quiser — acrescentou. — E para a Virgem Maria também. Se eu lhes pedir, eles a libertarão. Isso vai acontecer.

Ela revirou um pouco os olhos, pelo brilho do sol.

— Mas há uma condição. Você deve me dar todos os seus cafés da manhã por uma semana.

Eu fiquei preocupada. Imelda podia contar às freiras o que eu estava planejando, e então elas me vigiariam ainda mais de perto do que o faziam agora. Eu não podia correr esse risco. Revirei um pouco meus olhos para encontrar os olhos dela e, como ela estava sentada e eu estava de pé, tentei parecer ameaçadora.

— Eu não preciso de você — disse a ela. — Posso fazê-lo sozinha. E se você disser uma palavra às freiras, eu corto fora sua língua. — Estendi o pão. — Tome, pegue isso e reze pela minha fuga. E se eu não conseguir, matarei você pela manhã.

Nunca foi minha intenção tocar num fio de cabelo da cabeça de Imelda, mas aquilo poderia pelo menos impedir que a senhora gorda cantasse.

Quando voltei para o refeitório, a irmã Elvira saltou sobre mim.

— Rosalba! — sibilou — Onde você esteve? O que você está fazendo saindo no meio do café da manhã?

— Por favor, irmã Elvira — disse. — Eu me senti tão envergonhada por todas as coisas ruins que venho fazendo que decidi não tomar o café da manhã e em vez disso, jejuar, rezar à Virgem Maria e pedir perdão a Deus.

A irmã Elvira me olhou desconfiada, não acreditando nem por um instante.

— Abra sua boca! — ordenou, e inspecionou minha boca cuidadosamente, para ver se havia algum resto de pão nela.

— Hum — disse ela finalmente. — Bem, acho que isso é bom. Muito bem. Vou deixar que você continue, criança.

— Obrigada, irmã — disse eu polidamente, e continuei meu caminho, agradecendo em silêncio à Virgem Maria enquanto me afastava.

E talvez as orações de Imelda tivessem rendido frutos afinal de contas. Porque foi no dia seguinte que achei o que estava procurando: uma forma de escalar os altos muros do convento.

Outra árvore iria ser minha salvação. Olhando para trás, as árvores desempenharam um papel muito importante na minha vida. Havia minha árvore especial na selva, a árvore no jardim do bordel, a árvore de lima-espanhola da casa dos Santos, e desta vez a árvore era outra mangueira. Era uma árvore grande, muito espalhada, que crescia ao lado do muro do convento, e alguns de seus galhos se inclinavam sobre o muro, acima dos *lavaderos*. Aquelas pias profundas de cimento tinham sido construídas contra o muro, e os galhos da mangueira davam sombra sobre elas, uma bênção para qualquer um que estivesse lavando roupas ali.

E também uma bênção para mim. Se pudesse trepar o suficiente para alcançar os galhos, eu poderia depois arrastar-me por cima deles, sobre o muro, e descer do outro lado. Quando então, compreendi com grande excitação, eu estaria livre.

Inspecionei mais de perto ao redor dos *lavaderos*, embora fosse uma inspeção sorrateira. As pias estavam quase sempre em uso, e aquela manhã não era exceção.

Mas não precisei olhar muito para ver que havia alguns apoios potenciais para pés e mãos. Havia várias peças de metal sobre um par de pias, que talvez tivessem sido postas ali para pendurar uma corda de secar roupa. Seria ali, decidi alegremente. Aquela seria minha rota de fuga. Tudo o que eu precisava fazer agora era pensar em uma forma de conseguir que a área ficasse à minha disposição.

Pensei muito e, depois de alguns dias, um plano começou a tomar forma na minha cabeça. Minha primeira ideia foi iniciar um pequeno incêndio em outra parte do convento — talvez na igreja, porque eu a odiava tanto. Mas logo abandonei a ideia. Como eu ia me sentir se a coisa ficasse fora de controle e, na minha pressa de fugir, eu causasse dano às minhas amigas, talvez até a morte de alguém? Não, decidi, precisava pensar em algo mais seguro. Mas em seguida retornei ao meu plano original. Por que não fingir que havia um incêndio na igreja? Se eu causasse bastante confusão, com certeza todos iriam correr para lá para ver o que estava acontecendo. Gritar "fogo" bastaria para criar pânico suficiente? Eu era ágil e rápida. Estava certa de que poderia subir na árvore e passar pelo muro em segundos.

Decidi que ia fazer aquilo no meio da manhã, quando todas estivessem ocupadas com o trabalho. Seria a última coisa que esperariam. Teriam que parar o que estivessem fazendo e, com sorte, todo o lugar estaria cheio de galinhas sem cabeça aos gritos. Exceto eu. Eu estaria a caminho da liberdade.

*

— FOGO!!! — Até para mim a minha voz soou estranha e desesperada. — Fogo! — gritei. — Socorro! É um incêndio!!!!

Era cerca de onze e meia da manhã, e me assegurei de estar de acordo com a situação. Tinha desarranjado meu cabelo — o que levou pouco tempo, pois já era uma massa de cachos selvagens — e adotei a expressão que vinha praticando havia dias — olhos arregalados, desfocados e aterrorizados. Não deixei nada entregue à sorte. Havia uma garota no convento que tinha algo de artista e que pintava as caras das crianças por diversão. Era muito talentosa e sua especialidade era pintar cortes e machucados realísticos. Eu tinha pedido a ela para pintar alguns machucados no meu pescoço e nos meus ombros para que eu pudesse dizer à Maruja, quando a encontrasse, que as freiras batiam em mim. Era uma mentira perversa, mas eu tinha tanto medo que ela me mandasse direto de volta para o convento que precisava de uma razão convincente para que ela não fizesse aquilo.

Meu plano finalmente estava em prática. Eu tinha lançado os gritos de alerta nos degraus da igreja e agora corria, debatendo os braços, para os *lavaderos*. Rostos espantados me saudavam.

— Fogo! — gritei novamente. — A igreja está pegando fogo. Venham, por favor!!

Roupas encharcadas foram lançadas ao chão, mãos se secaram com rapidez nos aventais e freiras e órfãs começaram a correr para a igreja. Olhando-as partir — e ainda gritando, só para conservar o *momentum* —, fiquei chocada de como tinha sido simples.

Eu não tinha escolhido a igreja por capricho. Era o lugar mais longe de onde eu estava agora e também estava fora da vista dos galhos da mangueira.

Mas eu não tinha tempo a perder. Subi nos *lavaderos*, depois na parede e, esticando-me o mais que pude, agarrei um firme galho da mangueira.

Agora que eu estava no meu território natural, foi questão de segundos até estar bem alto na árvore, no topo do muro e no meu caminho para a liberdade.

Permiti-me respirar. Podia ouvir vozes confusas perto da igreja quando as pessoas, uma a uma, se perguntavam onde estava o fogo. Mas eu estava a salvo. A folhagem densa me protegia e, além disso, quem iria pensar em olhar para cima?

Olhei para baixo, para ver o melhor lugar ao qual me agarrar, e compreendi que poderia ser um pouco mais difícil do que eu havia suposto. O topo do muro estava agressivamente coberto de cacos de vidro. Muito à imagem de Deus, pensei. Tinha deixado minhas *alpargatas* (as finas sandálias que éramos obrigadas a usar) de propósito no dormitório, pois sabia que iriam atrapalhar minha subida na árvore, mas como meus pés descalços enfrentariam aquele terreno malvado e traiçoeiro?

Não tive muito tempo para pensar naquilo. Talvez eu tivesse sido otimista sobre quanto demoraria até alguém lembrar que fora eu que lançara o alarme, e que viessem me buscar para castigar. E talvez eu tivesse sido ingênua sobre quando as freiras entenderiam a razão pela qual eu fizera aquilo. Teria Imelda me vendido? Eu não sabia. Mas eu sabia uma coisa. As freiras estavam correndo de volta para os *lavaderos* e sim, elas estavam olhando para cima. Eu tinha que chegar ao outro lado do muro, e rápido.

Não havia tempo para passar para outros galhos mais baixos, nem tempo para considerar e planejar uma rota sensata para a rua. Nada disso. Eu simplesmente teria que pular de onde estava — uma queda de três metros e meio.

E pulei, caindo pesadamente na grama compacta embaixo da árvore, e senti uma dor forte nas pernas. Mas havia muito pouco tempo para ficar sentada, ganindo e esfregando-as. Presumindo que não estavam quebradas, eu tinha que movê-las, e rápido, porque eu sabia que, mais abaixo na rua, as portas do convento estavam se abrindo. Eu podia ouvir o ruído familiar da grande prancha atrás da porta do convento ao ser levantada.

Levantei-me cambaleante logo que o portão do convento começou a abrir-se. Desesperada para sair dali antes que alguma das freiras me visse, pulei na estrada, fazendo com que os carros e caminhões se desviassem de mim e que seus motoristas me xingassem — "Estúpida *gamina*!" "Estúpida!" "Estúpida!" — antes de mergulhar entre as árvores do outro lado da estrada e subir nelas, respirando com dificuldade.

As árvores eram conhecidas localmente como *matarratones*, que traduzido literalmente seria "matadoras de ratos", porque os frutos eram venenosos; mas para mim, uma pequena macaca, eles eram um salva-vidas. Em segundos eu estava outra vez olhando para baixo, para a rua. Vi algumas freiras saírem, inclusive a irmã Elvira, mas como nenhuma me vira subir nas árvores do outro lado, obviamente não lhes ocorreu que era ali que eu podia estar. Eu fugira, com toda certeza. Isso era o que elas estavam pensando. E mesmo que o guarda de segurança do convento tivesse procurado pelas vizinhanças por certo tempo, nunca pensou em olhar para cima. Depois de vários minutos, ele praguejou, bateu com a mão na própria perna e se afastou. O trabalho estava feito. Eu tinha escapado. Eu era livre outra vez. E estava um passo mais perto da minha amada Maruja.

29

Levei várias horas para encontrar o caminho de volta para Maruja. Fiquei na *matarratones* por uma boa meia hora. Queria estar segura de que sairia dali sem que ninguém me visse, e as freiras haviam posto uma vigilância na entrada do convento. Era ridículo: com certeza estariam contentes de se verem livres de mim. Mas pela maneira que tinha visto a irmã Elvira avançar pela calçada, eu estava certa de que elas não viam as coisas desse modo. Haviam pedido a elas que tomassem conta de mim, e minha fuga significava que elas haviam falhado.

Quando me senti segura, deslizei para a rua e fiz meu caminho, pouco a pouco, pela cidade. Minha rota era incerta. Eu não conhecia bem aquela parte de Cúcuta, porém usando caminhões e ônibus para conseguir carona quando paravam nos sinais, e ziguezagueando várias vezes pelo caminho, afinal vi lugares e marcos que reconheci.

Quando cheguei ao bairro onde tinha vivido com os Santos, meus pés cansados doíam tanto como as pernas. Também estava nervosa. E se alguém da família estivesse por ali e me visse? Decidi que era mais seguro manter distância e conseguir alguém para levar uma mensagem para Maruja.

Felizmente, um candidato plausível se apresentou de forma bastante rápida, na figura de um menino pequeno de aspecto inocente que brincava na rua. Parada no umbral da porta de uma casa abandonada, eu assobiei e então, quando lhe atraí a atenção, fiz sinal com o dedo para que se aproximasse.

Ele estava um pouco nervoso ao chegar perto de mim, mas obviamente era bastante conhecedor das ruas.

— Oi — disse ele. Era uns trinta centímetros mais baixo que eu. Em torno de 10 anos de idade? Eu não tinha certeza. Mas 10 anos tinha. — Por que você está me chamando? — quis saber. — Posso derrubá-la em um segundo se você se meter comigo! — completou.

Agitei a mão com desdém.

— Tenho um trabalho para você. Você quer?

— O quê?

— Preciso que você vá até uma casa — Disse a ele em que rua era. — A primeira — acrescentei, descrevendo-a para ele da melhor maneira possível. — Do outro lado da ponte, tá? Pergunte por Maruja; você entendeu? Maruja. E sussurre esta mensagem para ela. É muito importante que você sussurre. Diga a ela que Rosalba está esperando por ela. E então a traga até aqui, para mim.

O garoto fez cara feia.

— E você espera que eu faça isso por nada? — Obviamente ele era um garoto criado na Colômbia.

— Tenho muitas balas no meu bolso — disse eu. — E você pode ficar com todas logo que trouxer a senhora para cá.

Eu estava mentindo, é claro, mas essa seria uma boa lição para o menino. Nunca confie num colombiano.

— Mostre-me as balas — disse ele. Estava aprendendo bem depressa.

— Eu disse somente quando você voltar com ela. Não ouviu da última vez? Diga a ela que Rosalba está esperando. Vá. Depressa! Depressa, ou irei embora antes de você voltar. E então você não vai ganhar nada!

Observei o garoto correr e pude sentir meu coração bater acelerado. Ela estaria lá? Viria? Estaria viva? Tentei não pensar no que faria se o garoto não voltasse.

Eu estava começando a achar que ele havia fugido, com ou sem as balas, quando Maruja apareceu na esquina. Senti alegria e alívio dentro de mim enquanto ela se aproximava, porém ela estava claramente ansiosa para ver-me. Estava bem-vestida, observei, e levava uma bolsa. Senti que o pânico crescia dentro de mim. Ela já estaria planejando pegar um táxi e levar-me de volta?

— Rosalba! — disse ela, agarrando-me pelos ombros e sacudindo-me. — O que você está fazendo aqui? Você estava a salvo lá! Ah, não... — Começou a olhar freneticamente em todas as direções. — Rosalba, você tem que entender. Eles estão procurando por você. Eles têm o grupo deles trabalhando para encontrá-la e para matá-la. Você não entende?

Balancei a cabeça miseravelmente. Odiei o fato de ela estar gritando comigo.

— Eu vim encontrá-la — sussurrei. — Eu vim encontrá-la.

A expressão de Maruja suavizou.

— Ah, Rosalba... — disse ela.

— Vim encontrá-la porque você não veio. Você disse que ia vir todos os sábados. Mas você não fez isso. Eu estava tão preocupada...

— Ah, Rosalba — disse ela outra vez. — Rosalba, eu não podia. Era muito perigoso para mim ir até onde você estava. Eles estavam atrás de você. Estavam seriamente dispostos a encontrá-la e matá-la. Você não tem ideia de quão assustada eu estava de que eles fizessem isso. E eu tinha certeza de que eles tinham noção que eu estava de alguma maneira conectada com você. Também estavam me vigiando — por isso não pude ir até lá. Não ousei. Eles poderiam ter me seguido. Provavelmente o fariam. E eu os teria levado diretamente a você. E eles iam achar um modo de...

Ela ficou em silêncio, observando os dois lados da rua outra vez. Vi que o menino estava ali por perto, mas fora isso a rua estava vazia. Por enquanto, pelo menos.

— Venha — disse Maruja, obviamente tendo decidido um curso de ação. — Venha, venha comigo. Temos que voltar direto para o convento.

— Mas eu não quero voltar! Quero ficar com você!

— Rosalba, você não pode ficar. Você sabe disso.

— Mas não posso voltar para lá! Não irei! Elas batem em mim, Maruja! Elas batem em todas as órfãs! — Puxei a gola do vestido para que ela pudesse notar meus "machucados".

Maruja engasgou.

— Elas batem em você?

Eu acenei com a cabeça miseravelmente.

— Ah, mas isso é terrível. Eu não fazia ideia!

Comecei a chorar, não porque fosse a atriz que queria ser, mas porque era muito importante que Maruja não me deixasse. E ela não era imune às minhas lágrimas. Ela me abraçou.

— Então você não pode voltar — disse ela. — Como poderia eu mandá-la de volta para lá? Ah, pobre criança...

— Então posso ficar com a senhora? Por favor?

Ela balançou a cabeça.

— Não posso deixar. É muito perigoso... para nós duas. Para a minha família também. E meu filho Guillermo está namorando a Consuela. Eles iriam descobrir tudo facilmente. Não posso deixar você ficar.

Agarrei-me ao vestido dela, sem ter nada mais em que me segurar.

— Mas para onde irei? — implorei. — O que posso fazer? Por favor, não me deixe.

— Rosalba, você tem que... — Maruja parecia incapaz de falar. Estaria chorando também? — Rosalba... — Ela olhou para o céu, procurando respostas. — Como posso fazer isso? — disse. — Como posso fazer?

Contive o fôlego. Entendi o quanto ela estava se arriscando somente por ser vista comigo. E enquanto contive o fôlego, ela chegou a uma decisão. Olhou para mim outra vez.

— Hoje — disse ela —, você pode ficar hoje. Vou falar com minha filha Maria em Bogotá e ver se ela pode ficar com você. Até então, porém, você deve se esconder, e não pode sair de casa. Nem uma vez. Nem para o jardim. E deve ficar em silêncio, ou eles a ouvirão. Sei que a ouvirão. E se alguém chegar, você deve se esconder na despensa. Essa é a única forma. Você acha que pode fazer isso?

Assenti freneticamente.

— Sim, posso. Ah, Maruja, obrigada, obrigada.

— Então venha. Precisamos pôr você dentro de casa e fora de vista. Pelos fundos. Dessa forma, ninguém a verá.

Ao ver que nos movíamos, o menino, do qual eu já me havia esquecido completamente, seguiu a gente e me deu um forte chute na canela.

— Ei — disse ele. — As balas! — Estendeu a mão. — Onde estão minhas balas, *garrapata*?

Garrapata era a palavra espanhola para carrapato, bicho que chupa sangue. Um verdadeiro menino colombiano! Fiz cara feia.

— Corre! — disse eu. — Ou vou pegar você e cortar sua língua fora!

Maruja me segurou pelo braço.

— Rosalba! — gritou. — Comporte-se! — Depois deu ao menino algumas moedas. — Não diga nada disso a ninguém — ordenou ela. — Ai meu Deus — murmurou para mim quando ele saiu correndo. — Ah, Rosalba, o que estou fazendo?

E Maruja ainda não havia terminado comigo. Quando já estava segura dentro da casa dela, que era o lugar mais próximo ao céu em que eu jamais estivera, ela me disse:

— Se você roubar qualquer coisa — qualquer coisa — de mim ou de meus filhos, não a mandarei para a minha filha, você ouviu?

Assenti outra vez, e prometi, tentando convencê-la. Mas por que ela não desconfiaria de mim? Eu tinha sido uma menina de rua por muito tempo — dificilmente melhor que um animal. Trabalhei para a família Santos — todos eles, menos as garotas, ferozes trapaceiros, bandidos e assassinos. Por que ela confiaria em mim para compreender a diferença entre o bem e o mal? Sei que, se fosse ela, eu provavelmente não o teria feito.

E, no entanto, ela me aceitou e me alimentou, e eu fiz o melhor que pude para ser a pessoa que, eu sabia, vivia dentro de mim. Uma pessoa boa e, mais que isso, uma pessoa agradecida. E também aprendi um pouco mais sobre Maruja e sua família naquele dia. Ela ficara viúva ainda jovem e criava sozinha seus nove filhos. Seu marido tinha se matado aos 63 anos de idade, depois de descobrir que tinha a doença de Parkinson.

— Por isso eu não posso tê-la aqui — explicou ela. — Tenho que pensar nas crianças... Pensar na minha segurança, pelo bem delas. Mas estou certa de que Maria vai aceitar você, se você puder provar que é de confiança.

— Eu posso — prometi. — Posso fazer isso, sei que posso.

— E eu acredito em você — disse Maruja. — Mas isso não é suficiente. Tenho que ver isso por mim mesma. Tenho uma ideia. Vou levá-la para a casa de uma amiga minha em San Luis. Confio no bom senso dela, sei que precisa de ajuda em casa nesse momento — sem mencionar dinheiro — e que concordará em receber você por duas semanas. — Maruja sorriu. — E dessa forma todos ficarão felizes. Você estará fora do alcance dos Santos, minha amiga terá a ajuda que tanto precisa, e Maria terá a chance de ter a prova do que eu lhe disse. Se minha amiga falar bem de você, faremos arranjos para te levar a Bogotá.

*

San Luis é uma pequena aldeia, escondida no vale entre duas montanhas e, naquela época, muita gente pobre vivia ali. Havia pouca prosperidade e educação, e muito pouco luxo. A gravidez na adolescência e a falta de moradia eram frequentes. A amiga de Maruja, acho que se chamava Isabel, vivia ali com o marido e três filhos pequenos.

Depois de uma hora de táxi, chegamos na casa de Isabel. Eu agora me sentia nervosa com a perspectiva de encontrar a mulher e a família dela. Eu estava segura de que podia fazer o que me dissessem e comportar-me bem, mas uma vez mais eu seria deixada à porta de estranhos e teria que me adaptar a um novo conjunto de regras.

Maruja também parecia nervosa quando descemos do táxi, verificando se eu estava apresentável, mesmo que fosse no meu surrado vestido do convento, e limpando manchas imaginárias no meu rosto. Eu a deixei fazer aquilo. Aquela era talvez minha última esperança de construir uma vida melhor. Se eu falhasse nesse teste, sabia que voltaria para as ruas.

Quando a porta se abriu, pude ver que as duas eram próximas. O rosto de Isabel estampou um amplo sorriso de boas-vindas, que só se desvaneceu quando ela notou como sua amiga estava tensa.

— Maruja — disse ela —, que surpresa maravilhosa. Mas por que você está aqui? E por que parece estar tão preocupada?

Ela olhou para mim, enquanto Maruja explicava por que tínhamos vindo.

— Essa é a Rosalba — disse ela. — E ela tem problemas com os Santos.

Os olhos de Isabel se estreitaram.

— Ah, tem problemas com aquela família. Ai, querida. Ah, sim, eu entendo. Mas o que posso fazer?

— Preciso tirá-la de Cúcuta — Maruja disse a ela. — E me pergunto se ela poderia ficar aqui com você por um par de semanas.

Eu pagarei por isso, é claro — acrescentou logo. — E também cobrirei os custos da estada dela.

Isabel assentiu.

— Bem, eu preciso mesmo do dinheiro — assentiu ela, sorrindo para mim. — Mas o que você fará com ela depois disso?

Maruja explicou-lhe seu plano de enviar-me para ficar com Maria.

— Mas apenas sob a condição de que você esteja certa de que ela pode se comportar. Uma espécie de teste. Você pode considerar isso?

Parecia que sim. Eu havia superado mais um obstáculo.

*

Não foram as duas semanas mais fáceis do mundo. A família de Isabel, como a maior parte de seus vizinhos, era extremamente pobre. A casa deles estava caindo aos pedaços e não tinha um teto adequado. Tinha um único andar — por causa dos riscos sempre presentes de um terremoto — com chão de terra e um buraco no jardim que funcionava como banheiro. Na casa havia apenas dois quartos e uma pequena cozinha, com um fogão de querosene de uma boca. Não havia água corrente, de modo que o marido de Isabel tinha que trazer água de um rio próximo, e tinham pouca comida. A família vivia principalmente de aveia. A carne era rara, e o pouco que vi naquela quinzena era em forma de ossos com alguns fiapos de carne presos neles, normalmente flutuando em tigelas de sopa rala.

Mas eles eram criativos. Algumas vezes a aveia tomava a forma de mingau; em outras, era feita em uma caçarola, misturada com folhas de coentro. Também havia repolho da horta e outras plantas verdes, e embora as porções fossem magras, eu não podia estar mais feliz. A comida era gostosa e as refeições eram sociáveis, porque aquilo era uma família — a primeira família da qual eu me sentia parte desde que deixara meu bando de macacos na selva.

Eu não roubei. A família tinha muito poucas posses, de qualquer forma, mas enquanto a menina de rua ainda estivesse em mim, qualquer posse era valiosa, de modo que não foi por isso que resisti. Era a voz de Maruja, que eu ouvia constantemente na minha cabeça, lembrando-me de como eu deveria ser grata por aquela oportunidade que decidiria todo o meu futuro.

Eu também trabalhei duro — coisa na qual eu era boa e com a qual estava acostumada. Eu cozinhava o mingau, fazia as camas, limpava a casa e lavava a roupa, e à medida que passavam os dias eu podia ver que Isabel estava contente comigo, o que só servia para encorajar-me mais. Em certo momento, eu estava tão agradecida que até mesmo me passou pela cabeça a ideia de conseguir-lhes um pouco de carne. Roubar algo de comida para eles teria sido a coisa mais fácil do mundo para uma menina de rua adolescente maltrapilha como eu. Mas foi minha gratidão que me impediu de fazer tal coisa. Ajudaria a eles, mas ao mesmo tempo prejudicaria alguma outra pessoa pobre. Essa era a diferença, eu sabia, entre ser boa e ser má. E eu desesperadamente queria ser boa. Tão boa que ninguém mais iria olhar para mim e achar que eu era apenas uma menina má da sarjeta.

É óbvio que eu não tinha falado com ela durante a minha estada ali, mas Maruja estava constantemente na minha mente, porque ela deixara claro que meu destino seria decidido quando ela viesse me pegar. Dependendo do que Isabel dissesse a ela quando voltasse, ela me acompanharia em um táxi para o aeroporto, para pegar um avião para Bogotá, ou — se o relatório fosse de alguma maneira negativo — apenas me daria algumas moedas para que eu voltasse para as ruas.

Eu descobri mais tarde que ela jamais faria isso, mas estou contente que tenha dito isso, pois aquilo verdadeiramente focou minha mente. No dia em que ela devia retornar, eu estava tão excitada para vê-la que, quando ela entrou, eu a abracei com tanta força que quase a derrubei no chão. Ela não falou nada. Em vez disso, quando a soltei do abraço, ela me mostrou uma passagem. Uma passagem para voar em um avião que me levaria a Bogotá.

Hoje em dia, ainda fico maravilhada com sua generosidade e gentileza. Não era uma mulher rica, longe disso. Ela lutava pela sobrevivência, e mesmo assim fez aquilo por mim. Nunca serei capaz de expressar o quanto aquilo significou.

Mas Maruja não tinha apenas uma passagem, naquele dia.

— Você passou no teste, Rosalba — disse ela. — Estou tão orgulhosa de você. E, para celebrar, comprei um presente. Algo especial. Olhe — disse ela, entregando-me uma fina caixa de papelão.

Não pude falar por um momento. Estava tão emocionada. Eu tinha realizado alguma coisa pela primeira vez na minha vida. Na verdade, eu tinha realizado algo de bom. Tão bom que Maruja estava orgulhosa de mim o suficiente para trazer-me um presente. Algo que eu tinha ganhado. Algo que não tinha roubado. Eu não podia começar a dizer o quanto aquelas palavras, sozinhas, significavam para mim — só o fato de ouvi-las foi o melhor presente que jamais tinha recebido — mas ela também trouxe uma caixa, atada com uma fita amarela. Um presente de verdade. O primeiro que eu recebera em toda a minha vida, que eu me lembrasse. Era uma sensação tão maravilhosa que eu queria saboreá-la — ter um tesouro que não precisei roubar de ninguém. Sem culpa. Apenas dado a mim, gratuitamente.

Isabel riu.

— Vamos lá — insistiu ela. — Você não quer abri-lo?

Assenti e coloquei a caixa no chão. E a abri.

E se eu estava excitada por ter recebido um presente de qualquer tipo, simplesmente não havia palavras para descrever meu assombro pela bela coisa que eu via diante de mim. Era um vestido feito de cetim azul-claro, com um grande laço amarelo na frente, feito com a mesma fita que havia atado a caixa, e era a coisa mais linda do mundo. Eu tinha visto vestidos bonitos, é claro. Consuela e Estella tinham vários. Mas ver um vestido tão bonito e saber que era meu foi um sentimento que jamais esquecerei.

— Vamos — insistiu Maruja. — Vamos ver você com ele posto. Também tem um broche para o cabelo e meias brancas especiais. Vamos, eu ajudo. Espero que sirva.

Claro que serviu. Ficou certinho, porque Maruja o tinha feito especialmente para mim. Ela penteou meu cabelo e colocou o broche — um pequeno arco branco — na minha franja. Ela também havia comprado um par de sapatos brancos brilhantes — os primeiros que tive — mas apenas quando fiquei completamente vestida ela se declarou feliz.

— Você está linda, Rosalba — disse ela.

E eu estava. Não podia acreditar. Nunca tinha me sentido tão linda. Não podia parar de olhar no espelho, incapaz de acreditar que aquela menina delicada e feminina que via na minha frente na verdade era eu mesma. Mas não foi apenas o vestido que me maravilhou; foi o amor que tinha sido costurado nele. O sentimento de que eu fazia parte de uma família. Decidi que amava Maruja mais do que amava a mim mesma.

— Venha — riu ela, agitando a passagem de avião na minha frente. — É tempo de arrancar você desse espelho, Rosalba. Estamos com pressa. Há um novo lugar para você.

30

Enquanto estávamos no táxi, Maruja disse:

— Agora vamos falar sério, Rosalba. Você ainda está correndo grande perigo por causa da máfia dos Santos. Você ainda está na lista deles. Não olhe para ninguém. Mantenha os olhos baixos. Não se distraia pelo que acontece à sua volta. Eles podem ter gente vigiando no aeroporto. Não sabemos, de modo que você precisa estar atenta todo o tempo.

Eu estava tentando me concentrar, mas era difícil. Tudo parecia tão surreal. Maruja tentou explicar como seria viajar de avião — "não como um ônibus, ou um táxi, porque voa no ar, como um pássaro" — e era difícil pensar em algo mais além daquilo. Eu não podia parar de tentar imaginar como seria estar tão alto no céu. Lá em cima, com os pássaros, deslizando pelo ar. Eu continuava lembrando dos meus dias na selva, quando me sentava nos galhos das árvores mais altas, com o chão tão longe lá embaixo. Mas em um avião não haveria nada debaixo de mim. Era assustador e excitante ao mesmo tempo.

— Rosalba! — disse Maruja, um pouco mais tensa. — Você é uma testemunha. Isso é o que você precisa lembrar. Você sabe coisas da família...

— Mas eu não sei. Não de verdade. Apenas sei...

— Não importa. Só importa o que eles acham. E o que eles acham é que você fugiu sabendo muitos dos segredos deles. De modo que não podem correr o risco de deixar você viver. Nunca farão isso. Se tiverem a chance... — Maruja fez o gesto de uma mão cruzando a garganta. — Rosalba, preciso saber que você entendeu, porque não vou estar lá para ajudá-la.

— Eu entendo — tentei assegurar-lhe. — Eu entendo.

Só quando chegamos ao aeroporto compreendi quão assustada Maruja realmente estava. Passariam anos antes que eu tivesse qualquer sentido real de quão prontamente a família Santos poderia ter me matado — pelas dúvidas —, mas o medo de Maruja naquele momento se tornou contagioso, transmitindo-se para mim através de seus dedos trêmulos enquanto ela endireitava meu broche de cabelo e alisava meus cachos.

O aeroporto Camilo Daza provavelmente era muito pequeno naquela época, mas para mim, naquele dia, pareceu enorme. Tudo era tão grande — as fileiras de cadeiras, as portas giratórias, os balcões e escrivaninhas gigantescos. Senti-me diminuída por aquilo, e também intimidada. Era tudo tão novo, tão grandioso e tão diferente de tudo que eu jamais tinha visto.

— Bem, aqui está a fotografia — disse-me Maruja, enquanto caminhávamos para o cartaz que dizia "Saída". — Essa é Maria. Vai estar esperando por você. Ela sabe quando você chega e estará procurando você. Mas, com essa fotografia, você vai reconhecê-la e não acabará indo com a pessoa errada.

Era uma coisa a mais com que se preocupar. Eram tantas coisas com que se preocupar. Maruja entendeu que me havia assustado demais. Ela se abaixou e me disse com firmeza:

— Você pode fazer isso, Rosalba. Você é dura, uma sobrevivente, você é esperta e eu acredito em você.

Ouvir as palavras de Maruja foi como uma carga de energia pura. Quase pude sentir que ficava mais alta, mais forte e mais corajosa enquanto ela falava. E ela estava certa. Eu podia fazer aquilo. Eu estava pronta.

*

Naqueles tempos exigia-se pouco em termos de documentação para voos internos. Nada de passaporte, identidade, certidão de nascimento, nada. O que foi muito bom, pois eu não tinha nada que provasse que eu existia.

Logo que Maruja me levou ao balcão de checagem, fui dirigida ao outro lado do aeroporto — o lado em que ela não podia entrar.

— Tenha cuidado — ela continuou sussurrando para mim. — Tenha cuidado. Não olhe para ninguém.

Seu nervosismo agora havia passado todo para mim, e se não fosse pelo fato de ser Maruja quem estava me dizendo para fazer aquilo, acho que eu teria dado a volta e corrido quando ela me disse que precisava me deixar sozinha. Eu tinha apenas a pequena mala que ela havia feito para mim, minha passagem e a pequena foto da mulher que Maruja dissera ser sua filha.

Estudei a fotografia em preto e branco. A senhora parecia agradável, com cabelos e olhos pálidos. Azuis, decidi. Os olhos provavelmente seriam azuis, como o meu vestido.

Eu fui incapaz de encontrar palavras que pudessem revelar o que eu sentia quando deixei Maruja. Eu podia ter dito "obrigada", e disse, mas pareceu demasiado inadequado. Eu queria dizer tantas coisas mais, dizer-lhe quão agradecida estava por ela ter me dado uma chance, por confiar em mim, por acreditar que eu poderia fazer algo de mim mesma. Mas não pude. Só pude dizer-lhe com meus olhos e com minhas ações. Eu ia lhe mostrar minha gratidão fazendo com que ela e sua família ficassem orgulhosas de mim.

Tentei não olhar para trás, porque ela me recomendara isso expressamente. Mantenha sua cabeça abaixada, olhe direto para a frente, não acene, não atraia a atenção para você. Eu ainda estava olhando para a frente quando entrei no avião.

Apenas arrisquei uma olhada rápida para trás, mas não pude vê-la. Havia muita gente por ali. E, dada sua ansiedade sobre sermos vistas, talvez Maruja já tivesse ido embora. Eu estaria a salvo? Esperava que sim. É certo que não podia imaginar a máfia entrando no avião, e senti que relaxava um pouco. Se eles quisessem me agarrar, já o teriam feito, não é?

Mesmo assim, enquanto me indicavam meu assento, do lado da janela, não pude evitar e procurei o rosto dela entre a multidão no aeroporto e, quando não o encontrei, meu coração afundou. Agora realmente eu contava apenas comigo. E ainda havia a questão do assento vazio ao lado do meu. Quem iria ocupá-lo? Depois de tudo, talvez alguém da máfia poderia chegar a entrar no avião.

A cabine se encheu gradualmente, logo estava estourando de gente, e com cada nova pessoa que passava, deixando o assento ao meu lado vazio, comecei a pensar — e a ter esperança — de que fosse ficar assim. Mas logo vi um homem — um homem bem jovem — começar a se aproximar. Ele tinha nas mãos uma passagem e enquanto eu o olhava, ele parecia estar procurando seu lugar. Então, fixou o olhar na minha fileira. Eu o observei cuidadosamente, com tanto cuidado quanto utilizava para ver as coisas na selva. Era um homem alto, de boa aparência, e quando se aproximou, comecei a preocupar-me. Como iria eu escapar se afinal ele tivesse sido enviado pela família Santos? Onde estavam as saídas? Como eu me defenderia se ele me atacasse?

Olhando para trás, parece tolice, mas naquele momento era muito grave para mim. O temor de Maruja havia me atingido.

Minhas mãos tremiam e, quando ele finalmente se sentou ao meu lado, mantive meu rosto na direção oposta, olhando pela janela.

A decolagem me petrificou completamente. Agarrei os apoios de braço do meu assento com a mesma força que usava para agarrar-me ao tronco das árvores que escalava, porque parecia uma impossibilidade física que alguma coisa tão pesada como um avião pudesse ter a força de subir aos céus. Eu podia ver como aquilo era possível para os pássaros: os pássaros não pesam quase nada. Mas o peso do avião e de todos os seus passageiros era uma coisa extremamente aterradora para que eu pensasse nela. E, no entanto, lá estávamos, bem no alto, a cidade de Cúcuta cada vez menor abaixo de nós, e finalmente fui capaz de soltar as mãos dos apoios de braço e arriscar um olhar para o silencioso passageiro ao meu lado. Ele tinha uma Bíblia no colo, mas isso não quer dizer nada na Colômbia. Ele podia ter meia dúzia de Bíblias e isso não me diria nada útil sobre ele. O sr. Santos tinha uma Bíblia. Todos tinham. Mas mesmo assim, só ao vê-la já me senti um pouco melhor.

Ele deve ter me visto olhando para a Bíblia. Deve ter notado meus olhares furtivos, pois disse:

— Olá.

Murmurei algum tipo de resposta. Ele pegou a Bíblia outra vez. Estava encadernada em couro azul e todas as páginas tinham filetes de ouro. O homem sorriu.

— Sou um padre — disse ele, como explicação.

Foram as melhores palavras que eu podia ter ouvido.

Não falamos mais, o padre e eu, pelo resto do voo de duas horas. Ele leu sua Bíblia e eu passei o tempo olhando pela janela, bebericando o copo de suco que a aeromoça me dera e, uma vez que me acalmei o suficiente para acreditar que não cairíamos do céu, maravilhando-me com o tapete de floresta abaixo de mim. As nuvens, também — eu não podia acreditar como elas pareciam diferentes quando olhadas de outra perspectiva, no céu. Mas logo antes de tocar o solo, tomando consciência da tarefa que me esperava reuni coragem para falar com ele de novo.

— Tenho que me encontrar com essa senhora — expliquei, mostrando o retrato de Maria. — Mas não sei onde encontrá-la. Você pode me mostrar?

— Claro — assegurou-me ele.

Embora estivesse com pressa para ir a algum lugar, ele saiu do avião comigo e me guiou até uma senhora de aparência importante, vestida com um terninho, que prometeu assegurar-se de que eu encontraria a pessoa da fotografia. Às vezes penso naquele padre hoje em dia, e me pergunto onde ele está e o que está fazendo, e se ele acharia divertido saber que, na primeira vez que o vi, achei que podia ser um assassino de aluguel da máfia.

O aeroporto de Bogotá era enorme. Era como um oceano de humanidade. Todos pareciam ter pressa, não apenas o jovem padre, e fiquei mais consciente do que nunca de quão pequena e insignificante eu realmente era. Sem a ajuda daquela senhora, que acho que era alguma espécie de agente de segurança do aeroporto, eu poderia ter me perdido em um instante — poderia ter sido engolida e ninguém nunca saberia nem se preocuparia. Só que aquilo não era mais assim. Alguém iria se preocupar. Maruja. Era um sentimento maravilhoso.

Afinal de contas, não demorou muito para encontrar Maria.

— É aquela? — perguntou a senhora, olhando para outra mulher à distância, e depois para a fotografia que ela segurava para mim.

Eu não pude responder. Eu não sabia. Mas podia ser. E então a mulher acenou, o que respondeu à pergunta. Tínhamos achado Maria.

Maria tinha três coisas no dia que a conheci: um terninho (era tão elegante quanto o da senhora que me levou até ela), um sorriso amplo que imediatamente me fez lembrar o de Maruja, e algo a mais — um menino louro com aparência de endiabrado, enrolado em sua perna.

— Esse é o Edgar — contou-me ela. — Ele tem quatro anos de idade, não é, Edgar? Não seja tímido. Diga olá para a Rosalba.

Edgar não disse. Ele era tímido. Eu não o culpei, eu me sentia tímida também, em meu lindo vestido, caminhando com aquela senhora elegante, a 1 milhão de quilômetros da menina de rua que eu nunca mais queria ser.

— Vamos — disse ela. — Vamos levá-la para casa para conhecer a família.

Tive que me beliscar para acreditar que aquilo estava realmente acontecendo. Senti tanta admiração e respeito por Maria. Ainda sinto. Foi uma coisa incrível o que ela e seu marido Amadeo fizeram: receberam uma estranha, uma menina com um passado menos que recomendável, e a aceitaram em suas vidas tão generosamente. Quanta gente faria isso? Decidi que eles eram muito especiais.

No caminho para casa, Maria contou-me um pouco mais sobre a família dela. Amadeo era gerente de um hotel, e tinham cinco filhos, dos quais Edgar era o terceiro. E embora não fossem pobres, não havia muito dinheiro para gastar, pois tudo que ganhavam era usado na educação das crianças, que aparentemente era muito cara.

Maria também me contou muitas coisas sobre seus filhos — do que gostavam e do que não —, e me disse que, embora não pudesse me mandar para a escola, faria de tudo para ensinar-me os números e as letras ela mesma. Ler e escrever! Mal podia esperar para começar. Também me disse que eu compartilharia um quarto com sua filha Nancy que, com 7 ou 8 anos, era a mais próxima da minha idade. Bem, o que passava por ser minha idade: eu ainda não estava segura daquilo. Eu parecia ter 9 anos de idade, por ser tão pequena, mas eu sabia que não podia ser assim. De modo que fiquei contente com a sugestão de Maruja, dado tudo que sabíamos — de supor que eu agora tinha entre 13 ou 14 anos de idade.

*

Eu me acomodei com a família Forero bem rápido, e os primeiros dias passaram como um borrão de novas experiências. Mas, por mais que eu apreciasse minha nova vida e minha nova família, o passado continuou voltando para assombrar-me.

Comecei a ter pesadelos horríveis. Cada vez que eu fechava os olhos, era transportada de volta à casa dos Santos, onde me batiam, me açoitavam e abusavam de mim. Ficou tão ruim que eu estava aterrorizada demais para fechar os olhos e dormir, e quando dormia, Nancy me dizia que podia me ouvir gritar e choramingar. Preocupada comigo, ela contou tudo a Maruja.

— Sabe de uma coisa? — disse-me Maria certa manhã, poucos dias depois. — Estive pensando e há uma coisa que acho que pode ajudar.

— O quê? — perguntei, imaginando que ela me daria algum remédio.

— Seu nome — disse ela. — Quem deu esse nome a você?

— O sr. Santos — respondi.

— E antes disso?

— Antes disso eu era conhecida como Pony Malta.

— O nome de uma bebida! Que coisa! — ela riu. — E antes disso?

— Antes disso, o nome que me deram foi Glória.

— E quem a chamou assim? — quis saber Maria.

— Uma senhora. — Eu franzi a testa. — Ela era terrível comigo.

Eu não queria contar-lhe nada sobre Ana-Karmen e o bordel. Agora que eu sabia o que tinha sido, eu me envergonhava muito de ter vivido lá.

— Pobre criatura — disse Maria. — Que vida você teve! E antes disso?

Balancei a cabeça. Eu não tinha resposta para aquela pergunta. Eu dei de ombros.

— Eu não tinha um nome — disse eu.

Maria aquiesceu.

— Muito bem — disse ela —, talvez esse seja o problema. Os únicos nomes que você teve foram nomes de escravos.

Ela sorriu outra vez, e era o sorriso de uma mulher que tinha um plano. Eu conhecia aquele tipo de sorriso. Muitas vezes eu me surpreendia usando-o. Eu gostava de planos. E o de Maria sem dúvida era um bom plano.

— O que você precisa, minha querida — disse ela —, é ter um nome só seu. Um nome que você mesmo escolha.

E assim foi. Pensei no que mais me poderia agradar e depois de alguns dias finalmente decidi por um que senti ser o certo. Maria então falou com o padre, que me batizou como parte da família deles, e saí da igreja aquele dia, com a idade de 14 anos, aproximadamente, e com meu próprio nome, Luz Marina, que se pode traduzir como "luz" e "mar".

Eu adorei aquela "Luz"; adorei o conceito de encontrar a luz depois de tantos anos na escuridão. Mas a escolha de Marina foi interessante. Eu teria escolhido esse nome se soubesse que se referia à água? Talvez não. Mas o que sei é que o escolhi porque adorava seu som. Era um nome que, por alguma razão, eu sentia que estava conectado a mim. Ainda me pergunto se não veio de um passado reconfortante. Talvez tenha sido o nome da minha mãe? O meu próprio nome?

Eu não sei. Só sei que saí daquela igreja sentindo-me como um ser humano, como um indivíduo — não mais como um animal. *Esta sou eu. Esta é a minha identidade. Eu pertenço a uma família.* Lembro de ter pensado: *Meu nome é Luz Marina, e não sou uma órfã.*

Com aquele conhecimento veio uma sensação de que eu era uma pessoa nova. E, o mais importante, uma pessoa — um ser humano livre. Eu mal podia esperar para começar o resto da minha vida

Uma nota de Lynne Barrett-Lee

Encontrei-me com Marina pela primeira vez no verão de 2011. Junto com sua filha Vanessa, ela tinha viajado de Bradford até o escritório do meu agente em Londres, para poder encontrar-nos e decidir se nos "adaptávamos" uma à outra.

Para mim, como *ghost-writer*, essa "adaptação" é crucial. E confio nos meus instintos. Se não encaixo com a pessoa com quem fui chamada para trabalhar, sei que não adianta continuar. E não duvido que o mesmo se aplique ao inverso. É um relacionamento tão intenso, afinal de contas — tão íntimo, franco e próximo — que se a confiança não estiver presente, não pode funcionar.

E ali estava um enigma. Dos muitos livros que me ofereceram para que eu considerasse se iria escrevê-los, este foi um caso especial — a história de uma mulher que tinha sido criada, em parte, por macacos. Ou era o que diziam. Eu acreditei? Não estava segura. Tinha lido parte do material — havia bastante matéria-prima — assim como tinha folheado duas tentativas prévias de esboço, ambas tentando uma abordagem diferente, para fazer com que esta vasta e esparramada história funcionasse.

Mas a única coisa que iria unir tudo aquilo era o encontro cara a cara e, na ocasião, foi questão de alguns segundos para que eu não só confiasse que a incrível história de Marina era verdadeira, mas também sentisse aquela sensação mágica — e não negociável — de "encaixe". Marina é a encarnação viva da pequena garota sobre a qual vocês leram neste livro. Agora uma dona de casa de Bradford e incansável superavó, ela ainda retém tal aura de travessura e selvageria que não é necessário nenhum ato de fé para casar essas duas qualidades. Sua linda filha Vanessa (a mais jovem de seus dois filhos) herdou claramente de sua mãe a verve e o prazer de viver. E como era com Vanessa que eu iria trabalhar mais (devido à sua infância, o inglês escrito de Marina é obviamente vacilante), foi delicioso que nos "encaixássemos" em um instante.

Mesmo assim, tendo assinado a proverbial linha pontilhada, li o manuscrito inteiro com uma crescente sensação de ansiedade, tanta que quase desisti. É uma história enorme, pesada, e aquele era um texto enorme e pesado. Não importa que fosse intrigante, que me horrorizasse e me excitasse na mesma medida, não importa que estivesse cheio de drama e *pathos*, ainda era uma criança tão selvagem como o tema em seu coração. Meticulosamente criado por Vanessa, por meio de vários anos de entrevistas entre mãe e filha, era um trabalho de amor, por certo, mas o que também estava claro é que havia tão mais a ser relatado do que poderia estar contido, realisticamente, em uma única narrativa linear. Era como a vastidão da floresta tropical, repleta de luz, vida e cor, e meu trabalho — uma vez que visualizei a solução do problema — foi tecer um caminho coerente através dela.

De modo que minha primeira tarefa foi dividir o manuscrito ao meio. Por mais brutal que isso possa parecer, foi uma solução óbvia: concentrar mais intensamente na jornada da infância de Marina, desde o dia em que perdeu seu lar e seus entes queridos — e, acima de tudo, sua identidade — até o dia em que, com aproximadamente 14 anos de idade, ela tornou-se outra vez uma garota com um nome.

Depois disso — tendo guardado todo o resto em uma caixa etiquetada "para a continuação" — a fera parecia muito mais fácil de domar. E uma vez que falei comigo mesma sobre usar tantas metáforas injustificadas sobre a selva, decidi por uma abordagem que nos levaria de volta à simplicidade com a qual uma criança pequena se relaciona com o mundo. As lembranças são trapaceiras. Logo que você as cria, instintivamente você as tenta analisar, tenta cobri-las com interpretações baseadas em conhecimento futuro, de modo que é muito fácil, ao descrever episódios e imagens da primeira infância, fazê-lo com o benefício da visão retrospectiva. Quando um adulto poderia comparar um tom especial de azul a uma safira, por exemplo, ou às águas rasas de um oceano tropical, uma criança pequena — presumindo-se que não viveu em uma mina ou em uma ilha do Caribe, obviamente — não teria tal ponto de comparação, de modo que a linguagem teria que ser simples e sem adornos artísticos, pelo amor à arte.

Também foi muito importante estabelecer tais fatos como foram conhecidos. Eu não precisei me convencer, é claro, mas, para que o leitor aceitasse a veracidade da história, era essencial que o detalhe fosse correto. Mas como isso foi realizável, dado que a pequena Marina não tinha um marco de referência? Nem um professor apropriado que lhe mostrasse cartões com imagens e um novo vocabulário? Aqui, também, Vanessa tinha feito um trabalho brilhante, passando muitas horas com Marina, vasculhando memórias específicas, reduzindo gradualmente as possibilidades entre muitas, muitas imagens, e depois fazendo referências cruzadas com conhecidas espécies indígenas. Que os macacos fossem, provavelmente, macacos-pregos, que ela comia *guava* e *curuba*, que as árvores eram de castanhas-do-pará, de *lulo* e de figos — todos esses fatos são resultado de uma pesquisa meticulosa de Vanessa para dar nomes às imagens na memória de Marina.

Mas o maior trabalho de Vanessa foi também o melhor. Levar ao papel, em uma forma que foi instantaneamente atrativa, o que para Marina não era nada mais que sua coleção de histórias para dormir — as minúcias de uma vida que ela pensou que não fosse notável para ninguém, exceto para a família que ela finalmente criou para si mesma.

Como ela estava enganada. E que privilégio tem sido, para mim, colaborar para transformar uma história verdadeira tão incrível no que sinceramente esperamos seja um livro forte e comovente. Mal posso esperar para começar o próximo...

Lynne Barrett-Lee

Instituições de interesse

Abaixo estão detalhes de duas instituições de caridade que promovem um trabalho vital tanto na conservação dos primatas como no auxílio a crianças abandonadas em todo o mundo.

Substitute Families for Abandoned Children (SFAC)

Imagine que você conheça uma garota jovem que vagueie pelas ruas sem ninguém para protegê-la e cuidá-la, ou uma garota de 18 anos velha demais para ficar em um orfanato, expulsas de casa para lutar por si mesmas. Pense nos problemas que podem enfrentar como presas de estupradores e traficantes. Agora imagine que você pode dar a elas segurança, cuidado e amor. Bem, talvez você não possa fazer isso — afinal de contas, é um empreendimento desmedido —, mas você pode ajudar pessoas que o farão.

A SFAC – Famílias Substitutas para Crianças Abandonadas promove o "cuidado com base na família" em vez do "cuidado institucional" para essas crianças. Oitenta por cento das crianças órfãs ou abandonadas têm ao menos um dos pais vivo ou têm uma família estendida. Para conservar o sentido de "raízes" da criança, o primeiro desejo da SFAC é ver as crianças reabilitadas de volta às suas famílias, quando for possível e apropriado. Quando não existe essa opção, elas são colocadas em famílias responsáveis "substitutas" das proximidades, treinadas e apoiadas passo a passo pela SFAC.

Graças a uma vizinha solidária, Marina se encontrou em uma nova família quando não tinha nenhuma. Como resultado, sua vida foi transformada e ela tornou-se a mulher sobre a qual vocês leram. Ela poderia não ter sobrevivido para contar sua história se não tivesse encontrado uma família substituta.

Por favor, entrem em contato com a SFAC e poderão resgatar garotas como Marina em todo o mundo: http://www.sfac.org.uk/

Neotropical Primate Conservation (NPC)

Em numerosos lugares em todo o mundo nossos parentes biológicos mais próximos, os macacos, estão sofrendo, perdendo seus lares e suas vidas como resultado do desmatamento e do tráfico de vida selvagem.

Na Colômbia, assim como na América Central e na América do Sul, a NPC luta para proteger macacos e conservar seus lares. Ao proteger as selvas e florestas, o hábitat é mantido não apenas para os macacos, mas também para os povos indígenas, de forma que eles também possam conservar seus modos de vida culturais.

A batalha contra o tráfico ilegal de vida selvagem tornou-se uma das principais atividades da NPC. Os animais selvagens são caçados rotineiramente pela carne ou pelas peles, como troféus ou para o mercado de animais de estimação — uma grande ameaça para a sobrevivência de muitas espécies. Com a ajuda de centros de salvamento e da polícia, a NPC é capaz de resgatar, reabilitar e reintroduzir esses animais vítimas do tráfico de volta nas suas florestas — os lares que Marina conheceu tão bem.

Por favor, saiba como você pode ser parte deste maravilhoso trabalho em: www.neoprimate.org.

Obrigada.

Este livro foi composto na tipologia Palatino
LT Std, em corpo 11/16, e impresso em
papel off-white no Sistema Cameron da
Divisão Gráfica da Distribuidora Record.